フィリピンにおける民主的地方政治権力誕生のダイナミクス

目　次

はじめに　問題の所在と研究方法
- 第1節　フィリピンの政治権力構造の歴史的変遷 …………………………………… 8
- 第2節　問題の所在 ……………………………………………………………………… 12
- 第3節　研究の目的、方法、調査地域の選定とその理由、分析の射程 …………… 13

第1章　フィリピン地方政治権力構造認識の変遷
- 第1節　フィリピン地方政治権力、構造認識の社会・文化的アプローチ ………… 18
  - 第1項　家族、親族、派閥の政治的編成 ……………………………………………… 19
  - 第2項　政治マシーンとしての編成 …………………………………………………… 34
- 第2節　フィリピン地方政治権力の国家中心主義的アプローチ …………………… 52
- 第3節　「それなりのガバナンス論」 …………………………………………………… 61
- 第4節　フィリピン地方政治権力、構造認識の現段階と問題の所在 ……………… 70

第2章　アキーノ、ラモス政権期のフィリピンの政治、社会変容
- 第1節　アキーノ政権期の国家、政治構造変容とその過程、
  　　　　および諸社会勢力との関係 …………………………………………………… 79
  - 第1項　体制移行期の国家構造変容とその要因 ……………………………………… 79
  - 第2項　1987年国政選挙でのエリートの復活と脆弱な多党制への移行 ………… 82
  - 第3項　1987年選挙での少数の民主的政党、政治家の誕生 ……………………… 85
  - 第4項　NGO・POの大増殖とその政治的意義 …………………………………… 88
  - 第5項　NGO・POの定義と分類 …………………………………………………… 89
  - 第6項　アキーノ政権以降のNGO・POコミュニティの特徴、実態 …………… 91
  - 第7項　アキーノ政権期のその後の政党政治の展開と
  　　　　　メンジョーラ事件以後のNGO・POコミュニティとの関係 ……100
- 第2節　ラモス政権期の新たな展開 …………………………………………………104
  - 第1項　ラモス政権期の政党政治の展開（1992-1998年）………………………105
  - 第2項　ラモス政権期の諸政策とNGO・PO ……………………………………110
    - （1）ラモス政権期の国家―NGO・PO関係の進展
    - （2）ラモス政権期の国家―NGO・PO関係を阻害したポークバレル政治

第3項　ラモス政権期の政府と共産党 ― NDF ― NPP、
　　　　　　そして NGO・PO 関係の文脈 ……………………………113
　第3節　アキーノ、ラモス政権期の
　　　　　NGO・PO の社会運動の特徴と政治的意義、選挙への介入 ………116
　　　第1項　NGO・PO の全国的ネットワークの形成…………………………116
　　　第2項　アキーノ、ラモス政権期のフィリピン社会運動の変容の要因と
　　　　　　NGO・PO の政治的意義 ……………………………………120
　　　第3項　アキーノ、ラモス政権期の NGO・PO の選挙への介入 ………123
　第4節　アキーノ、ラモス政権期の国家・政治・社会構造変容の結論 ………128

第3章　ジェネラルサントス市の概要

　第1節　ジェネラルサントス市の地勢 ………………………………………132
　第2節　ジェネラルサントス市の歴史 ………………………………………132
　第3節　ジェネラルサントス市の領域と政治・行政制度の変遷 ……………140
　第4節　ジェネラルサントスの政治・行政制度の変遷とその領域の確定 …144
　第5節　ジェネラルサントス市の社会・経済的特徴 ………………………150
　第6節　ジェネラルサントスの歴代首長の概観 ……………………………152

第4章　ジェネラルサントス市における民主的政治のダイナミクス

　第1節　アキーノ政権誕生直後のジェネラルサントス市の政治・社会的文脈 ……162
　第2節　86年以降の地域的政治状況と地域における国政レベルの政治的文脈 ……168
　第3節　ヌニェースとアントニーノ家の対立の構図と新しい政治の形 ……171
　第4節　1988年地方選挙でのヌニェースの勝利の要因とその過程 ……………173
　　　第1項　88年市長選挙立候補過程での政治的駆け引きとヌニェースの選択 ……173
　　　第2項　88年市長選挙での勝利、その政治的支持構造と選挙の過程 ……………175
　　　（1）ヌニェースの政治的支持構造としてのジェネラルサントス市の PO
　　　（2）漁民グループのヌニェース支援
　　　（3）ヌニェースに再教育された自警団組織、アルサ・マサ
　　　（4）都市貧困層の住民組織 KPS
　　　（5）大学の教員や弁護士などの専門家、教会関係者、そして実業家
　　　（6）88年選挙戦時の各候補者の政治的支持構造
　　　第3項　1988年選挙の過程と民衆のヌニェース支持 ……………………187

第5節　第1期ヌニェース市政の業績（1988-1991）……………………191
　　第1項　第1期ヌニェース市政の業績 ……………………………191
　　第2項　ヌニェース市政におけるNGO・POの市行政への参画 ……193
第6節　92年選挙におけるヌニェースの敗北 ……………………………196
第7節　アントニーノ市政とジェネラルサントス市職員労組の戦い ……199
　　第1項　アントニーノ市政とジェネラルサントス市職員労組の戦い ……199
　　第2項　労組の戦いを支援した2人の弁護士 ………………………208
　　第3項　マスコミの報道とプロパガンダ合戦 ………………………209
　　第4項　活性化するジェネラルサントス市職員労組（92-95年）………210
第8節　ジェンサン救済運動の形成と95年選挙でのヌニェースの勝利 ……213
　　第1項　ジェネラルサントス市労組活動の進歩的運動への変質 ……213
　　第2項　ジェネラルサントス市職員労組の選挙政治への介入 ………215
　　第3項　ジェンサン救済運動の形成と95年選挙でのヌニェースの勝利 ……219
第9節　その後のヌニェース市政とその政治的支持構造崩壊、そもそもの要因 ……227
　　第1項　ジェネラルサントス市職員労組の諸問題 …………………228
　　第2項　ジェンサン救済運動に参加したその他の社会勢力の問題 ……232
　　第3項　ジェンサン救済運動崩壊の要因と民主的政治家 …………233
　　第4項　ジェネラルサントス市の現在の政治状況 …………………235

結章　ジェネラルサントス市の民主的政治のダイナミクスが持つ意義

第1節　民主化以降のフィリピンの国家・政治・社会構造変容と民主的政治 ……238
第2節　ヌニェースの政治的支持構造の特徴とその意義
　　　　　　及び民主的政治権力誕生、発展、衰退の要因 ………………241
　　第1項　ヌニェースの政治的支持構造の特徴 ………………………241
　　第2項　ジェネラルサントスの民主的政治権力が
　　　　　　フィリピンのガバナンス研究に持つ意義 …………………243
　　第3項　民主的政治権力誕生、発展、衰退の要因 …………………250
第3節　おわりに ……………………………………………………………251

あとがき ……………………………………………………………………254

　　略語集 ………………………………………………………………257
　　参考文献・資料リスト ……………………………………………262
　　索引 …………………………………………………………………272

フィリピン全図

はじめに

問題の所在と研究方法

第1節　フィリピンの政治権力構造の歴史的変遷

　本研究は、フィリピン南部ミンダナオの東南に位置するジェネラルサントス（General Santos）市の政治分析を行うことを目的とする。何故なら、ジェネラルサントス市では、これまでのフィリピン地方政治の中では見られなかった新たなタイプの市長が誕生したからである。その市長を一言で特徴づけるとすれば、それは民主的地方政治権力、と言うことができるだろう。フィリピンは民主主義の国であり、それは当然のことのように思われるかも知れない。だが、それは、フィリピンの民主主義の実態をよく知らないからである。一般に、フィリピンの民主主義は、非自由民主主義（Illiberal Democracy）と呼ばれたり、名目的民主主義（Nominal Democracy）と呼ばれたりすることが多く、その民主主義の実態はそれ程民主的ではない。それを象徴するのが、パトロン―クライアント（P-C）関係や政治マシーンと呼ばれる政治的支持構造である。この2つが、フィリピン政治を非民主的にし、名目的にしているのである。本書は、この問題を地方のレベルで考察する。

　本書の第1章、「フィリピン地方政治権力構造認識の変遷」の中で具体的に見るように、これまでのフィリピンの地方政治に関する主な研究は、非民主的地方政治権力、つまり政治的支持構造としてP-C関係派閥や政治マシーン派閥といった汚職や不正を前提とする政治的支持基盤を形成して選挙で票を獲得するような地方政治家を研究し、その態様と変容のみに注目してきた。

　P-C関係とは、農業社会の上層にいる地主一族が中心となってその地域で派閥を形成し、自分たち一族やその派閥に属する者たちの借地料の減免や緊急時の支援などを提供するだけでなく、地域の行事や慈善活動などに対して様々な支出を行うことで、地域での名声と影響力を獲得するとともに、それを政治的支持に代えるようなものである。その中核には、地域で最も大きく有力な地主などの一族がいて、その周りに比較的有力でない一族がおり、

それがまた更に小作などと温情的な二者間関係を結ぶものである。一般的には、地域の最大の地主が中核的家族を形成し、地方レベルの議員や村長（バランガイ長）などがその周りにいる一族ということになる。また、その周りに地主などとP–C関係を結ぶ小作人などがいる構造である。具体的なP–C関係には、地主による小作料の減免や冠婚葬祭時の支出の肩代わり、その他借金の支払猶予などの温情を地主がかける一方、小作人たちはそれに対して彼らのできることでそれに報いるというもので、政治的支持や票の取りまとめもその一環ということになる。また、票のとりまとめを行う者の中には「リデル」と呼ばれる者がいるが、それは一般的に公職には就いていない小作などのことである。

　また、政治マシーン派閥とは、地域の首長などの公選職に就くことを意図する個人が、選挙戦に勝利するために作り出す政治組織、または派閥のことである。それは、P–C関係による派閥とは異なり、諸家族間の連合体や小作人たちとの温情的二者間関係を基本的には持たず、ただ選挙に勝利するためだけに組織されるもので、選挙以外の活動は基本的には存在しない。派閥を結びつける紐帯は、お金や政府内外での就職の斡旋、公共事業契約、許認可の優先的配分などの短期的かつ物質的誘因である。そこには、温情主義的社会関係は基本的には存在しない。

　このような政治的支持構造の存在は、少なくとも2つの問題を生み出すことになった。その1つの問題は、そこに汚職が付きまとうことによって政治的モラルを低下させるだけでなく、国家予算その他の国家資源を浪費させてしまうことである。P–C関係派閥であろうと、政治マシーン派閥であろうと、その派閥の中核にいる伝統的政治家たちは、公選職に当選することで国家資源の配分権を握り、そこから彼らに有利な公共事業を行い、裁量権を用いて自分の所有する企業や支持者たちの所有する企業に便宜を図るだけでなく、予算なども私的に流用し、賄賂を渡し、また受け取ってしまうことが多かった。このような現象は、フィリピンのような発展途上国にあっては、希少な諸資源をほぼ国家が独占しているため、それを獲得するために富裕層がそのための政治的支持基盤を構築したことも1つの理由と言える。だが、そのような希少な国家資源を富裕層とそれに連なる者たちだけのために用いること

は、国家が行うべきその他の重要な事業を不可能にして国家資源を浪費し、国家、国民全体の健全な経済的、社会的発展を損なうことになるのである。

　伝統的政治的支持基盤であるP-C関係派閥や政治マシーン派閥のもう1つの問題は、富裕層かその政治的子分しかP-C関係に基づく派閥や政治マシーン派閥を形成することができないことから生じる問題である。富裕層とそれに連なる者たちしかP-C関係や政治マシーンによる派閥を形成することができないため、フィリピン社会の多数派である貧困層、また中間層が、選挙時の一時的な利益を別にすれば、その利害を反映させるような政治、また政策を期待することができなくなるのである。P-C関係派閥であろうと、政治マシーン派閥であろうと、首長などの公選職に就くために多額の資金やその他を投資することになる富裕層たちは、投資した資金その他の諸資源を回収するために、またその富を更に蓄積するために、彼らの利害に適う政策しか実施しないだけでなく、予算の執行も選挙の直前などにしか行われない。そのため、貧困層や中間層などの利害を真に反映する政策は、真剣に取り組まれることはないのである。つまり、「略奪的政治エリート」がここに誕生することになるのである。また、政党を見ると、そのような略奪的政治エリートが地方レベルで権力を握り、同様の構造が、今度は地方レベルの政治エリートと国政レベルの政治エリート（寡頭）の間で成立することで全国政党が成り立っている。そのため、国政レベルでも貧困層や中間層の利害を反映させる政治が行われることはなくなってしまう。フィリピンは、近年は一定の経済成長を続けているが、貧困率などにおいてそれ程大きな改善は見られない。このようなフィリピンの状況の背景には、このような政治や行政、つまりガバナンスの問題が大きくのしかかっているのである。

　これら2つの問題の裏返しとも言えるが、P-C関係派閥や政治マシーン派閥が主流である限り、政治的競合のあり方の中で最も重要な政策や理念を競い合う、という側面が抜け落ちてしまうことになる。実際、フィリピンの国家や政治、社会構造をマクロな視点から振り返ってみると、そのような政治的支持基盤を形成して選挙に勝利することが、フィリピン政治全体の支配的側面であり続け、その中で民主的政治の展開を希求する勢力は、権力の座から遠ざけられてきた。20世紀初頭にアメリカによって導入された民主主義

のこのような状況は、フィリピンが1946年に独立して以降、フェルディナンド・マルコス（Ferdinand Marcos）が1972年に戒厳令を敷いて権威主義体制に移行するまで継続することになった。また、マルコスがこのような状況を打破しようと、「中心からの革命」を起こすと言って敷いた戒厳令以降の権威主義体制も、そのような問題を解決することはできなかった。何故ならば、彼は確かに寡頭や地方レベルの政治エリート（地方ボス）たちが持つP–C関係派閥や政治マシーン派閥に基づく政治を無力化させることには成功したが、マルコス自身が最大かつ排他的な政治エリートとなって国家全体の予算配分権限を握り、自分を支持する取り巻きたちには利益を与える一方で、彼を批判する者たちには、国家資源の配分権限獲得の手段となっていた議会を停止、または制限しただけでなく、対立する政治エリートの所有するマスコミ関連企業やその他の企業を接収し、彼の取り巻きに任せるなどの手ひどい報復を行ったからである。それは、P–C関係、または政治マシーン派閥の機能を大統領のレベルにまで拡大、最大化しただけでなく、それを独占してしまうことを意味していた。その結果は、国民経済は健全な発展を遂げることができず、彼が一時期押さえ込んだかに見えた、P–C関係派閥や政治マシーン派閥に基づく政治構造は、彼が大統領の座から退いた1986年以降息を吹き返し、再びフィリピン政治全般に重くのしかかることになったのである。マルコスは、中心からの革命に成功することはなく、政治の中で最も重視すべき政策や理念を競い合うという新たな政治文化を生み出すことには全く失敗してしまったのである。

更に、1986年にマルコス政権が崩壊して以降、フィリピンの政治構造はマルコスが戒厳令を敷く以前に回帰した。新憲法が制定され、その下で小選挙区制を中心とする下院と全国区に基づく上院議院が設置されて議会制民主主義体制が復活したのである。それは、再びP–C関係や政治マシーン派閥に基づく政治が展開されることを意味していた。

第2節　問題の所在

　しかし、1986年以降のフィリピンの社会構造を見てみると、戒厳令体制下やそれ以前のフィリピンとは大きく変容した。非政府組織（NGO: Non Governmental Organization）や住民組織（PO: People's Organization）が多数誕生し、それがフィリピン全体に増殖していったからである。このような新たな非伝統的社会勢力の拡大の背景には、新憲法の規定の中にNGOやPOに関する規定が設けられ、それが1991年地方政府法の制定によって法的にも担保されたことで、NGOやPOの政治過程や政策決定過程への参加が促進されたことが1つ挙げられる。もう1つは、マルコスの権威主義体制からの民主化によって、国際機関や諸外国からのODA（政府開発援助）など、国際社会からの援助がフィリピンに大規模に流入したことがあった。だが、もう1つ大きな背景として挙げられるべきものに、マルコス政権期に展開された反マルコス政権の社会運動を挙げることができる。新憲法下で誕生したNGOやPOの担い手の多くは、マルコス政権当時に反マルコス政権運動を展開した者たちがその中核にいたからである。また、その中には、キリスト教の教会組織の中に新たに誕生した「解放の神学」の影響を受けた組織やフィリピン共産党、そしてフィリピン共産党とは違って政権打倒に当たって武力を用いることを肯定しなかった社会民主主義的理念を持った者たちが含まれていた。このような勢力は、国家による新たなルール設定の下で提供されることになった新しい機会を捉えて、自らを組織化し、その勢力の拡大を図っていったのである。

　そしてこのようなNGOやPOは、政治的に影響力を行使しようとして、既存の伝統的政治エリートに対するロビー活動など、様々な運動を展開していった。その中で彼らは、政治家を自分たちで擁立し、国家資源の配分権を握る首長や国政レベルの政治家たちを自分たちの手で誕生させる活動をも展開することになったのである。その活動は、仮にも成功とは言い難いもの

だった。少数の者しか、下院議員選挙や上院議員選挙で当選させることができなかったからである。だが、この現象は少なくとも地方レベルの政治権力構造を分析することを目的とする時、大きな意味を持つことになる。それは、これらの勢力が伝統的な政治的支持基盤であるP–C関係派閥や政治マシーン派閥を構築することによってではなく、政策や理念を重視し、それによって選挙対策組織を構築し、政策や理念に同意してもらうことで支持者を獲得、動員して選挙戦を戦ったからである。つまり、民主的な選挙を展開したのである。また、その中で伝統的政治的支持構造を持つ伝統的政治家を破り、地方における政治権力を獲得した者が現れたことは、フィリピン政治の政治的発展において大きな意味を持つものと言えよう。フィリピンの100年以上にわたる伝統的政治的支持基盤であるP–C関係派閥や政治マシーン派閥を打ち破ることは並大抵のことではあり得ず、その数が少数であることのみをもって過小評価することは、フィリピン政治の新しい構造変容の可能性を見落としてしまうことになるからである。

第3節　研究の目的、方法、調査地域の選定とその理由、分析の射程

　このような認識の下、本研究は、1986年以降に登場した新たな国家・政治・社会構造とその環境において登場した民主的政治権力について研究を行った。これまでフィリピンにおける地方政治権力は、P–C関係派閥、または政治マシーン派閥を持たなければ、その権力を掌握することができないとの認識があった。実際、フィリピンの地方政治権力構造を分析する多くの研究者たちは、その態様と変容、そしてその変容の要因のみを考察してきたのである。

だが、このような認識を越えた地方権力は実際に存在しており、それに関しては、これまで学術的調査研究はそれ程行われてこなかった。したがって、本研究は、そのような認識を覆した実際の事例を詳細に研究することで、フィリピン地方政治権力研究に新たな一面があることを示し、その中に位置づけたい。

　具体的には、そのような民主的政治権力は実際にはどのようなものだったのかを明らかにし、これまでの地方政治権力構造認識との比較の中でどのような政治的支持基盤における特徴を持っているのか、またそのような民主的地方政治権力の成立の要因は何か、その成立過程はどのようなものだったのか、そのような権力の発展と衰退の要因は何かを明らかにしていく。更に、現在は、フィリピンの地方政治権力に関する認識においても国家の諸制度や諸資源が、そのような政治的支持基盤や政治権力に強い影響を与えると考えられているが、それは民主的地方政治権力にとってどのような意味を持っていたのかを考察する。

　本研究は、1999年から1年間フィリピンに留学し、その後は、ほぼ毎年のように調査地域に3週間程度通うことで収集したデータを基礎的1次資料としている。それらの中には、キー・インフォーマント・インタビュー（Key Informant Interview）や調査地域内の村の方々に対する聞き取り、地域の政策決定過程の中に民間の代表が参加する「地域開発評議会」に参加していた全てのNGO、POに対する聞き取り、その他地域の方々に対する聞き取り、現地の商工会議所支部などが含まれている。また、現地の自治体や大学、商工会議所などを訪れて資料収集を行うことで、新聞、雑誌、資料なども入手することに努めた。

　調査期間には、現地で部屋を間借りして調査地域自治体での生活を体験し、その中で当該自治体内にある全ての村を訪ね歩き、その中で聞き取りを行った。聞き取りの内容は、当初地域開発評議会の活動を中心に聞き取りを行った。そして次に、そこから見えてきた伝統的政治家と民主的政治家の肖像を基礎に、伝統的政治家と民主的政治家の双方を良く知るキー・インフォーマントを探してその方々に対する聞き取りを行った。また、キー・インフォーマントの方々に対して行った聞き取りを、地域の政治をよく知る、

できる限り多くの人々に対してぶつけ、情報の正確さを確保し、より客観的な地方政治の実態を把握することに努めた。

　このような調査を筆者が具体的に行ったのは、ミンダナオ島南部のジェネラルサントス市である。ジェネラルサントス市を調査地域として選定したのは以下のような理由からであった。先ず、ジェネラルサントス市には民主的地方政治家が選挙で2度当選し、権力を握っていたことである。民主的政治を浮き彫りにするためには、当然のことながら、民主的政治家が権力を握った地域でなければ調査はできない。次の理由は、ジェネラルサントス市が一定の規模の都市であり、フィリピン全体でより典型的な社会・政治的条件を整えているものと考えられたからである。ジェネラルサントス市はフィリピンでも有数の人口増加率を誇り、多くの人々が流入する地域でエスニシティも多様であることから、伝統的な政治的支持基盤である政治マシーンがより機能しやすい社会的条件が揃った地域である。そこから考えて、このような地域で民主的政治家が政治権力を掌握することができたことは、単なる偶然ではなく、それなりの理由があったことが予想されたからである。このことは、更に本研究の事例の適用可能性に関わる。フィリピンで典型的な事例を調査することで、フィリピンのその他の地域への適用可能性がそこから見出される可能性があったためである。

　本書は、この「はじめに」を含めて5章構成となっている。第1章の「フィリピン地方政治権力構造認識の変遷」で、これまでのフィリピン地方政治関連の研究を整理し、その上で民主的地方政治権力に関する研究の不十分さを指摘し、本書の問題の所在を明らかにする。第2章では、ジェネラルサントス市に誕生した民主的地方政治権力の背景となる、マクロな政治・社会的背景を概観する。第3章と第4章は、実際に筆者が現地調査を行って収集した1次資料を含めた各種データに基づいて、フィリピンの一地方における民主的政治権力の成立と発展、そして衰退の過程とその要因、特徴をまとめることで、その実像に迫る。そして、結章は、本書全体をまとめて結論を述べた後に、本書で筆者が明らかにした具体的内容を明確にし、今後の課題について述べる。

第 1 章

フィリピン地方政治権力構造認識の変遷

本章は、これまでのフィリピン地方政治研究を整理し、その中で筆者の本研究における問題意識を明確にするとともに、その中で筆者の研究する民主的地方政治権力の構造とこれまでの研究が明らかにしたフィリピン地方政治権力の諸類系、構造を比較して特徴付けるために諸概念の内容を明確に定義することを目的とする。

　具体的には、これまでのフィリピン地方政治権力に関する研究を「社会―文化的アプローチ」と「国家資源中心主義的アプローチ」、「それなりのガバナンス論」に分類し、その分類に属する諸研究の特徴を、筆者の問題意識に沿って吟味する。その問題意識とは、これまでのフィリピン地方政治権力に関する研究は、富裕層とその政治的子分のみが政治権力を握ることができるというフィリピン政治の実像に沿ったものではあったが、そこには民主的地方政治権力の存在が無視されており、それを明確かつ適切にフィリピン地方政治研究の中に位置づけることが必要である、ということである。

第1節　フィリピン地方政治権力、構造認識の社会・文化的アプローチ

　本節は、フィリピンの市・町レベルの地方政治の構造に対する認識の変遷を概観する中でも「社会・文化的アプローチ」として分類される議論を概観する。これは、フィリピン地方政治構造認識のステレオタイプとも言うべき、一般的認識の基礎になる議論であり、修正は加えられているが、現在でも用いられる認識である。本研究は地方政治権力に関するものであるが、市・町レベルの政治も、フィリピン全体の政治のダイナミズムの中で動いているため、地方レベルの政治と中央レベルの政治を全体として構造的に把握する。それによって、本書が扱うジェネラルサントス市の市長が、これまでのフィ

リピン地方政治研究が行ってきた政治家の肖像の中でどのような位置づけになるか、つまり、それらのどのタイプに属するのか、またはどれにも属さない新しいタイプの市長であるのかを確認する。

　フィリピン地方政治に関連して社会・文化的アプローチをとる無視できない影響を与えた代表的先行研究として、メアリー・R・ホルンスタイナー（Mary R. Hollnsteiner 1963）、カール・ランデ（Carl H. Lande 1965）、J・C・スコット（James C. Scott 1969）、K・G・マチャド（Kit G. Machado 1974[1][2][3][4]）、アルフレッド・マッコイ（Alfred W. McCoy 1994）の研究がある。また、政治構造の認識に関しては、スコットやマチャドの分析枠組みを採用するものの、参与観察によって地方政治家と国政レベルの政治家の関係性やその実態を詳細に記述する木村昌孝の研究がある（Kimura 1997, 1998, 木村 2000）。

第1項　家族、親族、派閥の政治的編成

　フィリピン地方政治の構造について明確な理論的説明を行った最初の研究は、メアリー・R・ホルンスタイナーの *The Dynamics of Power in a Philippine Municipality* である。彼女は、それまでのフィリピンの村落開発計画が、全て農業社会（rural community）という共通の概念を念頭に形成されたもので、静態的（static）なもののために修正する必要があると考え、現実の村落社会がどのようなものになっているのかを、マニラからそれ程離れていないブラカン州のフロ町（Hulo: 仮名）で研究した[1]。

　その調査の問題意識は、地域における相互作用（community interaction）の動態（dynamics）、地域において現存する行動パターン、そして政治権力の構造と影響力だった。そして、政治、社会、市民的（civic）リーダーの権力の源泉は、親族関係（kinship）、儀礼親族関係（compadrazgo）、内なる負債（utang na loob）、恥（hiya）といった伝統的文化的規範に基づく互酬的関係や社会構造にあり、これらのリーダーが、彼ら自身の親族ネットワークと彼ら

---

[1]　ホルンスタイナーがフロの研究を始めたのは、1956年に国立フィリピン大学の学生の頃で、彼女の著書のためのフィールド・ワークは1957年11月から行い、主要なデータは1958年初頭に収集したものである。だが、その後も現地の重要なイベントなどに関しては、追跡していた（Hollnsteiner, *ibid.* pp. 206-207.）

の親族集団への追随者からなる集団を持つことを発見した。これは、同盟システム（alliance system）として説明される（Hollnsteiner 1963: Chapter 4）[2]。同盟システムとは、諸個人が、親族、姻族、そして名付け親としての儀礼親族関係を利用してその個人を支援してくれる者との社会的ネットワークを作ることである。その時、個人が支援を受けたなら、その個人は支援をしてくれた者に対して恩義（utang）が生じ、それは内なる負債として恩義を受けた者の内面に残り、何らかの形で返済されるべきものとされる。また、それを返済しないことは恥（hiya）となり、同盟関係が崩壊するだけでなく、地域社会で非難の対象ともなる。しかし、双系制（bilateral kinship）であるフィリピン社会には、多くの親族が存在するため、そこに自ずと線が引かれる。その線は必ずしも、血縁関係の近接性によるものではなく、感情的な近接性（emotional closeness）に基づくもので、血縁がある者でも感情的に親近感がないときには、血縁がない者よりも個人の同盟システムではより遠い存在となり、同盟システムの境界の外に置かれることもある。その境界線が、個人の同盟関係の限界となるのである。

　これは、フィリピン社会（特に低地キリスト教徒農村社会）の基本的な社会関係であるが、その関係は政治的舞台でも活用されるもので、候補者は、その個人の同盟システムを使って支持を集めるのである。そのため、政治家は同盟システムの幅をできる限り拡大しようとするのである（Hollnsteiner 1963: Chapter 4, 5, 6, 8）。政治だけでなく、社会や、市民団体などのリーダーはエリートと呼ばれる。ホルンスタイナーのエリートの定義は、それぞれの（部分）社会で集団の諸活動を主導し、方向付け、規制する役割を担うものである（Hollnsteiner 1963: 86）。ホルンスタイナーが分析するフロのエリートの特徴は、農村社会のそれである（Hollnsteiner 1963: 5, 6）。したがって、その特徴は、社会、文化、経済、政治的側面の全てで主導的役割を果たすもので、エリートは多機能的なものである。そのようなエリートの多機能性は、社会・経済が発展して機能分化が起こる中で専門的になるという先進諸国のエ

　2　なお、ホルンスタイナーは同盟システムという概念をフランク・リンチ（Frank Lynch）から援用している。

リートのあり方とはまだかけ離れている。しかし、ホルンスタイナーは、市議会議員レベルに、それまでの多機能的なエリート一族出身者以外の者の企業家や専門家がエリートとして登場してきていることも指摘している（*Ibid*: 86-90）。

　また、政治的同盟システムにはリデル（lider）という存在が指摘される。リデルとは、バリオ（バランガイ＝村）に多くの追随者を持つ村の指導者で、選挙時にその追随者をある候補者やそのグループのために動員してキャンペーンを行い、その見返りに就業機会の斡旋や小作料の融通、小作面積の拡大、食料の提供、冠婚葬祭などの儀礼に対する支援など、何らかの報酬を候補者から受け取る。その報酬は、リデルの追随者に分配され、彼の立場を強化することになる。また、リデルは公的な地位を持つものではない。しかし、候補者やその政党にとって極度に重要なものである。何故なら、リデルほど村の票を動員できる者はその政党にはいないからである。リデルは、アメリカ政治におけるワード・リーダー（Ward Leader）にたとえられるものである（Hollnsteiner 1963: 41）。ホルンスタイナーが研究を行った当時、村はまだそれ程重要な役割を演じてはいなかったため、リデルは現在の村長の役割を含むものと考えられる。何故ならば、リデルは市・町の議員は含まず、村長以下のリーダーと考えられるからである[3]。

　フィリピン政治に関する古典的な研究として重要な位置を占めるものにカール・ランデの *Leaders, Factions, and Parties: The Structure of Philippine Politics* がある。一言で言って、ランデの研究の特徴は、彼がホルンスタイナーとは異なり、パトロン・クライアント関係（P-C関係）という概念を導入してフィリピンの政治を説明したことである。ランデの研究は、フィリピンの2大政党が、社会的、職業的、地域的支持の源泉、そして政策において同質的であることを認識した上で、3つの課題を持って研究した。第1に、フィリピンの民主主義を分析するときの具体的な課題として、フィリピンの政党制の特

---

[3] ホルンスタイナーが調査した時代、それ程重要な公的役割を与えられていたわけではなかったため、彼女は、村長を公職とは扱っていなかったと思われる。そのため、村長はリデルとして考えられていると思われる。

徴の明確化、第2に、その特徴が形成された要因は何か、第3に、そのような政党制の中での大統領制はどのようなものとなるのか、である（Lande 1965: 1）。

　ランデによれば、フィリピンの政党は党内の結束が弱く、ナショナリスタ党とリベラル党の間で議員の移動が頻繁に行われる（Lande 1965: 57-69）。また、フィリピンの政党は2つの政党によってほぼ独占され（Lande 1965: 25-40）、その党員は政治家に限定され、その活動は選挙のみである（Lande 1965: 69-75）。誰でも両党の政治家になることは可能で（Lande 1965: 75-76）、党内の権力は地方の指導者達に分散されている（Lande 1965: 76-81）。また、中央政治と地方政治は密接に関連している（Lande 1965: 82-83）。このようなフィリピンの政党政治が存続する理由は、現在の西洋の民主主義に存在するような特定の社会的階級または職業のような、ある社会的範疇に帰属すると考えられる諸個人や組織化された利益団体によってよりも、フィリピンの親族関係の行動パターンを反映する異なる地位にある2人の個人（垂直的二者間関係）の相互扶助関係のネットワーク（P-C関係ネットワーク）に基づく派閥によって構造化されているためである。また、政治的リーダーシップの在り方もこのような社会構造を反映した村落レベルのリーダーシップと同様である。フィリピンの政党は、村長、市・町長や州知事のような地方レベルの政治家が作る派閥を積み上げてできているもので、それがまた、やはりP-C関係によって国政レベルの政治家と結ばれ、全国的2大政党となっている。

　ランデによれば、P-C関係は、伝統的フィリピンの農村社会の社会構造、つまり親族関係と階級構造とその枠組みの中における相互作用の中で説明されるものである。たいていの伝統的社会と同様、フィリピンの農村部（Rural Philippines）における親族関係の絆とは、第1に、強く広く拡散しているものである。都市部のフィリピン人もある程度そうであるが、農村部のフィリピン人は、近代的西洋人よりも、様々な活動において、非親族の協力より親族の助力に依存しがちである。第2に、親族関係は、他の低地東南アジアの人々と同様、父方の親族と母方の親族が同様の重要性を持つ双系制（Cognatic System）である。その結果は、東アジアや南アジア、アフリカなどに住む人々のように父母の双方の家系を分離して扱わないということである。その代わりに、典型的な西ヨーロッパや北アメリカのように、父母の双方の親族と垣

根を設けずに同様に接するのである。しかし、もし、典型的な低地フィリピン社会のフィリピン人が家系によって垂直的に分離しないのであれば、明確な亀裂が存在することになる。つまり、地域社会を横断する水平的な亀裂である[4]。この亀裂は、富裕層と貧困層に分裂している。富によるこの2分法は、スペイン時代やアメリカ植民地時代の不平等や土地の分配に端を発する。しかし、現在でも、ある一族は耕作できる範囲以上の土地を所有し、その他の者は、彼らの生活に必要な土地を持つまでになってはいないか、土地を全く所有していない。したがって、貧困層たちは、小作や農業労働者として働かなくてはならないのである。貧困層に属する諸家族は、慢性的な不安定や物資の不足状況に置かれているため、安定した生活が営める十分な収入をもち、余分な現金や穀物を持つ富裕層は、伝統的に貧困層に生活必需品を提供するか、小作、または債務者としての返済義務を緩和するなどして、貧困層を支援することが期待される。また、そのような救済は、コミュニティ内の富裕層の集団的行動として貧困層全体の利益のために行われるものではなく、富裕層の一族やそれが形成する派閥に追随する者のみを益するものである。したがって、フィリピン社会、特に低地平野部のフィリピン社会では、特定の貧しい個人、または家族と特定の富裕者、または家族を結びつける膨大なP–C関係のネットワークで構成されているのである。これらの紐帯は親族関係のそれと一致する。富裕なパトロンは、親族以外の人を頼ろうとはしない傾向を持つ困窮した親戚や、その他の彼らに追随する人々を救済する義務感を感じるものだからである。しかし、類似のP–C関係は、地主と小作、そしてその他の人々との間にも存在する。彼らは、地主のパトロンに対して特別な忠誠やちょっとした奉仕活動で報いるのである。このような行動パターンはフィリピンでは一般的で、彼らはP–C関係のネットワークを開

---

4 垂直的に分離しない場合は自動的に水平的に亀裂が生じるのか、また垂直的にも水平的にも亀裂が生じないのか、あるいは両方あり得るのか、更に両方が混在する場合は何故想定されないのか、という疑問も生じるが、ランデはこれを説明していない。だが、ランデはホルンスタイナーなどの研究が富裕層と貧困層に別れたフィリピン社会の現状があることを指摘していることから判断して、そのように言っているのではないかと思われる。

拓することで、困難を乗り切ろうとする。そのため、利益団体を使った集団的圧力などは使わない。P-C関係とは、フィリピンの伝統的農業社会を反映したものであり、それが都市部での関係にも適用されたものと言えよう。また、それは、政治以外の諸関係を含む全人格的な関係である、と言うことができよう。

　ランデの言う村落レベルでの政治的リーダーシップ、またはリーダーとその追随者の関係は、地主と小作との間の非政治的P-C関係と多分に類似しているが、それは同一の起源を持つからだと言う。どちらも下から積み上げられる垂直的二者間関係であり、リーダーやパトロンに対する追随者、クライアントの側の個人的忠誠は見られるが、彼らの間にあるいかなる共同体的意識（any sense of community）も二義的な意味しか持たない。両者の主な相違は、上位者の影響力の基盤と影響力の目的の違いである。非政治家の地主の小作に対する影響力の基盤は私的富であり、影響力は地主小作制度を安定させるために行使される。しかし、政治的リーダーの影響力の源泉は、個人的追随者を動員して、公的資金を村に支出させる能力であり、これらの資金は自分の追随者を維持し、増加させるために行使される。このような村落レベルの政治的リーダーのモデルは市、町、州、上下両院の政治家や候補者達にも適用可能である。辺境部の地主小作間関係に典型的に現れる社会における非政治的P-C関係の下でのリーダーは、村、市・町、州、国政の各レベルの政治家に地主がなることが多いだけでなく、フィリピンに選挙制度が導入される以前から存在する互酬関係の社会的パターンが政治システムにほとんどそのまま取り入れられたからである。つまり、より上位の政治家が、村にまで至る無数の個人的忠誠にその票を依存しているからである。そして、その他の社会では、主要な政治的亀裂や対立の原因となる富裕層と貧困層の間の亀裂を相互扶助に基づいた多階級的な政治的グループ（supraclass political combinations）にまとめ上げるからである（Lande 1965: 1, 9-12）[5]。

　しかし、ランデは、村落レベルのリーダーがそのまま市・町、州、国政の

　5　ランデは、Robert N. Pehrsonの影響を強く受けてこの概念を分析枠組みとして採用している。また、具体的な定義としては、フランク・リンチの定義を使っている。

各レベルのリーダーと同一だとは言っていない。そこにはより複雑な構造を持った P-C 関係に基づく派閥が存在し、それが市・町以上の政治では重要となるからである。ランデの言う派閥とは、端的に言うと、それは、上位者と下位者の間に存在する個人的忠誠と相互の義務からなる社会集団である。またそれは、上位者と下位者の間に存在する厚意の交換から育まれるものである。したがって、そのような派閥は、特定の目的のために組織化されるものではない。つまり、それらの派閥は、伝統的社会秩序における非政治的組織の形成にその起源があり、第一義的には、政治的目的のために存在するものではなく、非政治的な地域的名声と影響力を獲得するために存在した。しかし、アメリカがフィリピンに選挙を導入したため、選挙においても派閥が重要な位置を占めるようになったのである。

　その機能には、例えば、地域の余暇的行事の組織的中核となり、その行事に必要な資金を負担することや、地域における名声を巡る競合の組織的基盤となったりする。また、町の学校に新たな校舎を建設することや教会、道路、橋の補修工事などの、政府の補助を受けない私的なプロジェクトなども行う。そのようなプロジェクトは、通常、名望家が自分のイメージを改善しようとして、自分の親戚や友人、追随者、負債のあるクライアントなどの自発的労働で行われる。また、より大がかりなプロジェクトは、同一の派閥に属する何人かのリーダー達によって行われる。典型的な地域社会には、男性、女性、青年、ライオンズクラブや PTA、宗教的組織のような様々な市民団体が存在する。そのような団体のリーダーには、最も富裕な、ある派閥の指導的な政治家族出身の者が選出されることが多い。このような市民団体の中でも派閥の競合は見られ、対立する派閥が同様の組織を設立して、名声を競うこともある。また、巧妙な手段によって対立する派閥が行うプロジェクトを失敗に導くこともある。派閥の活動やその構成員の周期的変化は、2年に1度選挙時に起こる。特に、大統領以外の選挙時に地方の首長達が選挙キャンペーンを行っている時に、その競合は、他の時には名声を巡る競合であるものが、あからさまに政治的闘争として表面化する。したがって、派閥的敵対は、首長職と政治的名声、パトロネージュ、抑圧的権力、そして経済的利害が同時に争われる時に、頂点に達する。選挙が近づくにつれて表面化する

もう1つの変化は、他の時には派閥的競合から遠ざかっている人々が動員されて、派閥が拡大することである。社会的地位または家族的つながりに関わらず、全ての有権者は、選挙に勝つことに専念する派閥から大きな利益を受け取る。しかし、選挙や非選挙時に派閥の目標が変わり、派閥的対立の激化や派閥的活動の活発な参加者の増加を伴って変動するときにも、派閥の本質は変わらないし、そのリーダーシップも本質的に同じものである。一方、フィリピンにおいては、2年毎の選挙における派閥の競合は、地域における派閥の社会的、市民的活動から分離しうる、特有の政府、政治過程として研究することはできない（Lande 1965: 15）。また、派閥は、地域に特有な社会的な系列化（social alignment）の中で存在し、それによって形成されるが、またそれは、全国的な2大政党制に一定程度影響され、それによって形成される部分もある。地方の派閥の調停的構造を通じて、全国政党のシステムは形成されるし、地域の社会システムとしての派閥も全国政党の影響によって形成されるのである。

　ランデの言う派閥の構造的特徴は、第1に、派閥とその相互の対立は、地域社会における特定の個人的、そして家族的対立に基づくもので、その起源は、ほぼ完全に地域の中にあることである。そのために派閥の構成員は、他の国々では政治的系列化の在り方を決定する地域社会を超えた社会の分類上の区分を横断するのである。典型的な派閥は、血統や、婚姻、または名付け親（compadre）の絆で結ばれている。名付け親の絆は、子供の名付け親と本当の両親が名付け親の制度の下で儀礼親族関係を結び、諸個人間に互酬的関係を結ぶ手段を提供する。また、指導的立場にいる中核的家族に通常したがっている、より繁栄していない派閥内の家族は指導的立場にいる中核的家族から様々な物的支援を受けるクライアントである。これらの物的支援はたいてい、政府とのつながりから来るものであるが、私的資源から来るものもある。これは、公権力を掌握していないときでも、富裕な中核的家族が多くの従者を従えていることをある程度説明する。また、多くの派閥的紐帯は、地理的基盤を持っている。したがって、市・町レベルの1つの派閥は、そのリーダーと支持者を地域内のある地域からほとんど輩出し、また別の派閥は別の地域から輩出することが多い。これは、州レベルでも同様のことが言え

る。しかし、地理的絆は絶対的なものではない。地理的近接は団結だけでなく、敵意も生むのである。派閥から排除された者は、地域内では少数派だが、その他の派閥のパトロネージを受けることもできるのである。派閥はまた、階級や職業などの社会的区分よりも特定のP-C関係に基づいて、地域の勢力の同盟や敵対によって、再結成され、また分割される。フィリピンにおける地理的紐帯は主要な経済的、また理念的区分を強化するよりも、分裂させる傾向を持っている。

　ランデは、このP-C関係的紐帯に依存して社会的区分を強化しない傾向は、第2の構造的特徴としての派閥の不定形さに関係する、と言う。フィリピンにおける地域社会の派閥は、諸個人と家族の不定形の集団である。フィリピンの派閥は、しばしば主に親族で形成されるが、インドや共産化以前の中国南部のような単系制の社会のような団体（集団）的特徴を持たない。双系制に特徴付けられるフィリピンの低地平野部の村落社会では、派閥は家族以上のより大きな別々の親族グループを形成することはない。そのため、典型的な派閥の中核には一群の家族（family constellation）が存在する。フィリピンの典型的な派閥は、大きく繁栄した一群の家族の緩やかな連合がその中核にあり、より小さく繁栄していない家族がその周縁にある。それぞれの一群の家族の中では、親族関係の強い蜘蛛の巣状の紐帯が関係する家族を結合力のあるグループに結び付けているのである。同盟した一群の派閥の間では、婚姻や名付け親、またはP-C関係の紐帯などの、より少ない数の二者間関係の紐帯が比較的弱い紐帯を作り出す。一群の家族は、地方選挙やその他の名声を勝ち取る競争に勝利するのに十分な規模の連合を作り出す必要から、様々な時期に同盟して動く[6]。

　第3の派閥の構造的特徴としてランデは、フィリピンの政党が2大政党を形成しやすいことを挙げている。派閥が選挙や名声を巡る競合において勝利するために規模の大きさが重要になるためだと言う。階級、家系的分裂、ま

　6　フィリピンでは、Familyという用語の他にもClanという用語を用いることがあるが、ランデはこの用語を用いていないため、要約の意味でここではその用語は用いない。

たは宗教的多様性のない、そして人気争いを続けることに極度に専心するような同質的地域社会（community）では、競合は、それぞれ大雑把に人口の半分の支持を得るような2つの主要なグループを作り出す傾向がある[7]。人口の比較的少ない部分を代表するようなグループはほとんど勝利の見込みはなく、派閥的競合に勝利することに主要な関心があるような社会では、そのようなグループはより大きなグループを作るために他のグループと合同することが予想される。反対に、過半数を優に越える支持者を有するグループは、厚意（favor）を施すことによって得られる支持者が多すぎるため、不必要な資源の投入を行うことになる。この機能的な2大派閥主義的状況は、地方政治のみならず、独立後のフィリピンの国政にも反映されている。国政で2大政党が存在するため、互いに敵対する州の政治家族同士は、2大政党のどちらかの下にまとまる誘惑に駆られる。しかし、このような状況が必ずしも起こるとは限らないため、時折第3政党が市・町レベルや州レベルで登場する。しかし、2大派閥の存在が自然なパターンとして地方レベルでも存在することは確かである。そしてそれは、明らかに1907年の国政レベルでの2大政党制の登場に先立つものである。

ランデの言う派閥の第4の構造的特徴は、対立する派閥同士が通常、その支持を同一の社会的区分から受けるため、その構成において同質的だということである。それはまた、政治的立場も同様のもの、ということを意味する。典型的な派閥の構成員は、階級、職業、宗教、思想などの社会区分に基づくものではなく、地主と小作、またはリーダーとその追随者という個人的な二者間関係によって構成されるため、理念的に区別できるグループの形成を妨げるのである。

---

[7] フィリピンの政党政治の歴史的変遷に関して若干述べておくと、ナショナリスタ党は1907年に結成され、その後フィリピンの政党政治を主導した。また、リベラル党は1946年に結成された。これ以後、マルコスが戒厳令を発布するまで、フィリピンは両党による2大政党制が続いた。戒厳令期は議会が停止されたため、政党活動もなくなったが、1978年にマルコスが暫定国民議会という1院制議会を設立すると、マルコスが結成した新社会運動（KBL）の1党支配体制となった。それは、1986年にいわゆるピープル革命（People's Revolution）が起こるまで継続した。1986年以降は、上下両院が復活したが、これ以降、フィリピンは多党制の様相を呈するようになった。

第 1 章　フィリピン地方政治権力構造認識の変遷

　ランデの言う派閥の第 5 の構造的特徴は、地方の派閥がその規模と構成員において、非常に不安定だということである。先ず、派閥同士は、様々な原因から対立関係に入る。その原因、起源は、歴史的文脈の中に見出される。それは、スペイン、もしくはアメリカ植民地時代の初期に起こった 1 つの派閥による他の派閥のリーダーに対する何らかの侮辱的事件であると考えられ、それが後の世代の派閥の構成員に受け継がれ、対立が継続すると考えられるのである。その事件とは、対立する派閥のリーダーやその親族、クライアントの殺害で政府がそれを罰することができず、報復の連鎖が起こること、地方エリート家族がその社会的名声を維持するため、新興のエリート家族がその派閥に入ってくることを拒否すること、直接的に地方政治のポストを争うこと、中央政治に巻き込まれて地方のリーダーが争うことがある。また、スペインやアメリカの統治に対して、更に日本の占領に対しての協力と非協力も確執の原因の 1 つとなる。しかし、典型的に言える事は、この対立が個人的な紛争で始まるか、それによって解消できないまで拡大していくということである。次に、派閥は大きくなり過ぎると、その規模において衰退することがある。その原因は、派閥のリーダーがその町を離れてしまうことやキャンペーン費用を支出することができないほど資金に困ること、そして勇退するリーダーの子供が政治に関心を示さないことである。しかし、派閥は消滅するのではなく、その構成などを変容させる形で生き残ることがある。その可能性の 1 つは、リーダーシップが親族や甥、義理の息子などに移ることで継続することがある。しかし、リーダーシップの交代で支持者の一定の部分が派閥を離れ、新たなリーダーが自分の支持者を派閥に入れるが、基本的には古いリーダーと新しいリーダーの間に何らかの共通の起源があることから、古いリーダーの支持者も新しいリーダーに対して忠誠を誓うことになる。もう 1 つの可能性は、リーダーシップが親族関係などを持たない者に引き継がれることがある。これは、特に古いリーダーが、その派閥が忠誠を誓う政党の下で公職に就く意思も手段も持たないときに起こりがちである。更に、政党の中で自分達の派閥が発言力を失うことを嫌って、古いリーダー達が、例えば新興の地元の富裕層や新たにその町に移り住むようになった富裕な外部からの移住者などの、資金的に立候補可能でその意志のある者

にその派閥を代表して派閥の属する政党から立候補することを勧める可能性もある。もしその新たなリーダーが選挙に勝利し、古いリーダーがその派閥の支配に関心を示さないのならば、新たなリーダーが完全にその派閥を支配するようになり、派閥の支持者の大きな変化が見られるかもしれない。新たなリーダーは新規参入者で、地域社会に親族がほとんど、もしくは全くいないため、多くの支持者の子供の名付け親になることで人工的な親族関係を作るかも知れない。更に、派閥はその内部の分裂から構成を変容させる可能性もある。フィリピンのたいていの派閥は幾つかの一群の家族の同盟なので、それぞれの派閥には、1人だけでなく、何人かのリーダーが存在する。そしてそれぞれのリーダーには派閥の大多数を構成する親族が存在する。したがって、派閥が不安定であることも、それ程驚くべきことではない。派閥の中での役割に不満を持つリーダーが、その親族やクライアント、追随者とともに、また一群の家族全員とともに、しばしばその派閥を離れることがあるのである。その離れた者達が政治的に意味のある派閥を構成することができないときには、彼らは対立する派閥と同盟するか、その中に融解してしまう事になる。また、それがその派閥の分裂を引き起こし、何人かのリーダーやその追随者がその派閥から離れ、対立する派閥に鞍替えすることもあり得る。しかし、派閥の相対的不安定性が、派閥それ自体の存在を危うくすることはない。家族に対する忠誠や家族内での敵対、そしてこれらの敵対の継続を可能にする富の持続性などの全てが、派閥の生き残りを保障するのである。しかし、派閥はその構成において大きな変容を見せることがある。何故ならば、継続的な集団の正式な会員や職業などの分野別の集団によって支持されているわけではなく、リーダーの個人的な追随者によって支持されているからである。そしてそれは、派閥のリーダーが変わる度に同盟関係の再編が行われることを意味するのである。

　フィリピンの派閥には、土地所有権に基づく富を基礎とした地域の有力な家族、または一群の家族を中心として、その周辺に比較的有力でない家族や一群の家族が存在する。アメリカが選挙を導入すると、これらの有力な家族の者達が地域における重要な公選職を独占するようになったが、有力家族が派閥の中心にいるため、その中核的紐帯は親族関係であった。派閥の中心に

いる家族とその周辺にいる家族を結びつける紐帯は、第1に P–C 関係である（Lande 1965: 14–23）。

　フィリピンの政治エリートは、その大部分が、小作を持つ地主や、多くの普通の有権者に対して恩恵を施すことのできる雇用者（経営者）やプロフェッショナル層などからなる。エリートに属する者達は、二大政党に属し、公選職を巡って互いに競合する。各々のエリート層の候補者は、親族や親族でないクライアント、また地域内の普通の人々（little people）を、物質的またはその他の報酬によって動員し、選挙で票を獲得する。州レベルにおいて2つの対立する政党は、垂直的 P–C 関係の連鎖によって構造化されている。地域社会で名声をもち、富裕な政治的リーダーから下位の市、町レベルの名望家層、更に下位の村レベルのリーダー、そして最後にそれらのリーダーのクライアント、つまり小作たちである（Lande 1965: 1–2）。したがって、2大政党は、その指導者や支持者の中に、全ての社会的階層の構成員、全ての職業的グループの構成員、そして全ての地域の構成員を含む。競合する一方で、同質的な多階級的構造（multi class structures）をもつ2つの政党が全ての地方政府に存在することが、全国レベルでの2大政党の同質性を説明する。これはまた、2大政党の党内的な団結の基盤の脆弱性と政党間の移籍を思い留まらせる強い動機の不在を一定程度説明する。例えば同等の者同士の関係と上下関係のある者同士の関係のような垂直的、また水平的な二者間関係への過度の依存や共通の目的を追求する組織化されたグループがあまり用いられないことは、フィリピンにおいて、利害に反する法の適用からの除外や社会的分野（Sector）に適した法律の制定といった諸分野別の目的の達成（階級的利害の達成）への関心の希薄さを説明するだけでなく、個別的な特定の報酬の追求が強調されることを説明する。これは、様々なレベルの政治家（地方政府首長から大統領まで）同士の関係、政治家と官僚の関係、政治家と国民の関係の本質に影響を与える。それはまた、フィリピンに見られる組織化された利益団体が、何故、1つの政党に永続的に忠誠を誓うことを避けようとするのかをも説明する。図1は、このようなフィリピンの政治的諸関係の概念を図式化したものである。寡頭と書いてある部分が、国政レベルの上院議員や下院議員であり、地方ボスと書いてあるものが、地方レベルの州知事、ま

た、市町長など、そしてその下の政治的子分と書いてあるものが地方の州、市町の議員、また公選職にはない者たちである。そして、左側と右側は、政党間の競合を意味する。左右ともに同じような構造を持ち、それらの間の関係も同様のものであるが、一応、政党同士では競合をしているということである。

地方政治に関連して、ランデの議論を要約すると、P-C関係の定義は、特に農村社会のような伝統的社会の社会関係や価値に基づく、異なる地位にいる（垂直的）2者間の全人格的互酬関係であり、フィリピンの二大政党のナショナリスタ党もリベラル党も、垂直的P-C関係の連鎖として成立する。地方レベルにおいては、派閥が基礎的政治単位となっている。そして、地方権力は派閥を通して維持されるもので、派閥の定義は、緩やかな諸家族のまとまりのコンビネーションで、その中心には有力な家族が座り、その周辺に比較的有力でない家族がいる構造である。それぞれの家族は、婚姻関係や儀礼親族関係、P-C関係によって結び付けられている。このような関係を図式化したものが図2である。図2のような概念で派閥が成立して、政治的支持のあり方も存在している、ということである。

このような派閥に根ざした政治においては、土地所有権に基づく個人的富

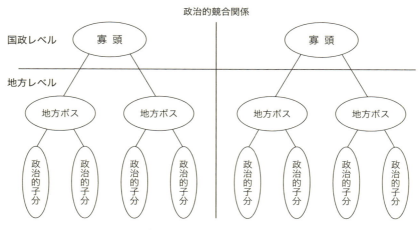

図1　国政レベルの政治的競合の全体像の略図

がものを言うことになる。そのため、大土地所有者は、国家による圧力に屈することなく、その外にあって相対的に独立している、ということである。

ランデの研究は、P–C関係という概念を導入するが、それは基本的にホルンスタイナーの同盟システムと同一のものと考えられる。何故ならば、ランデはホルンスタイナーやフランク・リンチを引用し、またホルンスタイナーもランデを引用するからである。しかし、ランデはよりフィリピン政治の全体像を詳細に説明していると言える。

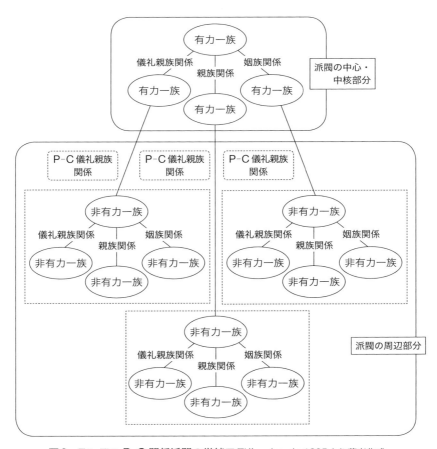

図2　ランデのP–C関係派閥の単純モデル　　Lande.1965より著者作成

第2項　政治マシーンとしての編成

　ホルンスタイナーやランデの議論を修正したのは、J・C・スコットとK・G・マチャドである。スコットは、その論文である *Corruption, Machine Politics, and Political Change* の中で、同盟システムやP-C関係の連鎖といった農業社会に中心的な全人格的関係に基づく派閥が政治的忠誠、支持に反映されるという議論に代えて「政治マシーン」概念を提起して、途上国における政治的支持構造とその関係の特徴について新たな議論を提起した。政治家の作る派閥は、全人格的社会関係の中の1側面としての政治的忠誠、支持ではなく、政治的支持の獲得に特化した政治マシーンだと論じるのである。また、政治マシーンの誕生にはそれに適した社会的文脈が重要な役割を果たしていると言い、その文脈とは、特に都市化である。彼の議論は、第1に、移民の多いアメリカの都市政治の中で1900年代から1930年代頃に存在したマシーン・モデルを、明確に定義して特徴づけ、第2に、それを説明するために、政治的忠誠の発展段階モデルを提示、第3に、マシーンを取り囲む社会的文脈が、どのように偏狭な自己利益を政治的組織の死活的に重要な紐帯にするのかを説明し、第4に、マシーンの安定化、または保守的な効果を吟味し、第5に、発展途上諸国においてマシーン・モデルを適用して説明する一方、それが一様に発展せず、不安定であることの理由を分析した。マシーン・モデルが適用される地域は、選挙による政治的リーダーの選出や大衆参政権、相対的に激しい政党間、または支配的政党内での選挙での競合がある地域である。つまり、有権者の票をとって選挙に勝利することが政府をコントロールすることにおいて本質的に重要な地域でこのマシーン・モデルは適用されるということである。

　マシーンの定義は、管轄区域内において、信頼に足る繰り返し行われるコントロールのことである。マシーンの特徴は、そのようなコントロールを実行可能にする組織的な紐帯ではなく、また大陸ヨーロッパに生まれたような、階級的紐帯や共通のプログラムによって結び付けられた規律正しい、理念的な集団であるということでもない。更に、内部における一貫性を保障することを、リーダーのほとんど超人的な性質に依存するようなカリスマ的集団であるということでもない。その特徴はむしろ、政治的原則よりも、リー

ダーが公選職を得ることやマシーンを運営するに当たって、そのために働く者に所得を分配するような非理念的組織である、ということである。それは、それがもつ理念ではなく、支持者に依存するものである。マシーンはそれに絡む全ての者が利害関係者であり、配当が投資をした分だけ返ってくるようなビジネスに喩え得るものである。政治マシーンは、政治的エリートの主導で組織されるもので、エリートによる諸資源の独占を維持するため、またこれらの諸資源や草の根のリーダー達、そして有権者達に対する効果的なコントロールを維持するのに適した政治的組織として作られる。このようなマシーンは、個別的（particularistic）、物質的（materialistic）な報酬（金、就職斡旋、ライセンス、食料、その他）が組織の維持、発展のためには必要になり、パトロネージュや猟官制、そして汚職がその維持のためには必然的に伴う。しかし、非マシーン的汚職がしばしば、ばらばらで散発的性格を持つか、富や武力をコントロールする狭いエリート層の結合のみを狙うのに対して、政治マシーンが関連する汚職は、その生存のために人気を集める必要があり、結果的に広範な階層の要求を満たす必要がある。全ての汚職がマシーン政治だというわけでもない。言い換えると、個人としての派閥のリーダーが、自分を支持する者たちに利益を分配するために行う汚職、それがマシーン政治と言っても良いだろう。

　ここではっきりと言えることは、マシーンがホルンスタイナーの同盟システムやランデのP–C関係のように個々人間の全人格的社会関係でできる派閥や同盟が政治的な支持構造として利用されるというものではなく、選挙のためだけに個別的かつ物質的利益が提供されるということである。当然、選挙に特化した組織である以上、マシーンに選挙以外の活動はあまり存在しない。これがホルンスタイナーやランデとスコットの大きな相違点である。また、親族を否定してはいないが、それを第一義的には入れていないことも大きな特徴の1つと言える。そのようなマシーンの概念を図式化したものが、図3である。

　その構造は、P–C関係モデルのような構造を持つものの、諸アクター間の関係性が異なっているだけでなく、マシーン・モデルが基本的に選挙時にしか活用されないものであるのに対して、P–C関係のモデルは、選挙以外

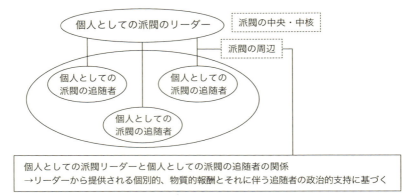

図3 ジェームズ・スコットの政治マシーン派閥モデルの構造と諸アクター間の関係
Scott, James C. Dec1969."Corruption, Machine Politics, and Political Change"
The American Political Science Review, Vol 63, No. 4, 1142-1158. より筆者作成。

の時にも基本的には農村内の社会関係として存続するのである。このようなマシーンは、社会のある発展段階において出現し、発展するものであり、それには3つの段階がある。

　第1段階では、政治的絆は伝統的な忠誠のパターン（垂直的絆）によって決定され、権力を形作る。協力を得るための物質的、個別的な誘引は、限られた数の地方権力保持者の間でのみ、わずかな役割を果たすだけである。第2段階では、急速な社会経済的変化（都市化など）によって伝統的な忠誠のパターンは弱体化し、垂直的絆はより大きな互報制によって維持される。政治的支持を得るためのリーダー間の競合は、協力を得るために、偏狭な忠誠を伴いながら、具体的で短期的、かつ物質的な誘因の広範な使用を促進する。選挙の競合が激しくなればなる程、誘因の配分はより多くなる。そして法の執行レベルでの影響力（立法過程ではなく）が強くなるのが一般的である。この段階で、政治マシーンは最もよく繁栄する。第3段階では、水平的、機能的な階級（階層）または職業的紐帯を強調するような経済成長の過程で新たな忠誠が出現する。政治的支持の本質は、政策的関心、または理念を強調するようになる。立法過程での影響力が新たな政治的忠誠の本質にとってより適切なものとなる。このような3つの段階を表にしたものが、表1である。

急速な社会変化や政治権力の分断状況の存在、エスニシティの溝や社会的分断状況の存在、そして大多数の人々の貧困状況があるとき、偏狭な個人的利益は、政治的組織の死活的に重要な紐帯になる。1つの市や町に首長の意向を否定することのできる権力が存在するとき、また、エスニシティの多様性が存在するときなどは、首長は対立する組織や政治家から協力を得るために、パトロネージ、契約、専売権などを供与するという非公式的取引を行う。また、社会的に多様性があるとき、首長候補者は簡単に一本化することはできない。したがって、成功裏に選挙キャンペーンを行おうとするならば、何らかの誘因を供与することによって一時的な同盟関係を結ぶ必要が生じるのである。また、新規の移民などは、地域の状況なども理解していないため、政党などから提供される迅速な支援が大きな意味を持つため、個別的、物質的利益を提供するマシーンが大きな意味を持つ。そのため、急速な都市化の進行はマシーン政治を繁栄させる。それは、地域共同体の意識が希薄で、個別的な紐帯が事実上唯一の協力の手段となる時である。更に、大多数の投票権を持つ人々が貧困状況にあるとき、マシーン政治が幅を利かせる。マシーンはその性質上、貧困層の票に依存する。当然、マシーンが繁栄するのは、貧困層が多く、中間層がほとんどいない状況である。平均所得が低く、学歴が低いときには、ほぼ例外なく、マシーンに対して人々は忠誠を誓うことになる。貧困は人間の時間を短縮し、短期的な物質的誘因を最大限有効にするのである。そのため、現職の首長が権力を維持し続けるためには、誘因を供与し続けるだけの能力を必要とするのである。つまり、エスニシティや対立勢力などが存在して権力の分断状況にあり、大多数の人々が貧困状況にある時、偏狭な個人的利益が紐帯となって政治的組織は存在することになるのである。マシーン政治において、政治的リーダーが支持者をつなぎとめる手段として最も重要なのはパトロネージである。公的資金を用いて、政治的基準にしたがってポストを分配することで、政治組織内の一体性を確保することができるのである。特に、発展途上国のように、社会における諸資源が相対的に不足している所では、政府における役職は、多様な構成を持つ政治組織の支持者にとっては希少価値である。政党が体制を担う国家では、パトロネージの傾向は、親族関係の紐帯や非公式的な雇用料だけでなく、政党のため

表1　正統性の3類型とその社会・経済・政治的背景、
　　　そして正統性確保手段（マシーンを中心に）

正統性の3類型	当該の正統性が機能する社会・政治的背景	政治的指導者の正統性確保の手段
カリスマ的正統性 〈政治マシーンが機能しない条件1〉	・伝統的宗教、文化のもつ敬意や象徴的目的の共通性の存在と影響力が強く、住民生活が安定した社会 　＝原理主義的である程に伝統的な宗教や文化的指導者の強い影響力が存在 ・支配的エスニシティが1つ存在し、マシーン政治で少数派エスニシティの支持を得る必要もない程の状況になること 　→少数派のエスニシティは分離独立、または自治を求めて運動を展開するが、それはしばしば国家統合への脅威として軍事的鎮圧を招く。	伝統的宗教、文化に基づく権威や言説による正統性確保
移行期社会の正統性 （政治マシーンによる正統性確保）	（1）政治的背景 ・選挙での政治指導者の選出 ・大衆参政権の存在 ・相対的に激しい政党間、支配政党内での選挙での競合 ・有権者の票の獲得競争への勝利が国家権力を握るために死活的に重要であること （2）社会的背景（共同体意識の希薄さと住民生活の不安定） ・急速な社会変化（産業化、都市化）の存在・エスニシティの溝の存在 ・社会的分断状況の存在 ・大多数が貧困層で中間層が少ないこと（平均所得が低い） ・学歴が高い人口が少ないこと ・新規移民の存在 ※社会的背景の政治的正統性確保に持つ意味 　1つの市町に首長の意向を否定できる（社会における）権力が存在する時、また、エスニシティが多様な時（社会的多様性）などで、首長に対立組織や政治家から協力を得て候補者一本化をはかるためにカリスマ的正統性や理念・政策的正統性確保以外の手段、つまり何らかの誘因の提供が事実上唯一の協力の手段（死活的紐帯）として必要となる。その提供で、一時的同盟関係を形成する。また、新規移民などは、地域の状況を知らず、政党などの提供する迅速な支援が大きな意味を持つ。 （3）経済的背景 ・経済的見通しが明るいこと（誘因を提供する源泉） ・社会における諸資源の相対的不足（国家資源への依存）	・個別的、物質的利益の非公式的取引による提供（汚職） 　＝物質的誘因の組織化と提供 　→偏狭な個人的利益の供与による政治組織（選挙マシーン）の維持と集票 ・具体的誘因（社会における希少価値）提供の事例 　1）パトロネージュ 　2）金銭の供与 　3）政府内での雇用 　4）政府外雇用（農業労働者、小作契約等） 　5）許認可の優先配分 　6）食料 　7）契約（政治指導者の私的契約） 　8）公共事業契約（ポーク・バレル資金） 　9）専売権供与

政策・理念的正統性 (＝近代的正統性) 〈政治マシーンが 機能しない条件2〉	・理念、政策的関心を持つ中間層(公務員、専門家、大学生、軍人、企業の管理職等)の存在 ※中間層は理念、政策に関心あるとの想定[8]。 ・社会・経済状況の改善で住民生活が安定した社会 →貧困から脱した住民が誘因への関心示さず。 ・誘因を求める者がいる状況で、クーデターで軍人または文民政治家が権威主義体制をとって選挙を廃止。 →住民から表出される膨大な要求に辟易した指導者はそれらを調停せず、そのような状況は自由民主主義が原因で起こったものと考え、それが長期的な国家的目標を妨げると考える。	理念や政策の提示、説得による正統性確保

出典：Scott.1969より筆者作

に働く者に報いるために、また支持を維持、拡大するために顕著となる。また、政党が広範な同盟を形成する必要性は、しばしば、開発政策の構造やその運営にも反映される。開発のための基金は、政治的基準に基づいて人々を雇用し、開発契約を結ぶことでパトロネージのための組織となるのである。地域開発が政党の支持拡大に利用されるのである。雇用、ポークバレル資金、そして開発のための契約は、地域における政党にとっての重要人物に与えられ、その政党に対する反対勢力には分配されない。開発政策の政治的要素は、地方における支配的政党を支持する者たちの経済的成功に貢献するのである。しかし、そのようなパトロネージは必然的に汚職を伴うことになる。マシーンに参加する者たちに何らかの利益を与えるためである。また、支配政党が支持を維持、拡大するために、開発政策などを通じてばら撒かれるパトロネージは、政治的考慮を第一義的に追求するものであるため、開発自体は二義的なものとなり、開発計画の策定者にとっては、失敗と判断されるプロジェクトも当然出てくることになる。

　マシーン政治には、政治的な安定化、または保守的な効果がある。マシーンは地方レベルで最もよく繁栄するが、その繁栄の条件は、選挙制度が安定している一方で、貧困層が多く、多様なエスニシティの存在などの社会的多様性に富み、移行期にある社会で、全体としてのコミュニティと住民の紐帯

---

[8] 現在は、発展途上国の中間層が必ずしも政策や理念に関心を示さないことが知られている(Bautista 1999, 木村昌孝 2002)。

が脆弱で、暴力の発生する潜在的可能性が高い地域である。更に、このような状況においても、政治家などが抑圧的権力を独占するような状況にはないということである。このような状況が政治的組織の社会的基盤となると、マシーン政治以外では、地域や国家を維持することができない。このような移行期の社会における政治マシーン派閥による正統性確保の利点と問題点をまとめたものが表2である。

表2　移行期の社会における政治マシーン派閥による正統性確保の利点と問題点

利点	・伝統的支配層のカリスマ的正統性も理念や政策、階級的利害に基づく正統性も利用できない時、少なくともしばらくの間、利害対立を封じ込めて暴力の発生を抑制して、地域の安定性を保つ一定の効果を持つ。
問題点	・経済発展などによる社会・経済的条件変化に伴って顕在化するべき階級や職業的紐帯の抑制。 ・公共財政を悪化させ、債務を蓄積させる 　公共財政を利用してクライアントのために公共事業などの契約を供与するなどの支出はするが、その資金獲得のために国民や市民、そして企業への増税はできず、逆にそこからの債務で資金を集めることになる。また、政治的競合相手がいるため、そのような短期的、物質的利益供与のレートは上昇する。つまり、政治マシーンは経済見通しが明るくない所では機能しない可能性があることになる。 ・開発のための契約は特定政党にとっての地域の重要人物に供与され、反対勢力への分配はない。 ・パトロネージュは必然的に汚職を伴う。 ・長期的な開発目標が困難になる。 　政治マシーンは地域全体の利害の考慮ではなく、短期的な個人的インセンティブで選挙民を支配するので、地域社会全体に対する長期的コストは考慮されない。

出典：Scott.1969より筆者作

そのような社会では、住民の間に、物質的な自己利益以外で、恒久的で大規模な政治的組織を構築する紐帯は存在しない。そして、国家資源を流用してそれを自分のマシーンに参加する者たちに分配するなど、マシーンが汚職によって物質的誘因を組織化し、提供する能力は、少なくともしばらくの間、利害対立を封じ込めて暴力の発生を抑制する機能を持つ。したがって、伝統的支配層も理念や階級的利害に基づく支配層も利用できない時、自己利益は、政党などの政治組織や体制を構築するのに必要な政治的な絆となるのである。だが、一方でマシーンは、個人的絆（個別的、物質的インセンティブ）

で支持を獲得するために、怪しいポピュリズムを越えて、経済発展などによる社会、経済的条件変化に伴って顕在化するはずの階級や職業的紐帯を抑制する機能を持つ。しかし、それがマシーン政治の限界でもある。個別的、物質的なインセンティブを、汚職をしてまで確保し、それに依存するため、その有効性はマシーンが用意することのできるインセンティブ次第となる。また、住民の生活が安定し、より広範な忠誠や市民的意識が住民の間に根ざすようになるか、伝統的セクターの持つ敬意や象徴的目的が共通している時、マシーンの提供するインセンティブは機能しない。つまり、マシーンはその物質的インセンティブに従う者には正統性を確保することができるが、原理主義的である程に伝統的な宗教や文化的指導者の影響を受け、カリスマ的正統性を支持するような人々や、公務員や専門家、大学生、軍人などの中間層のように、理念や政策的関心を持つ人々はマシーンによる物質的インセンティブの影響を受けにくく、彼らを遠ざけてしまう。したがって、マシーンが最も機能するのは、伝統的セクターが支配的で、彼らが他の社会的条件のために対立を自分達では解決できない時である。また、マシーン政治が競合する勢力よりも人気を得る必要性から供与するパトロネージュなどの短期的、物質的利益は、公共財政を悪化させ、債務を蓄積させることにもつながる。公共財政を利用してクライアントのために公共事業などの契約を供与するなどの支出はするが、そこに支出される資金を獲得するために、国民や市民、そして企業に対する税金は引き上げることができず、逆にそこから債務として資金を集めることになることにもなりかねない。更に、政治的に競合する勢力が存在するため、そのような短期的、物質的利益供与のレートは上昇していく。それも、公共財政を悪化させていく原因になる。そのためマシーン政治は、経済的見通しが明るくない所では機能しにくい。政治マシーンは地域全体の利害を考慮してではなく、短期的な個人的インセンティブを用いることで選挙民をコントロールしているので、地域社会全体に対する長期的コストは考慮されることはない。そのため、長期的な開発目標はより困難なものとならざるを得ない。

　このようなマシーン政治は、発展途上諸国において適用し得る概念である一方、それは一様に発展するわけではなく、不安定なものとなった。植民地

から独立した国家において、マシーン政治が繁栄し続けるわけではない。その理由には幾つかある。第1に、個別的利益を求める者が後を絶たない状況で、クーデターによって軍人が、または文民政治家が権威主義体制を採って、選挙を廃止することである。住民から表出される膨大な要求に辟易した指導者はそれらを調停しようとはせず、このような状況は自由民主主義が原因で起こったものと考え、それが長期的な国家的目標を妨げるものと考えるのである。第2に、社会、経済状況が改善し、住民が貧困から脱出してパトロンの提供する個別的、短期的な利益に依存する必要がなくなり、マシーンに縛られなくなることである。第3に、支配的な1つのエスニック・グループが存在し、マシーン政治を用いて少数派のエスニック・グループの支持を得る必要がない程の状況に追い込まれることである。少数派のエスニック・グループは分離独立、または自治を求めて運動を展開するが、それはしばしば国家統合への脅威として軍事的鎮圧を招く (Scott, James C. : Dec 1969 1142–1158)[9]。

　スコットの政治マシーンという概念をフィリピンの地方政治に適用して具体的に展開し、ランデのP–C関係に基づく社会的派閥が政治的支持に反映されるという議論を修正したのは、キット・ゴードン・マチャドである。マチャドは、*Changing Aspects of Factionalism in Philippine Local Politics* と *From Traditional Faction to Machine: Changing Patterns of Political Leadership and Organization in the Rural Philippines*、そして "Changing Patterns of Leadership Recruitment and the Emergence of the Professional Politician in Philippine Local Politics" の中で、ランデやホルンスタイナーの議論を2つ修正した。その1つは、ランデの言う派閥がその非政治的側面を失い、より政治に特化した、特に選挙時にのみ顕著に現れる組織に変容したということである。これは、派閥における中心的要素が拡大家族または諸家族の同盟を中心とする全人格的関係から1人の指導者とその従者たちが道具主義的な紐帯からつな

---

[9] スコットの理論に対して批判的考察を行った研究者にルイス P. ベンソン (Luis P. Benson) がいる。彼はスコットの理論を詳細に分析して、その理論が分析概念としての有効性は不十分であるが、叙述のための概念としての重要性は認めた。本書は、基本的にモノグラフであり、叙述的研究であるため、スコットの理論的説明は有効なもの考える (Benson Jun 1973: 560–566)。

がる政治目的のためにのみ組織された選挙マシーンに変容したことを反映するものである。だが、強調しておく必要のあることは、政治マシーンとしての派閥も伝統的派閥の枠組みの中での性質の変化であるという点である。決して政策や理念に基づく集団として政治マシーンが現れたわけではない。これと密接に関連することは、それまでは最も重要性が高かった地域（市町レベル）的考慮が相対的に重要性を減じて、国政や州の政治への考慮が重要性を高めたことである。州や国政への考慮が増々地域の派閥の指導者の州、国政だけでなく地域での行動をも規定するようになったのである。また、派閥に参加する理由、つまり派閥結合の絆に関しては、伝統的な派閥と多くの点で一致するが、1つだけ重要な変化がある。それは、親族や拡大家族などの家族中心の全人格的互酬的関係から1人の指導者とそれに従う個人としての従者達の道具主義的なもの、つまり、何らかの利益の供与が大きな比重を占めるようになったということである。だが、マシーンはそれでも派閥の域を出るものではない。何故ならば、派閥は政党の地方支部のように、彼らの候補が地域の公職に就くよう活発に選挙に参加するものの、政党の地方支部のような組織的継続性や全国政党への安定的な関与を示さないからである。派閥は伝統的に不安定なものだが、その中核においてはかなりの一貫性を持つものである。現在は、派閥の指導者の政治生命が終わるとその派閥には大きな変動が起こるか存続しなくなる。また、1つの政党に所属し続けるということも伝統的派閥に比べるとない。このような変化は、国政や州政での競合が市町レベルで激化するに伴い、政党や政府のようなより近代的な制度と派閥の絆が増大すること[10]、大衆の政治参加の増大といった要因が引き起こすもので[11]、社会的動員が相対的に高い所、かつ大土地所有者の少ない所で起こ

10　マシーン政治において重要な道具主義的紐帯、つまりプロジェクトやパトロネージ、そして個人的な好意を供与することで支持者を選挙に動員することでつながっている指導者とその追随者の関係は、州、国政レベルの上位の政治家と派閥指導者が強いつながりを構築、維持する能力によって左右される。そのような上位の政治家がポーク・バレルなど政府資金に対する裁量権を持つからである。したがって、国政や州政の影響が大きくなってくる。また、そのような上位の政治家とのつながりは、しばしば政党とのつながりを意味する。

りやすい[12]。更に、当然のことながら、派閥の指導者が伝統的派閥政治のパターンを否定するかどうかという、派閥指導者の態度により大きく依存する、と言う。派閥の指導者の態度の変化を引き起こす要因としては、第1に、派閥指導者が、彼ら自身、州、国政レベルの政治家であるか、そのような上位の政治家との強いつながりがあるか否か、第2に、より長期にわたって権力の座にある指導者か否か、第3に、派閥の中心で、伝統的に派閥を牽引する役割を担う一族以外の指導者であるか否かが考えられる。このような条件の組み合わせが伝統的派閥主義に起こるとき、派閥の指導者は伝統的なパターンに従わないことが考えられる。

　マチャドがホルンスタイナーやランデの議論を修正したもう1つの点は、それまでの伝統的な土地所有者のエリート層から輩出された政治家とは違う、新たなタイプの政治家が登場したことを指摘したことである。第1の変化は、伝統的な指導者の選択の基準が有力一族の出身者であることが条件だったものが崩れ、小農や漁民、企業家一族、そしてその他のより低い階層

11　アメリカがフィリピンを植民地にして以来、段階的に選挙権が拡大されてきたが、戦後は大衆参政権が認められ、選挙権が一般の人々にも普及してきた。つまり、高等教育を受けた政治、経済的な有力家族出身のエリート層のみに選挙権がある時代とは異なり、大衆の票も獲得する必要が出てきたため、政治マシーンが普通の人々の支持をも獲得する必要が出てきたのである。また、そのためには、村の普通の人々にまで支持を拡大するのに重要な役割を果たすリデルがより必要になってきたのである。

12　マチャドが社会的動員を表現する指標として用いたのは、識字率、都市化、非農業部門における労働力の割合、家計に占める電力消費、人口1000人に対して占める自動車の台数、ラジオの所有状況である。社会的動員の増大は大衆の新たなニーズを生み出し、収入源としては二義的三義的であるにしろ、農地が中間層の手に渡るようになる。彼らと小作との関係は、家父長的というよりも、非人格的かつ経済的なものとなる。そのため、小作と地主との関係は不安定なものとなり、小作達はそれを解消するために新たなパトロンを探すようになる。このようなことは、大衆の政治化という地域の社会的文脈であるが、これは大衆のニーズや需要を最も満たそうとする者にその政治的基盤を形成するものとして有利に働く。またマチャドは、変化の要因として、政治、経済、そして文化的な中心である首都や都市部へのアクセスの可能性を重視する。したがって、変化の可能性を持った地域はマニラ周辺か州都などのアーバン・センターであると言う。また、コミュニケーション・メディアへのアクセスの可能性をも重視する。大土地所有者の定義に関しては、地域（州）の総人口に占める50ヘクタール以上の土地を所有する者の数の多さで見ている。

から社会的に上昇した者も候補者として登場するようになったことである[13]。第2の変化は、地域の政治的指導者選出の基準により専門的基準が採用されるようになり、職業政治家（professional politician or career politician）が登場し始めたことを指摘したことである。職業政治家にとって、リーダーシップとは、より広い社会的役割の一環としてよりも、より政治に特化した活動で、副業ではなくキャリアであり、地域の派閥は伝統的な組織的特徴を失って専門化した政治マシーンに変容した。また、州や国政レベルでの政治的競合の激化も職業政治家の登場を促した。何故ならば、それは、より多くの票を獲得するために地域で票を取りまとめる者が必要となるが、それを選考する基準は、周囲の者が近づき易く、彼らとうまく付き合えるといった、組織運営の技術を持つことが重視されるからである。それが緊密な個人的絆のネットワークを作り、より多くの票の獲得につながるのである。その様な技術を持つ者を州や国政レベルの政治家、政党は選ぶことになり、それは伝統的派閥の指導者とは限らない[14]。そのような意味で、職業政治家が出馬しやすい環境、換言すると、出世の道ができてきたものの、いったん政治家になると、彼らは有力一族出身者とは違って政治的基盤がないため、政治マシーンを持つ必要に迫られ、それを維持するために政党や州、国政レベルの政治家などの外部資源に依存し、彼らの要求に応えて実績を積むことを強いられる。つまり、彼らは政治マシーンを伝統的派閥の指導者以上に必要とするのである。更に言うならば、マシーンとしての派閥の指導者は、政府与党もしくは現職大統領の政党に帰属する傾向がある。何故ならば、マシーンを維持するための外部資源は大統領を輩出する与党の方が遥かに多く支配しているためである。だが、外部資源に依存するマシーン派閥の指導者は、大統領や与党の上位の政治家たちに依存するため、その見返りとして集票を行う必要が出てきて、村に対するコントロールも厳しく行うことになる。村の道路建設、水道敷設、電化などのプロジェクトを外部資源を利用して行い、その他の個

13　いわゆるニュー・マン（New Man）と呼ばれる者たちのことである。
14　マチャドによると、1950年代には国政や州レベルの政治家や政党からの集票圧力はそれ以前に比してかなり大きくなっていたと言う。

人的かつ物質的な支援を行うことで自分に強く依存させ、村長以下のリデルなどに対して影響力を行使し、その統制も厳しく行って集票するのである。
　派閥主義のパターンの変容と一般的社会的条件への組織的適応は、基本的に地域の政治指導者の選択の結果である。一般に、新たに登場した政治マシーン派閥の指導者は、伝統的な有力一族出身の派閥の指導者よりもその変化に適応しやすい。また、新たなタイプの政治家は、初めから自分の政治マシーン派閥を組織して選挙を戦うよりも、古い派閥に属してそこから公職に就いた後、自分の政治マシーン派閥を形成、発展させることも多い[15]。
　マチャドは、最後に、政治マシーンの出現はより存続可能な政党制度への道を示すものかも知れない、と言う。職業政治家たちは彼ら自身を安定的な政党に組織化することはできていないが、職業政治家のネットワークが国政レベルから地域レベルにまで拡大しており、政党の安定化のためのその他の条件がそろえば、職業政治家と伝統的派閥指導者の間の同盟よりも安定した形で組織化が可能となるだろう、と言う。つまり、マチャドにとっては、社会経済構造の変化に伴い、地方レベルにおける政治的統合形態が、環境への組織的適応として、伝統的派閥から政治マシーンへと変容することは、肯定的な進化であり、政治的発展だったのである（Machado 1974: \<a\>, \<b\>, \<c\>）[16]。
　ポストマルコス期のフィリピン地方政治研究で、スコットやマチャドの議論を異なる側面から修正した研究者に木村昌孝がいる。木村は、*Changing Patterns of Leadership Recruitment and the Emergence of the Professional Politician in Philippine Local Politics Re-examined: An Aspect of Political Development and Decay* の中で、スコットやマチャドの出した分析枠組み、つまり政治的マシーンを基本的には受け継ぎながらも、彼らの近代化論者的側面、つまり、

　15　例えば、非エリート層出身の者が青年団体や抗日ゲリラの指導者などの社会団体の指導的地位に着き、その影響力を派閥の指導者に認められて市議などに立候補、当選した後に、自分の政治マシーンを構築する場合もありうるし、派閥のリデルとして働いた後にやはり市議になり、その後自分の政治マシーンを構築する者が考えられる。また、影響力はあるものの、所属する派閥の指導者に認められないときは、派閥を移ってそこから立候補することもある。選挙に勝てる良い候補を派閥は探すため、そのような条件に合う者は敵対する派閥の者でも受け入れるのである。更に、大学の教員や弁護士などの専門家が伝統的派閥の指導者にリクルートされるなどの場合も考えられる。

社会・経済的変容、発展に伴って社会的動員が進展することに伴い、地方政治の派閥がP-C関係から政治的マシーンに変容し、更に理念や政策中心の派閥や政党に変容するであろうという見方を2つの観点から批判した。その批判の1つ目は、職業政治家が登場した一方で、地主や彼らが変容して企業家や資本家になった伝統的政治家も絶滅せずに存続し、職業政治家の数は停滞している、ということである。2つ目に、政治マシーンに基づく政治は不正を生み出しやすいことである。そしてこのような状況は、ハンチントン（Samuel P. Huntington）が *Political Order in a Changing Societies* で、またワーフェル（David Wurfel）が *Filipino Politics: Development and Decay* で言うように、近代化は単線的に進行するのではなく、発展と退行が共存しながら進行していく、という議論により適合的だと考える（Huntington 1965, Wurfel 1988）。木村はマチャドの研究した時期以後、つまり戒厳令以後の市町長のリクルートパターンを調査し、その職業政治家化の程度を、また彼らの職業的、社会経済的背景を分析した。木村は、戒厳令以前には確認されなかった新たなパターンが戒厳令以後に見られるようになった、と言う。木村が確認した新たな現象は、第1に、戦前の有力一族と関係のない者たちで政治的指導者の地位を占める者が増えた一方、関係のある者たちは依然として多く市・町長に存在し、職業政治家化がそれ程進んでいないことである。これは、

---

16 マチャドの分析枠組みを受け継いで、その後のフィリピンの地方政治を考察したものとして少なからず文献や論文が存在する（Nowak and Snyder 1974<a><b>, Kerkvliet, and Mojares eds. 1992）。これらは、基本的にランデやマチャドを引用しており、社会・文化的アプローチを採用している。彼らの議論の特徴は、経済成長に伴い、上位20％の人口に大部分の所得をもたらすような社会変容が生じた。それは、フィリピン地方政治の政治的動員のための組織構造としての全人格的関係としてのP-C関係に基づいた伝統的派閥からより選挙に特化し、個別的、物質的かつ短期的誘因に基づいた政治マシーンを出現させることになった。しかし、それは伝統的派閥のような強固な統合力を示さず、特に国政レベルのエリートたちのパトロネージュのための諸資源がより希少なものとなると、不安定化することになると言う。また、変化をもたらす担い手は、アメリカのように中間層を考えており、代替的社会団体や大衆政党の出現の可能性に言及する一方、現在（当時）のフィリピンにおいて、中間層の反政治マシーン運動やマシーンに代わるような代替的社会団体、大衆政党の不在を指摘する。この他、P-C関係や政治マシーンの分析枠組みでフィリピン政治について論じたものもある（Turner 1982 and 1989, Jürgen 1990, Magno 1993）。

戦前の有力者層出身の政治家の循環がよりゆっくりと進行していることを意味する。また、ニュー・マンの第2世代も登場したことを見ると、彼らも王朝化の傾向を持っていることがわかる。第2に、市・町長の家族的背景は、もう現在の社会・経済的地位に大きな意味を持たないことである。戦前からの有力一族出身の市・町長もニュー・マンも、社会・経済的プロフィールに関してそれ程違いはなく、ニュー・マンと戦前の有力一族出身者の間にそれ程大きな政治的行為の相違があるか疑問があると言う。第3に、職業に関しては、市・町長の就任以前の職業で最も多いのは法律家と企業家であること。第4に、多数派の市・町長は、政治的意味での徒弟制度、つまり議員その他の行政的役職を経験していない者であること、また、市・町長の役職のために、自分の本業を諦めないことを確認した。政治家としての地位に関しては、伝統的有力一族出身者よりもニュー・マンの方が市・町長の座に留まるインセンティブがあると言う。ニュー・マンにとって市・町長の役職も彼らの営む企業の利害と関わりがあり、市町長職のために彼らの本業を諦めることはなく、2つの職業を持つ。したがって、職業政治家への可能性は、どれくらい長い期間市町長職に留まることができるかに依存すると考えられる、と言う。また、これらの新たな傾向は、サミュエル・ハンチントンが指摘し、それをフィリピンの文脈で適用したデビッド・ワーフェルの言う、より広範な近代化の過程は必ずしも政治的近代化だけを導くのではなく、政治的衰退（decay）をもしばしば生み出すという議論に符合する、と言う[17]。発

17　また、ハンチントンは、発展途上諸国の最も重要な政治的特質は、政府の形態にあるのではなく統治の程度にあるのであり、途上諸国には、政治共同体（Political Community）や効果的（Effective）で権威のある（Authoritative）、正統的な（Legitimate）政府が欠けていると言う。つまり、発展途上諸国の政府は単に統治をしていないと考えている。また、彼は、開発システムにとって重要なことは、民主主義といった政府の形態ではなく、政府がいかに効率的に統治できるかということ、そのために政治的安定が必要であるとして、共産主義的全体主義と区別される途上国の権威主義（独裁）体制を「安定」を基準に擁護した。そしてそれはアメリカの政策にもなり、軍事政権とテクノクラートが協調し、アメリカと世銀がそれを支援する体制の理論的根拠となった。フィリピンでもマルコス政権による権威主義体制を支持するのに大きな影響を与えた（Huntington 1968: 2、木村宏恒 1993: 108）。ハンチントンの議論は、国家を重視する考え方を示しているとも言えるだろう。

展と衰退は、ともに共存し得るのである。更に、マチャドの議論は、出自などに基づく社会的地位（ascription）よりも社会の構造分化や専門職化（specialization）、業績主義などの基準が影響力を強めるという、1960年代から1970年代初頭に強い影響力を持った楽観的政治的近代化論と一致するものと批判する。問題は、現在の地方政治指導者のリクルート・パターンは、政治制度の発展と衰退の混在状況の中の、ある一段階にある現況の結果であり、その反映だと言う。

　木村は、マチャドのように政治目的に特化した機能を持つが故に、マシーンが伝統的派閥よりも近代化したもので、それがフィリピンの政治的発展を示すものという楽観的見方を否定し、それが派閥間競合の激化に伴って不正を起こしやすいもので、発展というより衰退の側面が強い、と言う。そしてこれがニュー・マンの増加や地方政治家の専門職化への動きの停止や一定程度の逆行を説明するものだ、と言う。だが、肯定的側面をも指摘する。それは、社会・経済的変容と社会の構造分化の進展で政治家の職業的背景が多様化したことで、ある特定の条件を持つ地域により適合したスキルや才能を持つ者を選挙で選出できることである。例えば、分配的社会改革が期待できない一方で、企業家の運営管理技術は、行政組織やそのプロジェクト運営を効果的に行える可能性がある、ということがある。木村はフィリピンの地方政治を展望して、ニュー・マンの流入の継続を指摘する。また、双系制的、親族的紐帯が王朝の永続化を制限する一方で、地方の政治権力の源泉が国家のそれに対して相対的に減退することで、国政レベルの政治家に対する地方政治家の脆弱性を継続させ、地方政治家の地位をより不安定にすると言う。また、政治家一族の子孫が明らかに有利な一方、増大する社会的流動性はニュー・マンに政治的機会を与え続けるとも展望する。更に、マチャドの楽観的展望が実現しなかったもう1つの要因に、伝統的派閥の政治マシーンへの変容が政党の制度化を伴わず、増々政党やマシーンが不安定化していることを挙げる。政党が緩やかな個人的同盟システムであり続ける限り、そして選挙運動資金が候補者個人の負担であり続ける限り、地方政治家の職業政治家化は進展を見ない、と指摘する。最後に木村は、現在の状況が急速に変化することはないが、更なる社会変容が水平的階級や機能を重視する集団を出

現させ、政党の基盤となるだろう、と言う。

　木村の議論は、国家資源の重要性をある程度認識する一方、マチャドの議論を継承するもので、社会・文化的アプローチに沿う議論を展開しているだけでなく、地方政治家のボス的側面、つまり恐喝や政治的暗殺（Guns, Goons）や不法賭博による選挙資金の獲得などに関してそれ程意識してはいない（Kimura 1998）[18]。

　ポスト・マルコス期になると、社会・文化的アプローチもかなり変化を迫られることになった。それは、ジョエル・ミグダルやポール・ハッチクラフトのような、フィリピンの政治権力の源泉として国家資源をより重視し、それを権力の源泉の本質と考える見方が登場することによって、一定程度それを重視する考え方が浸透したこと、また政治的暴力や暗殺などをより強調する研究が登場したからである。その代表的研究者にアルフレッド・マッコイが挙げられる。マッコイは、*An Anarchy of Families: State and Family in the Philippines* で、ウォーロードを国家と家族（Family）との関係で研究し[19]、弱い国家と強いエリート家族がフィリピン政治のパターンを形成してきたと言う[20]。つまり、親族関係のネットワークや私兵集団を利用して地方で政治権力を掌握したエリート一族が、首都においては、大統領への接近や立法府における同盟形成、理念的議論、行政による規制などを通じたレント・シー

18　また、木村氏は、バタンガス州リパ市の市長候補、ルベン・ウマリの選挙政治について、参与観察に基づいて詳細な事例研究を行っている。その中でも政治マシーンについての指摘を行っている（Kimura 1997: 255-264, Appendices A and B）。また、同研究は、いわゆるニュー・マンの企業家（建設業）が市長に当選するまでの選挙政治を追跡している。その中で、市レベルの政治家と国政レベルの政治家の関係性もよく現れており、それは、伝統的なパトロン・クライアント関係のような全人格的関係ではなく道具主義的関係であり、マシーン政治の特徴を示している。また、地方政治家が戦略的に自分の利益を考慮して、どの国政レベルの政治家を支持するのかを決定している様子が叙述されており、地方レベルの政治家が一方的に国政レベルの政治家に従属しているわけではないことも示している。その他にも木村氏は地方政治関連の研究を行っている（木村昌孝 2000）。ここでも、木村氏が社会文化的なアプローチを取っていることがわかる。更に、木村氏は、農民組合などの一般的には、階級や業種別に組織化された、一般的には近代的組織と思われるものに関してもP-C関係で説明を行っている（木村昌孝 1999）。

キング活動を行い（McCoy 1994: 21）、国家資源にアクセスすることで私的な蓄財を行って、その基盤となる地方での覇権維持を行うことがフィリピン政治の1つの大きな特徴となったのである[21]。そのため、エリート一族同士は、彼らの政治的生存を図るためにも、レントや政治権力を巡って派閥主義的競合を繰り返し、分裂的で一触即発的なゼロ・サム・ゲームとなる派閥主義を政治の表舞台に持ち込んできた。それもフィリピン政治の大きな特徴の1つとなった。したがって、弱い国家と強力なレント・シーキングを追求するエリート一族は相互補完的となる、と言う（McCoy 1994: 19）[22]。マッコイの強調するところは、地方権力の基礎としての家族であり、その意味で社会・文化的アプローチの議論を繰り返すものである。だが同時にマッコイは、レント・シーキングの側面に関して国家に注意を向けている。国家の役割という問題は、フィリピン政治研究に新たな問題を投げかけた。

ランデの派閥モデル、またはP–C関係に基づく見方やスコット、マチャドのマシーンモデル、そしてマッコイのウォーロードの議論は、諸資源の源泉として国家に注意を向けてはいる。だが、国家それ自体が政治のパターン

---

19 ウォーロード（Warlord）とは、端的に言うと、私兵集団（Private Army）を組織して地域住民を支配し、再選を繰り返すだけでなく、私服を肥やす政治家のことである。その起源は、抗日ゲリラ戦時にまで遡る。当時、武器が市民の間に流出したが、戦後にはその武器を用いて私兵団を組織する政治家が現れるようになった。彼らは、大統領候補者に対して彼らの動員できる票を提供する代わりに警察軍の地方での介入を排除することを要求した。そのため、彼らは地方において排他的と言える程権力を強化していったのである。したがって、そのようなウォーロードが登場する条件としては、特に警察軍などの中央政府機構権力の弱い所や不安定な地域が挙げられる。また、ここで言う家族とは、人口統計学的意味での家族でも民族誌学的意味での家族でもない。ここでは家族を政治的意味で用いるため、血縁や婚姻、そして儀礼を通じて結び付けられるような同盟関係を持つ親族のネットワークと考える（McCoy eds 1994: 10, 14, 16, 20–24）。

20 ミグダルの言う所の弱い国家（Weak State）のこと。国家中心主義アプローチの整理で詳述する。

21 レント・シーキングとは、政治学的には、政治家や官僚に働きかけることによって規制を作り出し、経済主体（営利団体・企業など）が自分の活動環境を有利なように変えていく行動のこと。「たかり」と言ってもよい。特権を利用して法外な口利き料等をせしめるのはその典型と言える。

22 また、同書の最終章で、マッコイは、ロペス家を事例にレントを追求するエリート一族と国家の相互補完性を歴史的に明らかにしている（McCoy 1994: 429–536）。

を定義する、とは考えていない。それが、国家資源中心主義的アプローチをとる論者との大きな違いである。

第2節　フィリピン地方政治権力の国家中心主義的アプローチ

　国家資源中心主義的アプローチを採る研究者には、ジョエル・ミグダル（Joel S. Migdal）、ポール・D・ハッチクラフト（Paul D. Hutchcroft）、ジョン T. サイデル（John T. Sidel）、シェイラ・S・コロネル（Sheila S. Coronel）、パトリシオ・アビナレス（Patricio N. Abinales）（Abinales 1998, 2000）がいる。更にサイデルを批判的に研究するラカバらの研究もフィリピンの地方政治構造に関する認識を考察する上では無視できない研究である（Lacaba ed. 1995）。
　ジョエル・ミグダルは、*Strong Societies and Weak States: State-Society Relations and State Capabilities in the Third World* の中で、誰が人々の社会的行為を導くルール（rules of the game）を作る権利と能力があるかということについて、国家と社会との間に継続的闘争があり、国家の立法（state legislation）は存在するが、それは必ずしも強制（Enforce）されていないという、「弱い国家と強い社会（Weak State and Strong Society）」という議論を提起する。ミグダルは伝統的な制度と諸慣行、そして国家（の統治）を妨げ、国家に浸透する様々な形態の強者の社会集団（strong men Organizations）の存在を指摘している。前近代的な宗教勢力や部族、氏族勢力、商業資本家などが途上国内のあちらこちらに蜘蛛の巣のようなネットワークとして存在し、彼ら自身がその支配領域で独自に慣習的規範（Rules of the Game）を作っているため、国家機構は様々な政策を実行することを妨げられるか妥協を強いられ、国家の社会に対するコントロールを浸透させることはできなかったと言う。また、ローカ

ル・ストロングマンたちの社会的コントロールの基盤は、地域の人々の生存戦略に必要となる主要な手段を提供することにあると言う（Migdal 1988: 27, 29-41）[23]。弱い国家の指標とされているものは多く、それらの中には、第1に、徴税能力のなさや社会がそれらを忌避する能力をもつこと、第2に、公的な法令に基づく行政は、汚職（Corruption）や慣習の強制力（force of custom）、または地域の強者（local strong man）が暴力を行使する能力、第3に、土地改革に関する法制度は立法化されるが、最小限にしか実施されず、その実施さえ終わってしまったこと、第4に、作物の分割に関する小作契約は結ばれるが、地域的慣習のために土地所有者と小作人の間で別の契約が結ばれうること、第5に、国家は金利の上限を規定するにもかかわらず、高利貸しの金利が優越しうること、第6に、国会議員は地域の人々の期待と実践によりよく適応するために、彼らの公式の役割を恣意的に変更すること、第7に、国家の行政の担い手たちが、行政を個人的利得、または親族やエスニシティに基づく集団の利益に使用するために、公的な説明責任のメカニズムが脆弱であること、などが含まれる[24]。ミグダルの議論は、社会は分裂したままであり続け、国家資源や人々を動員する闘争を社会の側が常に制するために、社会は政治のパターンを定義する力を持つというもので、社会と文化は独立変数として考えられており、ランデの派閥モデル、またはP-C関係に基づく見方はこの考え方の延長線上にある（Kawanaka 2002: 11-12）。つまり、国家自体が政治のパターンを規定すると考えているわけではない。

---

[23] 尚、本書の第1章は第3世界の国家の有効なモデルを提供している。また、食糧や住居のような世俗的な必要を満たすために、人々は利用可能な全てのシンボルを機会に結び付けて生存戦略（Strategy of Survival）を立てようとするが、その生存戦略とは、ホッブス的自然状態の断崖に漂う世界における行動と信念の青写真である。そのような戦略は個人的生き残りの基盤だけでなく、個人的アイデンティティや自己利益的行動の領域（Political Economy）から集団的アイデンティティや行動の領域へ向かう個人に紐帯を提供するものである。

[24] だが、マーク・ターナー（Mark Turner）とデビッド・ヒューム（David Hulme）は、この「弱い国家」というモデルが適用できない地域も存在すると言って、アジアにおいては西欧よりも国家の介入に対する抵抗感は薄いと言う。また、東アジアNICsの経済的成功は、単なる市場の勝利というだけでなく、強力な国家制度とも関係があるという事実がそれを裏付けていると言う。

ポール・ハッチクラフトは、*Oligarchs and Cronies in the Philippine State: The Politics of Patrimonial Plunder* の中で、何故、フィリピンはマルコス独裁体制を他の NIES 諸国のように経済発展のために役立てることができなかったのか、又は戒厳令の発布とマルコスの失脚という戦後二度の体制転換にもかかわらず、支配的経済利害と国家の相互作用に殆ど変化がないのか、という課題の下にマルコス体制期を分析した。そしてその中でハッチクラフトはマックス・ウェーバーの家父長主義（家産制）という概念を用いて分析し、新家父長主義（新家産制）としてマルコス期を特徴付ける（Hutchcroft April 1991: 415）[25]。つまり、マルコスは、独裁者として国家機構を支配することでその私的利害を最大限追求するという家父長主義的略奪を拡大しただけだった、と言うのである。そしてその過程で、親マルコスの寡頭やマルコスの取り巻き（クローニー）の国家機構へのアクセスは、彼らにとって私的資本蓄積の主要な道筋であり続け、彼らのレント・シーキングの機会の追求は、大統領官邸へ大統領の寵愛を受けたエリートが殺到するのを継続させた、と言う[26]。しかし、彼は国家資源の死活的重要性を強調する一方、当然のことながら、政治マシーンに関する具体的言及はない。

　フィリピンという国家の文脈で、ミグダルの議論を批判的に継承する試みを展開している研究者にパトリシオ・アビナレスとジョン・サイデルがいる。彼らはともにミグダルの提起した発展途上国の国家モデルを修正しようとする。アビナレスは、*Making Mindanao: Cotabato and Davao in the Formation of the Philippine Nation-State* の中で、フィリピンの辺境のミンダナオ島で、ムスリム系諸エスニシティによる分離独立を目指した激しい武装闘争にも拘ら

25　ウェーバーの言う家父長主義的国家とは、客観的に定義された公式の義務の概念について、純粋に個人的な従属関係（personal relations subordination）に基づく国家機構がそれを認識しておらず、行政的不偏性や万人に対する普遍的法の下の平等に基づく行政という理想に代わって、その対極をなすものが優越する国家のこと。現実には、全てが明白に個人的考慮、つまり、国家に対して要求をする者とその要求への具体的態度、純粋に個人的なコネクション、ひいき（favor）、約束、そして特権に基づいて左右される国家のことである。

26　ハッチクラフトは、この考え方に基づき、銀行分野における国家と略奪的な寡頭を分析した論考や、アメリカ植民地期のフィリピンにおける国政レベルの寡頭や地方の政治家を分析した論考がある（Hutchcroft 1994<a>: 77-102, 1994<b>: 27-306）。

ず、同地域が現在でもフィリピンの一部を構成し続けてきた理由を、国家論の中に位置づけて解明した（Abinales 2000: 12-15）。また彼は、ミグダルの理論を修正しつつ適用し、ミンダナオのムスリム系（コタバト）、非ムスリム系（ダバオ）の地方政治の実態を、事例研究を通して明らかにした。彼は、ミグダルの「弱い国家と強い社会」というモデルを、フィリピンのようないわゆる弱い国家（Weak State）に適用、修正して、更にその辺境であるミンダナオをその中で位置づけようとする。彼が修正しようとする点は、ミンダナオのような地域で、何故、国家による社会的コントロールを自治的な諸社会勢力が完全に破壊せず、それを食い物にする程度でやめているのか、ということにミグダルの理論が答えていないことである。また、首都の外に出ると、地方が本当にローカル・ストロングマンや革命勢力による支配と抵抗の舞台となっているのか、また、国家による支配と調停の場となっているのか吟味し、それらの概念、意味を修正することで彼はミンダナオの状況を説明しようとする（Abinales 2000: 182）[27]。フィリピンでは、1946年に独立した後、1960年代後半までは、弱い国家の中でムスリム系諸民族が少なくとも大規模な分離独立の武装闘争を展開することなく、フィリピンという国家に適応したかに見えたが、故マルコス大統領が戒厳令を布告、いわゆる権威主義体制に移行した1972年からは、明確な分離独立のための擬似革命的武装闘争がムスリム系諸民族の中で新たなストロングマンが登場して展開された[28]。この事実を指摘した上で、彼は、更に、国家の強さの一部は、国家と社会の区

---

[27] アビナレスは、既存のローカル・ストロングマンにとって国家は、影響力の源泉を手に入れる手段と容易には抵抗できない強制力、権限を手に入れる手段として利用されていたと指摘する。次に見るサイデルの議論と同様の考え方をしている。

[28] 彼はローカル・ストロングマンを新旧の2つのタイプに分類する。旧タイプは、植民地主義を生き残った柔軟な構造を持つもので、戦後のポリティカル・エコノミーの変化の中で新たに力をつけてきた者である。そして、1970年代から展開するモロ民族解放戦線（MNLF）やフィリピン共産党（CPP）やその軍事部門の新人民軍（NPA）のような組織も新しいストロングマンとして規定する。新旧両タイプのストロングマンの違いは、新たなタイプの方が、より広範なビジョンを持ってその実現を目的とするところで、それらが戒厳令を契機として拡大したと言う。しかし、その地域、地方的特殊性から来る遠心的性格を持つが故に、古いタイプのストロングマンと同様の分裂的傾向を示すと言う（Abinales 1998: 105-112）。

別が曖昧であることの結果であると考える。つまり、現実の、または作られたアイデンティティや言語、階級、共同体的アイデンティティ、そして宗教が国家と社会の区別を曖昧にしてきたために、ローカル・ストロングマンが国家と地域を結ぶ仲介者として安定を確保し、大きな抵抗が存在しなかったが、マルコスが権威主義体制を敷いてそれを解消したため、つまり既存のムスリムのストロングマンを弱体化させたため、国家だけでなく、既存のストロングマンに対抗することをも意図した大規模な擬似革命的な分離独立のための武装闘争がムスリムの間から生じたと考えているのである。彼は、独立後の国家においては、しばしばいわゆる弱い国家の方が強い国家よりもより活発であることの理由をここに見出しているのである。アビナレスは、国家と社会の関係に注目し、その中でローカル・ストロングマンとして地方政治家を描くものの、国家資源をより重視する議論を提起していることに変わりはない[29]。だが一方で、アビナレスは、ローカル・ストロングマンたちの政治的動員手段としての政治マシーンについて、またそれが国家資源とどのように関係するのか、事例研究の中で具体的に分析しているわけではない[30]。

　サイデルは、*Capital Coercion, and Crime: Bossism in the Philippines* の中で、アビナレスよりもより厳しくフィリピンについてこれまで唱えられてきた諸言説、理論を批判する。彼が批判の対象とするものは、カシキズム（Caciquism）やP–C関係またはクライアンテリズム（Clientism）[31]、寡頭、そしてミグダル

29　アビナレスが国家資源を重視していることは、彼がドンナ・アモロソ（Donna. J. Amoroso）との共著で、政治と国家と社会の関係の動態を意識してフィリピン史を跡付けていることからも理解できる。特に第1章には、彼らが用いる分析枠組みが簡潔にまとめられている（Abinales and Amoroso 2005: 6-10）。

30　しかし、アビナレスが政治マシーンを軽視しているわけではなく、これまでのフィリピン政治の中での重要性、また、それが現在でも重要であることを十分認識している（Abinales and Amoroso 2005: 15, 282）。

31　ジェームズ・C・スコットとベネディクト・J・カークフリートの定義にしたがってサイデルは、P–C関係、またはクライアンテリズムを定義している。それによると、クライアンテリズムとは、異なる地位にある2人の個人の間の道具的友人関係、または交換関係である。その中でパトロン側は、その影響力や諸資源を使って下位にあるクライアント側に対して保護や物的支援（material welfare）を提供し、それに対してクライアント側は、一般的支持や支援を行うことでそれに報いるのである（Scott and Kerkvliet 1973: 502）。

第 1 章　フィリピン地方政治権力構造認識の変遷

の国家モデルである。カシキズムやクライアンテリズムとは、スペイン植民地時代の影響を反映する用語であるが、サイデルは、戦後の独立国家としてのフィリピンはアメリカ植民地時代の制度構造を継承しており、よりアメリカ植民地時代の影響の方が大きいと考えている。そのために用語を区別して、ボシズムという用語を用いるのである[32]。また、それによって彼はこれまで過小評価され、あまり理解されてこなかった、経済的資本蓄積や政治的競合関係、社会関係における暴力と抑圧的圧力の役割を強調する。つまり、地方における市・町長や州知事などの要職に就く政治家とその地域の住民との関係において、クライアンテリズムでは互酬的関係と受け止められてきた上位者と下位者との関係が、実は上位に立つ者のある種の脅しが最も大きな要因として成立するような上下関係だというのである。また、サイデルにとっては、国家は軍事力を独占する「常に強い国家」と認識されている[33]。

　寡頭や「弱い国家と強い社会論」に対してもサイデルは批判を加える。ポスト・マルコス期のフィリピンの選挙は、国家から独立した経済基盤として広大な土地を所有するエリート、または寡頭による直接的階級支配の復活であり、封建的、または準封建的社会構成をフィリピンは維持している、というネオマルクス主義的見方は、アメリカ政治学の用語に置き換えると、フィリピンは、伝統的エリートやローカル・ストロングマンに支配された社会と対峙する弱い国家（Strong Oligarchy and Weak State）ということになる（Sidel 1999: 12）。サイデルは寡頭やストロングマンと呼ばれる存在、つまりフィリピンの国家構造自体は認めており、この議論がクライアンテリズムよりは政治的に説得力があり、かつ歴史的事実にも根ざしていると考えている一方、それは彼らが政治的権力や経済的基盤を形成、つまり資本を蓄積する上での国家構造、機構の役割を軽視しているとも考えている。そして多くの寡

32　ボシズムとは、一言で言うと、略奪者・山賊の洗練された制度とでもいうようなもので、地方政治家が暴力やそれを背景とした脅迫、そして政治的暗殺を用いて地域の政治権力を支配することを表現している。また、同様の手段を通じて、地域の主要産業をも支配することもあり得る。

33　クライアンテリズムがフィリピンの生活において本質的な社会的紐帯を提供してきたという概念は、社会関係や選挙政治における地域、地方的な権力の独占や抑圧的圧力の持続性を無視したものである、とサイデルは言う。

頭たちの権力や富の源泉として、私的土地所有権ではなく、国家の諸資源、つまり予算や規制権限、その他の裁量権などへのアクセスと、華人の商業資本を提示する。低開発の国家機構がアメリカ植民地時代の初期から選挙で選出された市・町長、知事、国会議員などによって極端に支配され、資本の本源的蓄積過程の間それが継続したため、ボスが誕生し、それが現在でも存在すると考えているのである。更に「弱い国家」論に対しては、フィリピンの国家は、開発国家としては失敗したために、相対的に弱い国家のように見えるが、州の国家機構を握る知事が、地域の住民の福祉を考慮せず、略奪者として住民から搾取を行う略奪国家としては、「強い国家」だったと言い、ミグダルのように中央政府のみに注目して国家を「弱い」と言うことには否定的である。ローカル・ストロングマンまたは、ボスが支配する中央政府の出先機関も地方政府も、国家構造の一部を構成するものであり、住民にとってはあらゆる途上国の国家は強い国家であったと考えているのである（Sidel 1999: 5-12, 76, 146）[34]。そして最後にサイデルは、フィリピンにおける民主主義の危うさを指摘する。ローカル・ストロングマン、またはボスが存在する

---

[34] カビテ州での住民の不本意移転に関しての州知事の地方ボスとしての対応についてサイデルが叙述している。本書では全体として地方ボスの誕生の背景要因、過程とその支配の特徴、そしてその没落、またボスが自らの子孫や親族に支配権を継承する王朝化の要因、特徴などを叙述する。また、ミグダルは地方、地域レベルのことは考えていたが、それは、地方政府とは違い、中央政府の地域、地方レベルの出先機関のことであった。中央政府の地方、地域への出先機関では、官僚や政党の支部の者、そしてローカル・ストロングマンが社会的安定を考えて、ストロングマンが好む政策を打ち出すなどをする便宜供与の場（accommodation）と考えていた（Migdal 1988: pp., 247-256）。また、サイデルの議論を参考にしつつ、フィリピン国家の文脈で発展途上諸国家の諸要因を詳細に分析して特徴付け、より良い政治体制を構想する議論を提起する研究者に木村宏恒がいる。その中で木村は、これまでの「強い政府」や「弱い政府」の議論が中央政府に偏っていると指摘し、サイデルの議論を支持する。重要なことは、地方政府を「国家」概念に含めて考えていることである。州、市、町政府や自警団（私兵）などを通じた「強い地方権力」の「地方ボス支配」は、一種の強い政府の表現形態と見ているのである。仮に中央政府が弱くとも、国家自体が弱かったと考えることは問題があると言う。また、木村はサイデルの住民の視点を取り入れて、「各種開発プロジェクトの遂行のために住民が不本意移転を強いられる時、彼らが直面したのは『強い国家』であり、『弱い国家』ではなく、地方政府（州・市町村）や自警団（私兵）などを通じた地方ボス支配や軍の存在は、一般民衆にとって巨大な存在だったと言う（木村宏恒1998: 93-100, Tapales and Cabo eds 1998: 97）。

フィリピンのような国では、民主主義的選挙で彼らが当選し、地方や中央レベルの国家機構を掌握することによって、その権力や富の源泉を獲得する手段を手に入れることになるからである（Sidel 1999: 145-154）[35]。サイデルはこれまでのフィリピン地方政治研究を批判し、大きく研究の方向性を変えた、と言うことができる。特に、既存の国政レベルの寡頭たちや地方のボスたちを批判して改革したい諸勢力に対して大きな影響力を持った。しかし、サイデルは、フィリピンの既存の政治家が全てボス的存在で、暴力や、それを背景にした脅迫、政治的暗殺を行っているかの如き印象を与えてしまった。また、社会・文化的アプローチが特に注目して研究していた政治的動員手段としての政治マシーンに関して、アビナレス同様、具体的言及はあまりしていない。地方政治の実態をより具体的かつ構造的に研究し、その実態を明らかにした上で、国家資源がどのような役割を果たしているのかを検証するためには、地方ボスやストロングマンがどのように国家資源を政治マシーンによる政治的動員に利用してきたのか、それに具体的に言及する事例研究をする必要があるのではないだろうか。

　サイデルの提起した議論を受けて、フィリピン国内で地方政治家に関する事例研究がホセ・ラカバ（Jose F. Lacaba）らによって行われ、*Five Case Studies of Local Politics in the Philippines* として出版された。この中で彼らは、フィリピンの地方政治に関するこれまでの議論を整理する中で、サイデルやマッコイの議論を振り返り、フィリピン政治におけるそれらの議論の重要性とその有効性を検証している。彼らの研究は、分析枠組みを統一した上で各々の事例を考察するものではなく、それぞれが独自に現地調査を行い、事例に即した研究を行っている。特に、マカティ市長ジョジョマール・ビナイ（Jejomar "Jojo" Binay）の事例を扱ったグレンダ・グロリア（Glenda Gloria）とカビテ州知事フアニト・レムリャ（Juanito Remulla）の事例を扱ったシェイラ・コロネル（Sheila Coronel）の研究は、特筆すべきものである。グロリアは、フィ

---

[35] また、サイデルは、エバ・ロッタ・ヘッドマンと共著でフィリピンの政治と社会についての著書を持つ。ここからも、彼が国家資源の役割を特に重視していることが分る（Hedman and Sidel 2000）。

リピンで最も近代化されていると考えられるマカティですら、政治家や大多数の人々の日常の政治的会話（every day political discourse）により近いものとして、P-C関係、1対1の関係、家族対家族の関係が有効な分析枠組みであることを示す。人々が理解するフィリピン政治の用語（言葉）は高度に個人化されたもので、コーヒーとパンを食しながら、また葬式に出席しながら対話することが中心となっており、それは、ほとんどのフィリピン人にとって最も心地よい政治的関係が、P-C関係、1対1の関係、または家族対家族（親族、儀礼親族）の関係であると考えていることの反映である、と考えるのである。また、コロネルは、サイデルがボスの事例として扱ったレムリャの暴力による支配や外資との取引が、より巧妙に構造化されたP-C関係に基づいた政治マシーンによって可能になったもの、と指摘する。つまり、レムリャの支配は、全くの暴力によってのみ行われるものではなく、住民からの需要に応えるという意味でのP-C関係がそこに存在する、と言うのである。また、最も重要な指摘として、暴力の使用に関して、それは、政治マシーンの枠組みが完全に機能しているとき、それは必要のないものである、ということである。暴力は、カビテ州の農民が、土地の収用で彼らの生存戦略の手段としての土地を剥奪されたため、政治マシーンが提供する短期的、物質的利益供与では収まらない状況になった時、つまり政治マシーンの機能不全時に、例外的に発生したもの、と考えるのである[36]。これらの指摘は、サイデルがレムリャの支配形態の一部を際立たせて議論を組み立てていることを指

---

36 このような状況は階級闘争状況以外の何ものでもなく、それは、サイデルの言うテマリオ・リベラ（Temario Rivera）のようなネオ・マルキスト・アプローチの議論と合致する。ネオ・マルキスト・アプローチとは、フィリピンの辺境に資本主義が浸透、農業の商業化と、その結果としての土地なし農民層の創出や所得分配における不平等の拡大が、パトロンとクライアントの間の交換関係の範囲と効果を狭め、それを損い、派閥主義の緊張を高め、社会不安や階級闘争の度合いを高めた、と言う考え方である。だが、サイデルはこれをも批判する。ボシズムはP-C関係の強さやその衰退、また大土地所有者である寡頭の支配や柔軟性の反映ではなく、フィリピン国家の特定の制度的構造の反映であると考える。彼は、フィリピン国家における階級形成を推し進める政治経済における変化を過小評価するものではないが、寡頭の起源をフィリピン国家の形成過程の諸段階に遡り得ると考え、弱い国家と強い社会論にこそその問題があると考えるのである。それは、サイデルの議論の紹介で既に見たとおりである。そして、その考え方をロカモラも支持している。

摘するものと言えよう。しかし、本研究の導入部を書く中でジョエル・ロカモラ（Joel Rocamora）は、マッコイやサイデルの議論を評価している。つまり、国家資源の重要性をより重視した研究の重要性を認識している、ということに他ならない。最後に特筆すべきことは、彼は、寡頭や地方のボスなどの政治マシーン、暴力とそれを背景とする脅迫を用いるいわゆる伝統的政治勢力による政治権力の独占に対抗する民主的政治勢力、権力の不在とその必要性を指摘することである（Rocamora, Coronel, and Gloria 1995）。彼らの議論は、サイデルの言うボスの暴力的支配がフィリピンの地方政治の全てに当てはまるものではなく、むしろ地域社会の状況がマシーン政治の吸収力の限界を超えた時、例外的に発生するものであることを指摘して、サイデルの議論を部分的に修正する一方、フィリピンの政治における国家資源の重要性に関しては、それを支持していると言える。したがって、フィリピンの地方政治において最も重要な点としては、国家資源を利用して地方政治家や寡頭が地方の政治権力を支配している、と言うことである。このようなバランスの取れた議論は次に見る川中豪にも見られる。

第3節　「それなりのガバナンス論」

メリリー・グリンドル（Grindle, Merilee S.）は、途上国では、全ての分野での良き統治（Good Governance）は無理で、重要分野でのそれなりのガバナンス（Good Enough Governance）が現実的と言う（Grindle 2004）。グリンドルは、フィリピン政治・行政の研究者ではなく、フィリピンの文脈で議論を展開しているわけではないし、ニュアンスが全く同じというわけではないが、近年のフィリピン地方政治・行政研究の潮流は、グリンドルの提示した

概念に近いニュアンスの議論をしていると考えられる。この議論を展開する論者には、川中豪、佐久間美穂、日下亘の3人がいる。

川中の研究である *Power in a Philippine City* は、5つのポイントに要約できる[37]。第1に、これまでのフィリピン地方政治の主要な研究を理論的に整理し、社会・文化的アプローチと国家中心主義アプローチに分類し、ハッチクラフトやサイデル、アビナレスなど、近年主要な研究が重視する国家中心主義的アプローチに依拠することである。ここで川中が国家資源を重視する理由としては、国家が2つの意味で問題となることからである。

第1に、産業化と発展が遅れた国家では、国家または政府は、社会よりもより多くの資源を有する。したがって、国家資源を支配することが、権力現象のパターンを規定する上で死活的に重要な要素となるのである。国家資源の種類には、先ず、分配可能な、また不可能な利益の分配を促進する資金の提供、次に、小規模生計事業から政府所有、または政府の支配下にある機関の資金手当てまでを含む信用供与、3つ目に、事業免許発行に関する規制権限や営業許可の発行権限、土地の分類変更権限、4つ目に、政府における雇用、5つ目に、警察や軍隊のような物理的抑圧機構が考えられる。

第2に国家が問題となるのは、国家機構が政治におけるゲームのルールを決定する存在であるということである。フィリピンの国家機構は、アメリカ植民地行政によって整備された諸制度を引き継いだだけでなく、独立後もアメリカの諸制度を取り入れてきた。その内容は、まず、定期的な選挙で、それが国家資源にアクセスする1つの方法となった。次に、中央地方関係の制度的枠組みである。それは、諸資源の配分と利用のルールを規定する。地方政府の諸制度は中央政府がするのと同様、諸資源の配分の仕方を決定する。そのため、地方の権力保持者は、彼らの管轄地域において、中央、地方政府の諸資源へのアクセスを独占しようとするのである。3つ目に、公務員組織の猟官制である。多くの非常勤的、臨時的、そして契約的労働者の任命に関して、公選職の者たちは裁量権をもつ。アメリカのジャクソン式民主主義制

---

[37] その他、川中のフィリピン地方政治の論考には、川中豪2001〈a〉、川中豪2001〈b〉がある。

第1章　フィリピン地方政治権力構造認識の変遷

度を模したフィリピンにおいては、大統領から市・町長に至るまで、公選職の者たちが官僚を猟官制の下での任命権によって支配下においているため、国家資源の利用に関して、行政からいかなる反対も受けることはなく、決定することができるのである。そして、川中は、これまでの地方政治についての説明としての社会文化的アプローチを否定し、政治マシーンについても国家中心主義アプローチを適用する。つまり、国家資源を利用することで、マシーンを形成、維持、発展させることができる、と考えるのである。しかし、川中は、首長と市議の関係をそれ程詳しく説明せず、ただ、市議は首長のリデルであるという前提の下、叙述を行う。そのため、市長とそのリデルとの関係がどのような関係にあるかは具体的に記述されていない。しかし、市議たちは基本的に市長の政治マシーンを構成する者たちで、市長との関係は、国家資源を利用して短期的な物質的報酬によって結び付けられているということが含意されていることは確かである。そのため、親族関係や儀礼親族関係、名付け親などの関係に関しては何の言及もない。

　川中の研究の要点の第2は、川中が、スコットやマチャドなどのような、社会の変容が自動的に政治の変容をもたらすという考え方に対して、社会的動員や都市化のような社会・経済的条件の変化が直接政治のパターンを規定するのではなく、そのような変化が有権者の投票行動の選好を決定するのに決定的な意味を持つために重要なのだ、と言うことである。そこに含意されていることは、第1に、政治におけるゲームのルールは国家によって既に定義されており、社会が政治を規定するのではない、と言うこと、また第2に、社会変容そのものが自動的に政治の変容をもたらすという議論に関しては、その社会変容の下で育った新たな社会勢力が、必ずしもボスや寡頭を覆すような政治的傾向を持つとは限らない、ということであろう。

　川中の研究の第3の要点は、国家によって規定された枠組みの中での都市化の特定の段階におけるエリートの戦略的選択として政治マシーンは存在する、と言うことである[38]。第4に、フィリピンの地方政治家が全てボス的存在であるわけではなく、その具体的事例としてナガ市の市長ジェス・ロブレ

38　都市化の特定の段階とは、スコットの政治的忠誠心の発展の第2段階のことである。

ド（Jesse M. Robredo）を研究したということである。その中で、川中はグッド・ガバナンスの重要性を指摘する。これは、地方の首長が、スコットやマチャドの言うように、短期的な物質的報酬、政府機関その他における就職機会の斡旋などに依存した政治マシーンのみに依拠したものではなく、その政策やその実施において実績を挙げ、有権者から近代的な意味での支持を獲得していることを指摘している。川中は、地方の首長が国家資源を利用して政治マシーンを構成する市議レベルの政治家や村長の支持を維持していることを前提に、そのマシーンを構成する者たちに聞き取りを行って、首長の権力の本質を解明した。そしてそれが明らかにした市長の肖像は、国家資源の利用が政治マシーンを維持するための主要な手段である一方、暴力を背景とした脅迫や政治的暗殺などを行わず、汚職を最小限度に止め、良い行政のパフォーマンスで住民から人気を獲得し、政権の維持を図る地方政治家、というものだった。川中の描く地方政治家の肖像は、サイデルやアビナレスなどの国家資源を重視した地方政治家の分析が描く地方ボス政治家とは異なるもので、いわゆる「武器とならず者を利用した脅迫、そして政治的暗殺に特徴付けられるフィリピン地方政治」という説明の仕方には収まらないもので、いわゆるマシーン政治家の好ましい形での発展形と言えよう。近代的な政治の萌芽的形態が生まれてきた、ということを示していると言えるかも知れない。川中の研究の要点の最後は、いわゆる戦後に登場したニュー・マン（職業政治家）に分類される地方政治家の政治マシーンはこれまでスコットやマチャドなどの社会・文化的アプローチの中で説明されてきたが、それを、国家中心主義アプローチを適用して説明し、その中で近代的行政管理術を導入して行政的実績をあげるだけでなく、政治マシーンそれ自体にもその管理技術を導入して忠誠を確保している、ということである。

　川中の議論を整理して言えることは、川中が対象とする市長は、フィリピンにおける新たな地方政治家のタイプとして考えられる一方、その事例として扱われている政治家が政治マシーンを持っていること自体、汚職が存在するということを意味し、伝統的政治家の研究の域を出ないということである。端的に言って、「伝統的な政治家の中の良心的な政治家」を扱っている、ということができよう（川中 2001<a><b>、Kawanaka 2002）。川中がこのよう

な地方政治家の肖像を研究した理由は、彼がサイデルのように、フィリピン政治を規定する死活的に重要な要因として国家資源を認める一方、エリート一族と国家、個別主義（particularistic）と国民主義（nationalistic）、暴力と法、クライアンテリズムと正真正銘の民主主義という二文法的視点（bipolar perspective）に対しては、フィリピン政治史をオリエンタリズムによって叙述することに他ならない、というレイナルド・イレト（Reynaldo C. Ileto）の批判に同意するからである。アビナレスやサイデルの言う所の国家資源の重要性について川中は同意する一方、フィリピンの地方政治家は必ずしも不法行為や買収、脅し、政治的暗殺といった手段でのみ地方の政治権力を掌握しているわけではない、ということを具体的に示すために、ナガ市の市長の事例研究を行ったのである[39]。

それなりのガバナンス論の次の論者は佐久間美穂である。佐久間は、アキーノ政権期以降の新憲法制定や1991年地方政府法の制定などの制度変化がフィリピン地方政治権力のあり方を変化させた、と言う。1987年憲法や1991年地方政府法などの地方分権関連の各種法律の制定で、地方開発の計画・実施や基本的公共サービス提供に伴う多くの責務が地方政府に移譲されることになり、それまで中央政府が担ってきた程度の行政サービスの質や量を維持できない地方政府もあるが、新制度を利用して雇用創出などで革新的開発プロジェクトの実施や住民ニーズに即した行政サービス提供を行う地方政府が現れた、と言う。これまで政治的影響力を行使しなければ調達不可能だった資源や許認可が、一定の手続きや条件を満たしさえすれば全国一律に調達可能となったことがその理由だと言う。更に、そのような地方政府の首長が連続当選を果たしたり、上位の公選職にステップアップすることも多くなっていると指摘する。これは、何世代にも渡って地方政治を支配してきた一族の候補者が、グッド・ガバナンスやクリーンな政治を公約に掲げる新規参入者に惨敗する事例を生み出した。また、そのような事例の首長は、いず

39　また、レジル・モハレス（Resil B. Mojares）も同様に、オスメーニャ一族の政治権力維持のダイナミクスを分析して、いわゆるボスやウォーロードのステレオタイプを否定する（Mojares 1994: 312-314, 342-343）。

れも政治経験がなく、過去の業績や有力政治家に頼ることもなく、ただ「クリーンな政治」と「より良い行政サービス」提供を約束して選挙を戦ったことが特徴だと言う[40]。その背景には、選挙時の選択が行政サービスの良し悪しとなって自分に跳ね返ることを有権者が実感し、「クリーンな政治」や「より良い行政サービス」を期待し始めたことや、エリートの側が、フィリピンの地方政府による開発や行政サービス提供は、汚職による地方政治家個人の私的利益の蓄積や政治的支持者のみに個別利益を提供する手段、また、暴力行使による住民への支配や略奪の手段としてだけでなく、「公共の利益」を創出する手段としても認識し始めたことがある、と言う。そして、最後に、ルールがより厳格に執行されるようになったとき、フィリピンの地方政治・行政は、新たな段階に到達できると述べ、更なる制度化の重要性を強調する。

　佐久間の議論は、国家の諸制度を含めた国家資源が政治を規定するという川中の議論を継承している。だが、グッド・ガバナンスやクリーンな政治を公約にした新規参入者が既存のエリート層の政治家に勝利したという指摘、また、そのような政治家がいずれも政治経験がなく、過去の業績や有力政治家に頼ることもなく、ただ「クリーンな政治」と「より良い行政サービス」提供を約束して選挙を戦った、という指摘は、川中の議論とは若干異なる。この指摘は、政治マシーンなしでの当選を意味するからである。もし、本当に政治マシーンなしでの当選を果たしたということになれば、それは、民主的地方政治権力の登場を意味する。しかし、佐久間は行政的側面を主に研究し、フィリピンの地方政治権力の肖像に関する事例研究を行っているわけではないため、P-C関係や政治マシーンを利用して当選を果たす既存の政治家と新規参入者の政治的支持構造における相違に関しては明らかにされていないため、それは、はっきりしない。もう1つ、佐久間は重要な指摘をして

---

[40] その中には、2004年地方選で、ルソン島北部のイザベラ州で知事職を25年間親子で守ってきたディ家のファウスティノ・ディ2世（Faustino Dy, Jr）が、地元出身の女性ラジオ・リポーターに敗れた事例や、同年、リサール州カインタ町の町長職を58年間独占してきたフェリックス家のニカノール・フェリックス（Nicanor Felix）が、数年前に引っ越してきた人気テレビ・リポーターに敗退した事例、2007年、アロヨ大統領の出身地のパンパンガ州で、同大統領が支持する候補者が、汚職と不正に対抗するとして出馬した聖職者に敗れた事例などがある、と言う。

いる。エリート層と有権者、一般民衆の双方の政治文化の変容を指摘する点である。有権者、民衆の側が、選挙時の選択が行政サービスの良し悪しとなって自分に跳ね返ることを実感し、「クリーンな政治」や「より良い行政サービス」を期待し始めたことや、エリートの側が、フィリピンの地方政府による開発や行政サービス提供は、汚職による地方政治家個人の私的利益の蓄積や政治的支持者のみに個別利益を提供する手段、また、暴力行使による住民への支配や略奪の手段としてだけでなく、「公共の利益」を創出する手段としても認識し始めたこと、これは、エリートの側も一般有権者、民衆の側も P–C 関係派閥や政治マシーン派閥的思考から脱皮しつつあることを指摘するもので、フィリピン政治の近代化を意味する重要な指摘と言える。ただ、佐久間がセブ市のエリート一族が 91 年地方政府法で与えられた権限を活用することで、セブ湾埋め立て事業を実施し、外資を呼び込み、新たな雇用創出と税収確保に取り組む事例を強調する点に鑑みると、議論の焦点は、エリート層の支配の態様の変化にある、と言えるかも知れない。

　最後の論者は日下亘である。日下も佐久間に基本的には同意して、類似の議論を展開する。日下は、国家資源や許認可権を恣意的に運用できる選挙職の獲得がエリート支配の確立に死活的重要性を持つという川中の認識に対して、86 年に民主化して以降は、国家による資源の独占という条件が変容したと言う。そしてその背景には、グローバル化の進展と経済の自由化で、マニラ首都圏だけでなく、地方都市でも国内外からの私的資本の投資が活性化したことや、増加の一途を辿る海外移住者からの送金で、国家をバイパスして社会に資源が流入していることがある、と言う。もはや国家は資源を独占しておらず、地方都市でも社会における資本蓄積が進行している、と言うのである。更にその背景として、91 年地方政府法による地方分権化で、中央政府による監督権が縮小、撤廃され、地方政府に権限と財源が移譲されたことがあると言う。地方政府には強化された徴税権が与えられ、自らの裁量で地方債発行や金融機関からの融資で資金調達したり、民間セクターとの共同事業に基づいて開発事業を行うことができるようになったことがあると言う。また、以上の変化に基づいて、フィリピン地方政治では、一定の経済発展に成功する地方と、国家資源と農業資源に依存し続ける地方との二分化が

進んできたというランゲ（Andreas Lange）の議論に依拠して議論を展開する。前者では、農業資源が希少でエリートの経済活動が多元化する中、より多くのエリートが選挙民からの支持を得ようと競合し、獲得した富を地域経済に再投資する「略奪的ではないレント追求」行為を行うことで地域経済の発展に寄与してきた、と言う[41]。また、後者ではエリートの経済活動が農業資源と国家資源に依存してきたため、エリートの競合も発展せず、権力を独占したエリート一族が、選挙民から圧力を受けることなく略奪的なレント追求行為を行うことで、経済が停滞してきた、と言う。そして日下は議論の焦点を経済的に発展した地域に絞り、「エリート支配が続くのか」を問い、2つの可能性を見出す。つまり、自律的資源を得た住民が地方エリートに対する依存を相対的に低下させていく可能性と、地方エリートがレントを通じて私的資本を活用し、権力基盤を強化していく可能性である。この問いに答えるため、日下はイロコス・ノルテ州のサン・ニコラス町の事例を研究し、エリート支配の継続を予想する。サン・ニコラス町は、海外送金と一時帰郷者の消費力を背景に、マニラや海外から大規模資本の進出が進み、小売、サービス、観光、不動産などの業種で新興ビジネスが活況を呈している、と言う。また、そこで見出された地方政治家の肖像は、そのような地域の経済発展を促すための一定の理念や政策、実行力のある「ビジネス・フレンドリー」な、抗日ゲリラのリーダーとして台頭した新興エリート、つまりニュー・マンのエリート一家出身の政治家だった（日下 2013）。

　日下の研究は、国家資源の重要性を認識しつつも、その相対化が進んでいることを指摘する点でこれまでの研究とは異なっている。また、地方分権化やグローバリゼーションという客観的条件の変化が、権力掌握のための住民からの支持獲得に向けて、エリート間の競合関係に拍車をかけ、エリート層のレント追求衝動を抑制するメカニズムを明らかにしており、それは地方分権化の1つの効用を示していると考えられる点で、画期的である[42]。

　41　「略奪的ではないレント追求」という言葉が意味するところは、「比較的略奪のレベルが小さくなったレント追求」、という事なのかも知れない。いずれにしろ、この研究の「問い」自体がそれを意識したものではないため、ここでは明確ではない。

しかし、国家資源と言うときには、少なくとも87年憲法や91年地方政府法も含まれ、この状況を地方政府法は予見、若しくは奨励していたことは確かである。また、地方政府も国家機構の一部である。その意味では、「国家自体が政治を規定する」という川中の議論の枠内にあると言える。また、研究対象の政治家がどのような政治的支持構造を持ち、選挙で買収などを行っていたかなど、既存のフィリピン地方政治研究が重視して研究してきた点に関する言及はない。エリート支配を前提としており、P-C関係派閥や政治マシーン派閥は与件とされていると思われる。

　以上、川中、佐久間、日下の3人の論者の議論を見ると、P-C関係や政治マシーン派閥を利用した権力の獲得を前提、若しくは与件としていることで共通している。また、その中で、エリート層は、略奪的政治、略奪的ガバナンスのみを行う存在ではなく、地域の経済、社会の発展に貢献する側面もあり、その傾向が強くなってきていることを指摘する点でも共通する。

　だが、P-C関係や政治マシーン派閥の問題は、無視できない側面がある。一般に、エリート層がP-C関係や政治マシーン派閥を持っているとすれば、権力掌握後に彼・彼女らは、必然的に子分たちに恣意的利権配分を行い、選挙での票の買収という先行投資を回収するために、地方政府予算の不正着服や、権限を利用して自らの関連する企業を優遇する等、何らかの不正を行う必要が出てくる。それがないとすれば、彼・彼女らが選挙に出馬して権力を掌握するインセンティブは存在しないだろう。また、仮に、エリート層のP-C関係派閥や政治マシーン派閥がもし、買収や脅し、また日常的な社会文化的文脈の中に見られる垂直的二者間関係を利用していないなら、それはもはやP-C関係、政治マシーン派閥の概念では説明のつかないものとなり、新たな類型の派閥が登場したことを示すことになる。

42　日下の事例は、サイデルの行った調査とは真逆の事例である。サイデルは、カビテ州知事のファニト・レムリャがグローバル化の中でボシズムを強化していく事例を扱っていた。ここで1つの問いが生まれる。グローバル化は地方ボスを強化することもあれば、エリート間の競合によって弱体化させる可能性もある。それでは、どんな要因がボシズムの強化と弱体化を左右するのか、という事である。しかし、この問いは本研究が追求する問いの範疇を超えており、これからの研究の発展に委ねたい。

3人の論者の議論は、グリンドルの言う「それなりのガバナンス」の議論に、若干ニュアンスは異なる点もあるが、近い考え方を含んでいると言えるだろう。つまり、権力掌握のためにP–C関係や政治マシーン派閥を利用することで、恣意的権力行使や不正蓄財などが全く存在しないわけではないが、それなりに地域の社会、経済的発展に貢献していることを肯定的に見ている側面が見られるからである。

第4節　フィリピン地方政治権力、構造認識の現段階と問題の所在

　ここまで、「社会・文化的アプローチ」をとるメアリー・R・ホルンスタイナー、カール・ランデ、ジェームズ・C・スコット、キット・G・マチャド、アルフレッド・マッコイ、「国家中心主義的アプローチ」をとるジョエル・ミグダル、ポール・D・ハッチクラフト、ジョン・T・サイデル、パトリシオ・N・アビナレス、「それなりのガバナンス論」をとる川中豪、佐久間美穂、日下亘、また、政治構造の認識に関してはスコットやマチャドの分析枠組みを採用するものの、参与観察によって地方政治家と国政レベルの政治家の関係性やその実態を詳細に記述する木村昌孝の研究、更にサイデルの研究を批判的に研究するラカバらの研究を概観してきた。ここでは、先ず、これらの先行研究から明らかとなったフィリピンの地方政治家の肖像を簡単に要約してフィリピン地方政治権力の構造やその動態についての認識を確認した後、筆者の研究する地方政治家の肖像に関する研究の問題の所在を明らかにする。

　先行研究の整理で明らかになったことは、第1に、フィリピンの地方政治権力に関する研究が、社会・文化的アプローチによって行われる説明が、国家中心主義的アプローチによる説明に変化したことである。つまり、P–C

関係という全人格的かつ農村社会に基本的には見られるような地方政治家の政治的支持構造が、社会・経済的変容によって、より短期的、物質的な報酬に基づく政治マシーンに変化してきたとは言うものの、社会・経済的要因が政治を自動的に規定するとの考え方から、国家の様々な制度に基づく国家資源が政治を規定する、という考え方に変化してきたということ。第2に、これらの研究の対象となる地方政治家は、基本的にはP-C関係であろうと政治マシーンであろうとも、それらの政治家が、一定の富を保有し、それを用いて公選職の地位を獲得する政治家たちである、ということである。

これまで研究されてきた政治家の肖像は、第1に、植民地期以来、大地主としてP-C関係を基盤に、政治権力を獲得、その後自己変容を遂げて地主から資本家に転身、政治マシーンを用いて政治権力を維持する伝統的政治家、第2に、ニュー・マンとして戦後新たに政治権力を握ったものの、政治的支持基盤としては政治マシーンを活用して、その政治的地位を利用して資本を蓄積する政治家[43]、第3に、政治的覇権や資本の蓄積を行う手段として暴力を背景とした政治的脅迫や暗殺という暴力的手段を利用するウォーロードやボスと呼ばれる性格を持つ政治家、第4に、それらの手段を用いて何代にもわたって政治権力を世襲するような王朝を形成する政治家、第5に、これら要素のうち、複数の要素を兼ね備えた政治家が多く、古い要素を引きずりながらも、新しい要素への比重を高めている政治家、そして第6に、P-C関係や政治マシーン派閥を使って政治的支持を獲得するものの、暴力的手段を用いず、良い統治を展開して、地域を一定程度発展させることで支持基盤をより堅固なものとするだけでなく拡大することで、政治マシーンからの支持の比重を下げてゆく政治家であった。このような政治家は、リフォーム・トラポ（Reform Traditional Polotician）[44]と呼ばれる存在と言って良いだろう。

これらの政治家の肖像の底流にあるのは、社会的に富裕な階層の出身者か、そこから支持を受けた者でなければ選挙に勝つことはできない、という

43　ボス政治家は、不法賭博によっても資金を得ていることが指摘されている（The Philippine Center for Investigative Journalism and the Institute for Popular Democracy 2000）。

44　伝統的政治家一族出身か富裕層の出身だが、国民の中間層から下層にかけての人々の利害を政治の場に反映させるような理念や政策的関心をもつ政治家のこと。

ことである。P-C 関係に基づく政治的支持は、農村社会の社会階層を反映したものであり、政治マシーンは社会・経済的発展に伴って政治的支持獲得の手段が金やその他の物質的報酬で確保されるもので、それを準備できるのは、富裕層か、そこから支持を得た政治家、つまり彼らの政治的子分でしかない。また、暴力を背景とした脅迫や暗殺は、それを実行するためのならず者たちを恒常的に雇い続けるだけの資金その他の利権を供与することが必要になるので、やはり富裕層かそこから支持を受けた者、ということになる。

そのような、富裕層か、そこから支持を受ける者に属さない地方政治家は、これまで適切な学術的関心を示されてこなかった。何故なら、非富裕層出身か、彼らの力を背景にしない政治家、つまり、民主的政治家に光を当てる本格的な学術的地方政治研究は未だそれ程存在しないからである。それは、換言すると、政治マシーンを持たない地方政治家についての説明が未だに行われていない、ということでもある[45]。更に、そのような政治マシーンを持たない政治家は、現在通説的になっている国家資源中心主義的アプローチの中でどのように説明することができるのか、又はできないのか、という問題に関しても、研究がなされていないことを示している。これは、如何にフィリピンの政治構造がエリート中心主義的であり、そのような政治家がそれ程存

---

45 これらの民主的政治家たちに関してそれに光を当てた研究は、一部、ジェニファー・フランコが1987年国政選挙で下院の民主的政治家の研究をソロソゴン州と北コタバト州で行っているし、その中でカビテ州のボス政治家ファニト・レムラ知事が元 NBI 長官のエピマコ・ベラスコに敗れたことを指摘するなどの研究をしているが、これはほぼ例外的な研究と言えよう (Franco 2000: 396-400)。また、彼女は国家資源に対する認識についてはそれ程考慮していない。したがって、市・町レベルの研究となると、それ程多くの研究がなされてきたわけではない。また、ジェラルド・クラーク (Gerald Clarke) も同様に何人かの NGO や PO 出身の政治家が誕生したことを指摘したが (Clarke 1998: 130-133)、それらはモノグラフ的に詳細な研究を行ったものではない。数少ない民主的政治家に関する研究を挙げると、少なくとも2つの研究が見られる。その1つはアナ・マリア・クラマー (Ana Maria Clamor)、テレンス・ジョージ (Terrence R. George) の研究である (Clamor 1993, Terence George 1998)。しかし、前者の研究は、NGO の政治参加とその経過をモノグラフ的に紹介して、分析しているものの、その中で国家資源に関する意識はそれ程感じられず、社会勢力と国家との関係をそれ程論じてはいないし、後者に関してもそれは同じであるだけでなく、後者はモノグラフ的に民主的政治家について叙述、分析したものではない。

在しないことの反映でもある。

　しかし、これらの研究が暗に含意するもう1つのことは、より近代的、または民主的政治家の不在である。P-C関係の垂直的二者間関係に基づいた政治組織（政党）が、地域や産業、階級のような共通の利害に基づいた政治組織へと変容するような兆候が見えない一方、ランデは、フィリピン流の民主主義が共通の利害に基づいたものへと変容を遂げることに関しては楽観的であった（Lande 1965: 123）。マチャドは、職業政治家が伝統的支配層のP-C関係に基づいた政治的支持基盤を政治マシーンで破ったことは、将来のフィリピン政治により恒久的政治（政党）システムが登場することへのステップと見なし、それをフィリピン政治の近代化と考えた（Machado 1974<c>: 545-546）。しかし、現在では、アビナレスはそのマシーン政治家たちを批判的に見ているのである（Abinales and Amoroso 2005: 282-284）。これは、現在のマシーン政治家が、伝統的政治家であろうとニュー・マンであろうと、政治マシーンが不可避的にもつ属性としての不法手段による票の獲得を行うからに他ならない。これは、アビナレスのみではなく、ベネディクト・アンダーソン、マッコイのような研究者も同様の見方をしていると言える。アンダーソンはポスト・マルコス期のフィリピン選挙に関して、例えば、「至る所で、地方のパトロネージュ・マシーンが、マルコス期の集権化された任命機構に取って代わっていた」と述べている（Anderson 2004: 224）。サイデルに至っては、ボシズムへの潜在的抵抗や改革への道のりを見出すことが必要で、それが学術的研究対象となるべきと考える（Sidel 1999: 154）。

　近年のフィリピン政治の研究が国政レベルであろうと、地方レベルであろうと、基本的には彼らに対して批判的な研究を行っていることは、逆説的ながら、P-C関係やマシーンという伝統的集票手段を用いず、政策や理念を基盤にした政治組織の発展とそれに票の基盤を持つ民主的政治家の必要性を示しているだけでなく、如何にそのような政治家が少ないか、ということを示していると言えよう。「それなりのガバナンス論」を展開する研究は、このような研究状況に対して、比較的不法手段を用いず、地域の社会、経済的発展を考える政治家を研究する点では、変化が見られるものの、P-C関係や政治マシーン派閥を用いる政治家の研究の域を出るものではない。また、

研究としては存在しないが、近年、伝統的政治家の子弟などがより改革主義的な政治的傾向を持つことがあり得ることが指摘されることもある。だが、それも新たに正統性を確保した後に本当にその改革主義的側面を維持し得るかどうかは不確実性を拭えないと言えよう[46]。

しかし、マシーンを用いない、いわゆる民主的政治家が存在しない訳ではない[47]。特にポストマルコス期の民主化後は、NGO や PO の増殖のように、社会に大きな変化が起こったことも事実である[48]。そのような社会変容は、

---

[46] 例えば、フェデリコ・サンドバル（Federico Sandoval）、ロランド・アンダヤ・ジュニア（Rolando Andaya Jr.）、マイケル・ディフェンサー（Michael Defensor）、ホセ・ミゲル・ズビリ（Jose Miguel Zubiri）、ヘルナニ・ブラガンザ（Heranani Braganza）、ロバート・エース・バーバース（Robert Ace Barbers）などの、スパイス・ボーイズと呼ばれる下院議員たちや、その他にもハワイ大学で博士号を取得したネレウス・アコスタ（Nereus Acosta）などがいる Coronel, Chua, Rimban, and Cruz eds. 2004: 108-117）。

[47] 例えば、1992年選挙でソルソゴン州（Sorsogon Province）のイロシン町（Municipality of Irosin）や1998年選挙以降3期の選挙で勝ったカマリネス・スール（Camarines Sur）州のサン・フェルナンド（San Fernando）の町長がいる。両事例の町長はともにNGOワーカーだった。

[48] テレンス・R・ジョージ（Terrence R. George）は、現在のフィリピンには、2つの政治文化の対立があり、それは伝統的マシーン政治と NGO や PO などが展開する改革主義的な政策や理念に基づく政治である、と言う。そして、伝統的な政治マシーンを駆使する一方で、政策や理念を重視するハイブリッドな政治家ではない、純粋に草の根の政治家が選挙に当選して、その政策を遂行することができるならば、フィリピンの政治が本当に変わったと言うことができる、という（George 1998: 246, 248）。また、ケント・イートンによれば、ポスト・マルコス期のフィリピンのイメージは2つに別れると言う。1つ目は戒厳令体制以前への回帰で、2つ目は市民社会が登場し、軍もその役割を変化させた全く新しい体制であるというものである。そしてイートンは、その結論として、国家（政治）は戒厳令体制以前に回帰したものの、社会はそれなりに変化した、と言う（Eaton May 2003: 469-496）。ネイサン・キンポ（Nathan G. Quimpo）も類似の指摘を行っている。彼は、フィリピンの政治構造は、P-C 関係や政治マシーンに基づくエリート支配の構造としてだけ理解すべきではなく、様々な民衆運動やNGOなどの活動に基づく下からの民主主義とエリート支配の構造が混在し、競合する「競合する民主主義（Contested Democracy）」の状態にある、と指摘する（Quimpo 2008 Chapter 1）。更に、ジョン・J・キャロル（John J. Caroll, S.J）は、都市貧困層の運動から、NGOなどの運動は伝統的P-C関係に基づいた政治を理念や政策、階級に基づいたものに変えることに役立つかも知れないと指摘する（Caroll 1998: 132-133）。これらの見解は妥当なものと言える。つまり、確かに政治レベルでは、寡頭や地方ボスなどが復権したと考えられるものの、社会の方ではNGOやPOが爆発的に増殖したからである。また、NGOなどは活発な社会運動を展開して、政治を変えようと試みているからである。このような条件は、政治レベルでの変化への1つの条件となり得る。

それが自動的に政治的変化を導くものではないことは当然だが、市町レベルでも、民主的政治家が登場する社会的条件を一定程度出現させたことも否定できない。

　そこで本研究は、民主的政治家に焦点を当てて研究することで、フィリピン地方政治の新しい側面を描くことを目的とする。民主的政治家で、政治マシーンを持たない地方政治家にとって、社会団体からの支持を維持するためには、短期的、物質的インセンティブを提供することはできない。したがって、民主的政治家が誕生したということは、フィリピン地方政治の常識とも言えるマシーン政治を行わずに、支持を獲得することができたことを意味する。これは、従来のフィリピン地方政治の枠組みでは説明のつかないことである。それが一体何故、そしてどのように可能になったのか、どのように権力を維持し得るのか、また何故、どのように、その権力を失っていくのか、その客観的条件を考察するとともに、既存のボス政治家と比較しながらその特徴を、特に選挙政治に注目して研究する。また、現在では、「国家自身が政治を形作る」、という考え方が主流となっているが、そのような民主的地方政治家は、この枠組みの中で実証的にどのように説明され得るのか、またはされ得ないのか、ということも検証していきたいと考える。

　具体的には、本研究は、ミンダナオ島のジェネラルサントス市を調査、考察の対象とする。ジェネラルサントス市を研究調査の対象地として選定した理由は、1990年から2000年にかけて、フィリピンの人口増加率が全国平均1.8％強であるのに対して5％以上を記録して、フィリピンで最も高い人口増加率をもち、人口が25万人強から50万人を数えるまでになった、都市化している地域で、1988年には高度都市化市として州行政から独立したからである。それは、都市化や人口の流入があり、社会的動員が高い地域で政治マシーンが最も繁栄するという前提をよく満たす地域で、その中で民主的かつ非ボス的政治家が生まれた理由は、これまでのフィリピン地方政治の理論的枠組みでは説明のつかない現象だからである。また、そのような都市化や社会的動員の増加によってフィリピンに典型的な社会勢力が同地域にも形成されたことが考えられ、フィリピンの他の地域にも適用可能性をもつ事例として扱うことが可能だと考えられるからである。そしてその説明がつかない

だけでなく、フィリピン地方政治の新たな形を示しうる市長こそ、ロザリータ・ヌニェース氏（Rosalita T. Nuñez）だったからである。

ヌニェース氏は、1986年のフィリピン革命以後88年の最初の市長選挙まで、ジェネラルサントス市の任命市長を務めた4人のうちの1人であったが、その短い期間の内に市民の間から有能さを評価され、1988年の革命後初の地方選挙に立候補して当選した。また、1995年に再度当選した。これは、一般的なフィリピンの地方政治の理論的説明では説明のつかない現象である。何故ならば、地方の首長になるには、有力な政治マシーンが必要で、それを組織するには多額の費用を要するが、ヌニェース氏は、伝統的政治家の一門の出身者ではなく、近年フィリピン政治に目立つマスメディアを通じて知名度のある映画俳優やテレビニュースのアンカーマンでもなく（Abinales and Amoroso 2005: 270-273）、市立小学校の校長を務めた後に、ジェネラルサントス市にある国立大学の助教授になった中間層のプロフェッショナル層に属する人だからである。また、対立候補は、ヌエバエシハ州に生まれてダバオで育ち、アメリカで大学を卒業した政治家で、父と母、両方を上院議員に持ち、有力なビジネスマンで富裕層に属する下院議員という典型的な伝統的政治家の夫人で、後にはその夫のアデルバート・アントニーノが対立候補となったからである。何故、ヌニェースは選挙に当選することができたのだろうか。またどのような過程をたどってそれが可能となったのだろうか。これが本研究の最も大きな調査研究課題である。

課題とする時期は、ポストマルコス期の最初の地方選挙である1988年前後から1998年頃をその射程に入れる。この時期にこそ、民主的政治家が伝統的政治家族出身の政治家としのぎを削りあい、新しい政治の形が生まれたからである。

第 2 章

アキーノ、ラモス政権期のフィリピンの政治、社会変容

アキーノ政権期とラモス政権期のフィリピンの国家や政治、社会構造は、マルコス権威主義体制期とは大きく変容した。ケント・イートンは、これまでに展開されたポスト・マルコス期のフィリピンの民主主義に関する論考を整理し、そのイメージを2つに分類した。1つは、ポスト・マルコス期のフィリピンの民主主義は、戒厳令以前の寡頭制民主主義に逆戻りしたとするもので、もう1つは、フィリピンには、マルコス政権打倒に当たって、NGOなどの市民社会が重要な役割を果たしたと述べ、フィリピンの民主主義は大きく変わったというイメージである。だが、これらは双方とも現実の1面を強調するものであり、その双方を視野に入れた理解がより重要だと言う。そして彼は、「政治社会」と「市民社会」という2つの領域を設けてこれを包括的に理解する。つまり、政治社会は寡頭などの伝統的エリートが支配しており、旧来のエリート民主主義に戻ったものの、社会の側には、NGOなど、フィリピン社会の現実の改革を望む新たな勢力が増殖し、大きく変わったというものである（Eaton May 2003: 469-496）。イートンのこの考え方は、国家もしくは政治構造は寡頭制民主主義に戻ったものの、社会構造はNGOなどの大増殖で大きく変容した、と言い換えられる。

　また、ネイサン・キンポも類似の指摘をしている。キンポは、フィリピンの政治構造をP-C関係や政治マシーンに基づくエリート支配の構造としてだけ理解すべきではなく、様々な民衆運動やNGOなどの活動に基づく下からの民主主義とエリート支配の構造が混在して競合する、「競合する民主主義（Contested Democracy）」として認識すべきだ、というのである（Quimpo 2008 Chapter 1）。

　これらの指摘は、民主化後のフィリピンの社会変容を反映している。そして、この変容は、ジェネラルサントス市で見られた民主的地方政治権力の形成に大きな影響を与えていた。ここでは、ジェネラルサントス市で民主的な地方政治権力が誕生したアキーノ政権期前後から、その市政が続いたラモス政権期までのフィリピンのマクロな諸背景を概観する。

第1節 アキーノ政権期の国家、政治構造変容とその過程、および諸社会勢力との関係

第1項　体制移行期の国家構造変容とその要因

　暫定政府大統領に就いたコラソン・アキーノは、新憲法が国民投票で承認されるまで効力を持つ暫定的「自由憲法」を発布した。この暫定憲法は、1973年憲法規定の政府機能を大きく修正したが、そのまま採用したものもあった。この暫定憲法は、84年の暫定国民議会を廃止し、アキーノが任命する48人委員会が起草し、87年2月に国民投票で承認予定の新憲法下で新たな国政レベルの議会が召集されるまで、大統領に完全な立法権を付与した。また、国政レベルの議会選挙は1987年5月に予定され、アキーノの持つ排他的立法権は、新議会召集の1987年7月27日までとされた（Franco 2000: 278）。更に、新憲法は、1987年2月初旬、その草案が国民投票に向けて発表され、その後、実際に国民投票にかけられ、76.3%の賛成と22.7%の反対で承認された。この新憲法の成立によって、アキーノ政権以降のフィリピンの国家機構は、それ以前とは大きな変容を遂げたのである。

　1987年新憲法の規定やその成立過程には、諸勢力の影響が見られる。新憲法草案への諸勢力の見方は、それぞれ異なるものだった。全面的に承認して大統領を支持し、新憲法承認のキャンペーンを行った政党には、新愛国同盟結成会議から離脱したアガピト・アキーノが結党した「民衆の戦い（LABAN）」やPDP-LABAN、統一的思想と目的の国家（BANDILA）、全国キリスト教徒民主主義者連合（NUCD）、フィリピン民主社会主義党（PDSP）などがあった。また、アキーノとは大統領候補争いをしたラウレルのUNIDOも、仕方なくではあるが、これを支持した。政党以外の支持には、フィリピン・カトリック司教会議（CBCP）を通じたカトリック教会、全フィリピン・キリスト教会議（NCCP）を通じたプロテスタント系教会などの社会団体があった（Franco 2000: 284）。だが、極右と地下革命運動を展開する極左の共産党は、このキャンペーンに参加せず、統一的運動もできなかった。

とりわけ共産党内部では、この憲法草案の是非に関して深刻な亀裂があった。共産党とその軍事部門の新人民軍（NPA: New People's Army）は、新憲法草案を否定したが、そのために共産党親派の合法的民族民主主義組織は分裂した。そのため、国民投票の数日前になって共産党はその態度を新憲法草案の「否定」から「批判的賛成（Critical Yes）」に変え、更にその決定を覆した（Franco 2000: 285）。

NGO（Non-Governmental Organization）やPO（People's Organization）のコミュニティも新憲法の成立に大きな影響を与えた[1]。政権発足後、アキーノは各種委員会を設置したが、その中にNGOやPOの代表も参加していた。また、政権発足当初の閣僚にはNGO関係者が入閣していた。更に、最大のNGO、POコミュニティの新憲法制定への影響は、憲法制定委員会の委員にNGO、POコミュニティから任命され、直接、憲法規定を起草していたことに見られる。

アキーノは大統領就任直後、大統領府人権委員会（Presidential Committee on Human Rights）を設置した。これは、彼女の大統領就任を支持したNGOが要望したものだった。また、その議長は、共産党系の民族民主主義者で無料法律相談所を営むホセ・ディオクノで、その委員には、フィリピン抑留者特別委員会（Task Force Detainees of the Philippines: TFDP）議長のマリアーニ・ディマラナン（Mariani Dimaranan）がいた。また、その他の委員会として、政治犯関連立法改正委員会（Judicial Reorganization Committee on Political Detainees: JRC）や政治犯関連大統領委員会（Presidential Committee on Political Detainees）があった。この2つの委員会にも、無料法律相談所やフィリピン抑留者特別委員会の構成員が委員にいた（Clarke 1998: 72）。

アキーノ政権発足時には、NGO関係者が閣僚、副大臣級で参画していた。アキーノ政権発足当初に入閣したNGO出身者やその関係者は4人いた。その内3人は、人権派弁護士のジョーカー・アロヨ（Joker Arroyo）、アウグスト・サンチェス（Augusto Sanchez）、レネ・サギサッグ（Rene Saguisag）で、各々官房長官（Executive Secretary）、労働大臣（Labor Minister）、大統領補佐官

---

1 NGOやPOの詳細な定義については、第5項のNGO、POの定義と分類で論じる。

(Presidential Spokesperson)だった。この3人は無料法律相談所に所属していた。また、ガブリエラ（The General Assembly Binding Women for Reform, Integrity, Equity, Leadership, and Action: GABRIELA〈改革と統一、公正、指導力、そして行動のための一般女性会議〉）議長だったミタ・パルド・デ・タヴェラ博士（Dr. Mita Pardo de Tavera）は社会福祉担当相に就任した。更に、フィリピン農村人的資源開発パートナーシップ（Philippine Partnership for Development of Human Resources for Rural Areas: PHILDHARRA）のカリーナ・コンスタンティーノ・デービッドは社会サービス副大臣に就任した（Clarke 1998: 72）。

アキーノが大統領令第9号（Proclamation No.9）で新憲法制定会議を発足させた際に48人の有識者が委員に選定されたが、その20％以上はNGOやPOとの接触があった[2]。NGO・POコミュニティのアキーノ政権への支持も新憲法の後押しとなっていたのである。

実際に成立した新憲法の規定に見られる1つの大きな特徴には、NGOやPOの開発過程への参画という考え方があった。その規定は、国家が、国民の福祉を増進させるNGOやPO、そして分野別団体を奨励すべきこと（Article II Section 23）や、大統領が地域の自治を促進する行政的分権化（Administrative Decentralization）を行うことで、経済、社会の成長を促進し、地域の発展促進のために、地方政府職員や中央省庁の地域事務所（Regional Office）職員、当該地域のNGO代表などから成る地域開発評議会（Regional Development Office）、又はその他の機関を設立すべきこと（Articvle XIII Section 15）、国家は、民主主義の枠組みの中で独立した人々の組織が、彼らの正当かつ集団的利益や願望を平和的かつ合法的手段で追求し、保護することを可能にすべく、彼らを尊重すべきこと（Article XIII Section 15）、全てのレベルの社会、経済および政治的決定過程に人々やその組織が効果的かつ合理的に参加する権利を認め、国家が法律で適切な諮問機関の設立を促進すべ

2　アキーノがこの任命をした理由は4つあった。1つは、マルコス政権打倒に功績のあった反マルコス勢力の指導者への論功行賞、2つ目に、政府へのロビー活動による圧力、3つ目に、夫のニノイ・アキーノとともに拘留されていたディオクノなど、親しい友人の任命、そして4つ目に、主要なアシエンダに対してアキーノがパトロンとして振る舞ったことである（Clarke 1998: 72-73）

きこと（Article XIII Section 16）等を規定していた[3]。

また、このような憲法の規定は、1991年に新たな地方政府法が成立することでより実質的なものとなった。それは、NGOやPOの開発過程への参画をより明確に規定し、当時としては過激な地方分権化とも思われる程だった。これにより、地方政府は政府収入の40%を取得することになり、国家公務員の7万人が地方政府に移管され、NGOやPOが地方政府の開発委員会などの各種委員会に25%以上の代表を送ることになった。そのようなNGOやPOの認定過程は、内務地方政府省が調整することになり、実際、93年半ばまでに、1万6834のNGOが地方自治体への参画が許された（Clarke 1998: 72）。

このように、アキーノ政権下では、国家機構や政治、行政制度が大きく変容したが、その背景には、アキーノを支持する反マルコスの伝統的エリート層や教会勢力だけでなく、マルコス政権打倒に当って大きな役割を果たしたNGOやPOの諸団体や諸個人の影響があった。また、新たに規定された憲法や地方政府法は、フィリピンのNGOやPOに、他のアジア諸国よりもはるかに自由な活動を保証する「民主的空間（Democratic Space）」を提供することになった（Clarke 1998: 72）。

第2項　1987年国政選挙でのエリートの復活と脆弱な多党制への移行

アキーノ政権は1987年憲法を制定したが、そこでは民主的制度、つまり自由な政党結成と選挙に基づく政治が保証された。その中で、米国をモデルとした上下両院が設けられ、その下での選挙が行われることになった。これは、フィリピン全体で政治構造の変容を引き起こした（Manacsa 1999: 213-214）。

1980年代の反マルコス民主化運動は、戒厳令下でマルコス政権の孤立化に重要な役割を果たしたが、87年5月の国政選挙は、この運動の組織的かつ

3　このような憲法規定を持つフィリピンでは、NGOやPOが、フィリピン政治を民主化する重要な勢力だと、シリマンやノーブルは考えている（Silliman and Noble 1998: 288）。

政治的強さを実際にはかる試金石となった。民主化後の主要な社会経済改革を見通す意味で重要だったのみならず、政治の再編にも大きな意味を持つものだったからである。実際の87年選挙結果を見ると、政治的には3つの特徴があった。1つは、戒厳令以前のエリートの復権とその政治文化、つまり、票の買収と暴力的手段による選挙民への脅し、時には暗殺を行うことの復活である。また、彼らは農地改革や中間層以下の人々を相対的に益することのない政治を行い、諸改革を妨げる存在として再び政治の表舞台立つことになったのである。2つ目は、政党政治である。理念や政策は戒厳令以前の2大政党制同様ほぼ違いはない上に、エリートが選挙に出馬するためだけの存在という側面は同じだったが、2大政党には回帰せず、多党制に変容した。そして、エリート同士が様々な政党を結成し、国政で議席を争った。3つ目は、エリートなどとは異なり、既存の政治、社会構造の改革を支持する新しい勢力がわずかだが登場したことである。

　戒厳令以前のエリートは、フィリピンでは「伝統的政治家（Traditional Politician: Trapo）」とも呼ばれる。彼らは、マルコス政権時代には、マルコスが私兵団を解体、選挙を停止し、公選職からその取り巻き以外を排除し、更に78年からは与党の新社会運動（Kilusang Bagong Lipunan: KBL）が絶対的多数を占めるような操作で、その力を奪われていた。だが、マルコスなき後、かつての力を取り戻そうと選挙に打って出た。実際、87年選挙では、当選した200人の下院議員の内、130人は伝統的政治家一族に属し、39人がその親戚で、31人しか、71年以前に選挙に出馬した記録がない者はなく、支配的政治家一族との関係がない者がいなかった。また、169人の政治家一族出身か、その親戚に当たる下院議員の中では、102人が1986年以前に反マルコスを掲げていた者で、67人が親マルコス派の政党や一族の出身者だった。24人の上院議員を見ても、大部分は戒厳令以前の政治家一族出身者だった（Mojares 1994: 312）。また、その政治的支持構造、つまり票の獲得方法に関しても、いわゆる政治マシーンを形成して票を獲得しており、戒厳令体制以前と同様だった。

　また、政党の状況を見ると、マルコス政権の権威主義体制下で1978年以降展開された新社会運動の一党支配体制から競争的多党制へと変化した。

1987年5月の上下両院選挙では、アキーノは、全ての政党からの支持が必要と考え、政党には属さなかったが、与党として、「国民の力同盟（Lakas ng Bayan Caolition）」を形成した。それは多くの政党から成るもので、その中には国家の力（Lakas ng Bangsa）、フィリピン民主党―国民の力（PDP-LABAN）、自由党、民族主義者民主団体連合（UNIDO）、統一的思想と目的を持った国家（BANDILA）などがあった。このように、アキーノ政権の与党は一種の連立政権だったのである。他方、野党を見ると、1つには、ファン・ポンセ・エンリレが率い、以前のアキーノ政権の閣僚と元新社会運動所属の暫定国民議会議員から成る民主主義のための大同盟（Grand Alliance for Democracy: GAD）があった[4]。また、マルコス忠誠派が形成した平和と進歩のための連合―新社会運動（UPP‐KBL: Unity for Peace and Progres‐Kilusang Bagong Lipunan）もあった。更に、左派系政党の連合体として、新たな政治へ向けた同盟（Alliance for New Politics: ANP）があった。これは、人民党（Partido ng Bayan: PnB）、新愛国同盟、そして民衆民主主義のためのボランティア（Volunteers for Popular Democracy: VPD）から成っていた。これらの政党は、労働組合や小作人の連合体、そしてコミュニティ組織が選挙政治に直接参加できるようにするため、彼らの原則に沿うものに限ってはアキーノ政権を支援した。実際の選挙結果を政党別に見てみると、国民の力同盟は200議席中146議席を獲得して不動の政権与党連合となった。その与党連合での議席割合の内訳は、国民の力（Lakas）が26議席を取って与党内での最大議席数を握り、自由党が15議席で続いた。野党勢力の議席数を見てみると、全体で30議席を獲得したが、平和と進歩のための連合―新社会運動が10議席を取り、民主主義のための大同盟が3議席、残りはそれ以下の議席を分け合った。下院議長はラモン・ミトラ（Ramon V. Mitra）が務めた。上院議員を見てみると、国民の力同盟は24議席中22議席の圧倒的多数を獲得した。その中でホビト・サロンガは上院議長を務めた（Manacsa 1999: 213-214）。

4　暫定国民議会は、マルコスが民主主義の装いを施すために、設立した1院制の議会である。

第3項　1987年選挙での少数の民主的政党、政治家の誕生

　だが、その中でも非伝統的かつ、民主的政治勢力の議員が数人誕生した。それは、マルコス政権時代の反マルコス勢力の伝統的政治家一族に属さない者たちだった。その中には、民族民主主義運動を展開した新愛国同盟や新たに結成された人民党（Partido ng Bayan: PnB）、結成間もない民衆民主主義勢力の「民衆の民主主義のためのボランティア（Volunteers for Popular Democracy: VPD）」があった。これらは互いに87年選挙では同盟を組んで協力した。また、「新たな政治へ向けた同盟（Alliance for New Politics: ANP）」は、草の根の反マルコス運動の統一で、戒厳令以前の寡頭の復権に対抗しようとした。

　このANPは、87年選挙で唯一、土地改革のような主要な国家的課題に明確な姿勢を示し、人格（Personalities）本位の選挙の現実に対抗して政治課題（Issues）を前面に打ち出す選挙を展開した勢力で、新しい左翼政党形成を目指すものだった（Franco 2000: 286）。だが、フィリピン政治の文脈で、ANPの活動は様々な困難に直面した。抜本的社会経済改革を掲げる非伝統的政治勢力の代表格とも言える民族民主主義勢力は、1986年2月の大統領選挙のボイコット戦略で、彼ら自身が政権中枢で直接的に重要な役割を果たす機会を失った。またそのために、アキーノ政権内部で、社会経済改革実施を阻もうとする勢力に強い圧力をかけることができず、アキーノ政権はマルコス政権を打倒した当初の状況から右傾化し、ANPのような非伝統的かつ民主的政治勢力が期待した体制と政策を遂行できないものとなったのである。つまり、アキーノ政権は単なる政治的生き残りを追求し始めたのである。(Franco 2000: 286-287)。実際、労働者の指導者で、ANPの議長でもあったローランド・オラリア（Rolando Olalia）とその運転手が86年11月に殺害された事件が起こり、87年4月に共産党への掃討作戦が開始されていた（Franco 2000: 287）。このような不穏な空気の下で87年国政選挙は行われた。この選挙については、極右から極左まで、活動内容はかなり異なったが、各々が政治的影響力拡大の好機と捉えていた。

　ANPもこの選挙で政治的飛躍を企図したが、内部的には多様性が顕著だった。ANP参加を考えた勢力は2つあり、1つは戒厳令以前のエリート政治家、2つ目は「街頭の議会」、つまりデモ行進などの手段で政治の変革を

考えていた勢力だった（Franco 2000: 287-288）。

　特にこの第2の勢力は多様だった。ANP内の第2の勢力には、メンジョーラ事件後[5]、即政府の追及を考えた勢力と、アキーノが制定した新憲法の枠組内で、政府に参加することで諸問題の解決を図ろうとした勢力があった。具体的には、民衆民主主義勢力と民族民主主義勢力で、社会民主主義勢力はそこにいなかった。第2の勢力の中でも、民衆民主主義と民族民主主義に割れ、アキーノ政権への対応についての考え方は大きく異なっていたのである（Franco 2000: 288）。

　このような第2の勢力内の亀裂や、その中に「理論と実践における社会主義進展のための連合（BISIG: Bukluran para sa Ikauunlad ng Sosyalismo sa Isip at Gawa）」などの無所属の社会民主主義的団体、その他の社会民主主義勢力が入っていなかった理由は2つあった。第1は、新愛国同盟結成会議中、またその後の出来事でこれらの間に大きな溝ができたこと、第2は、政治信条の相違である。政治犯として拘留されていたシソンら少数者によって新たな左翼政党結成を考えたことが影響しただけでなく、当初から根本的な考え方の相違があり、シソンらが直接政党形成に関与すべきかどうかや、合法左翼政党形成に好ましい政治環境があるかなど、実際の可能性の問題があったのである（Franco 2000: 288-289）[6]。

　だが、様々な問題を孕みながらも、ANPに参加し、86年8月に正式に発足した人民党や、民衆民主主義勢力の間には、87年選挙での議席獲得の可能性は大きいという楽観的期待があった。そして、エンリレなどがこのANP形成の動きに共産主義のレッテルを貼って妨害しても、伝統的政党などもこのような政党政治の新参者を許容する以外選択肢はないと考えられていた。実際、雑誌 *Far Eastern Economic Review* は、人民党を、最も政策中心の選挙運動をしていると評価していた。そして、ANPの活動家は、総投票数の20%を得られるものと考えていた（Franco 2000: 289-290）。

---

[5] 農地改革を求める農民のデモに軍が発砲し虐殺した事件。

[6] シソンとは、ホセ・マリア・シソン（Jose Maria Sison）のこと、彼は1968年に結成された毛沢東主義を奉じるフィリピン共産党（Communist Party of the Phiilppines: CPP）の議長だった。

第2章　アキーノ、ラモス政権期のフィリピンの政治、社会変容

　だが、それは間違っていた[7]。ANPは総投票数の最大20％を獲得できると考え、7人の上院議員候補者以外にも多くの候補者を全国で擁立した。彼らは彼ら自身の3つのG、つまり目標と勇気、そして草の根の活動（Goals, Guts, Grassroots）で選挙を戦ったが、ほとんどの候補者は落選し、候補者の最大得票数も170万票でしかなかった。当選したのは、北コタバト州第2区から下院に出馬したグレゴリオ・アンドラーナ（Gregorio Andolana）と西サマル州唯一の選挙区から下院に出馬したベナンシオ・ガルデュース（Venancio Garduce）の2人だけだった。彼らには十分な資金や組織化された選挙対策組織がなかったのである。また、彼らの全投票数に占める割合も1.87％しかなかった。この結果は、如何に「新しい政治」が脆弱で、エリートの「古い政治」が頑強かを示していた。

　だが、選挙の直後彼らの多くは、農村地域の多くで軍が潜在的支持者の公

---

[7] 彼らは、彼らが推す進歩的候補者の質に対する評価を、第1に、それまでの選挙での実績、第2に政治家一族に属していること、第3に政治家一族からの支援があることを積極的側面と評価し、第4に、それから進歩的候補者に投票する選挙民の票を割ることができる対立候補の存在の有無やその強さを差し引くことで行っていた。だが、これらの評価基準には、1つには進歩的候補者の個性が考慮されておらず、2つ目には、候補者選択の際に、選挙民の心を掴み続ける十分なカリスマがあるかを考慮していなかった。このような見方は、彼らの候補者の資質を全く疑っていなかったことを示していた。例えば、実際の選挙での勝利よりも「教育としての選挙」が強調され、真剣に当選を目指してはいなかった。結局、候補者選定に当たって、伝統的政治家と戦うために必要なカリスマは持っていないが、1980年代の反マルコス運動で実績のあった運動家を選定しがちになったANPの候補者は通常、有権者に手を振って支持を求めるよりも、拳を握り締めて支持を訴える方が多かった。このような選挙運動は、フィリピンで支配的な政治文化からかけ離れたもので、対立候補から「アカ」のレッテルを貼られて攻撃されやすいものでしかなかった。概して人民党設立は、設立当初から選挙政治と武力闘争のようなより革命的形態の集団行動の関係、またその意味をめぐる根本的論争が内部で行われ、それに埋没してしまった。選挙の意味も、それによって組織を強化し、本来の目的を補完するものではなく、内部でその意味について対立を引き起こす問題となってしまったのである。また、フランコはこれに対して、実際の基準は3つあったと言い、それは第1に、自己利益の追求や犯罪、汚職がない誠実さ、第2に、ナショナリストで、在比米軍基地に反対であること、第3に、民衆を好み、進歩的であることだったと言う（Franco 2000: 365）。また、シソンは非選挙的手段を重視し、選挙を二義的なものでしかない、と述べていた。だが、その非選挙的手段とは、オラリアなどによれば、民主的大衆行動であり、ストライキや恣意行進、デモのことだったと言う（Franco 2000: 291-292, 366, note 38.）。

民権剥奪を行ったことやシン枢機卿を中心とした教会が彼らを中傷するキャンペーンを張ったこと、選挙管理委員会が彼らの候補者に投票する者を妨げたこと、NAMFREL[8]がアキーノを有利にするための工作をしたことなどの不満を漏らすだけだった。実際、選挙後に政治がらみの殺人事件まで起こっていた。例えば、ニノイ・アキーノの妹で悪名高い地方ボス夫人のテレサ・アキーノ＝オレタ（Teresa Aquino-Oreta）に対抗して人民党から立候補した有名な元学生運動家レアン・アレハンドロ（Lean Alejandro）は、選挙の7ヵ月後狙撃されて死んだ。その理由は、選挙戦で共産党の都市武装部隊のアレックス・ボンカヨ部隊（Alex Boncayo Brigade: ABB）にアキーノ陣営の幹部が殺された報復であるとか、アレハンドロが選挙戦で見せた政治的可能性を抑えるため、などと言われた（Franco 2000: 293-294）。

第4項　NGO・POの大増殖とその政治的意義

　1987年国勢選挙の結果は、フィリピンの政治構造が寡頭制民主主義に回帰し、政党自体も理念や政策、フィリピン社会への明確な展望も持たない脆弱なものに戻ったことを示した。だが、民主化後のフィリピン社会は、戒厳令体制以前、戒厳令体制下、そして暫定国民議会があった時期とは一定の変化を見せたことも確かだった。マルコスがとりわけ戒厳令体制を敷いて以後、多くの反マルコス運動がエリート政治家のみならず、都市部の中間層、労働者、小作などの間で展開され、それが民主化後のフィリピン社会に組織的遺産として残ったからである。また、戒厳令体制自体も、特にオイルショック以後は国際社会の援助に依存せざるを得ない状況となり、NGOやPOを開発計画に参加させ始めていた。民主化後は、そのような組織は大増殖し、政治的にもそれ以前より大きな力をつけてきた。実際、1984年から1995年にフィリピンの証券取引委員会（SEC）に登録された非株式団体（Non-Stock Entity）の総数の中でNGOと思われるものは、全体の約75％と見られ、NGOやPOはこの期間に88％も増加したことになる。更に92年3月から95年12月までに38％の増加が見られた。このようなNGOやPO

　　8　フィリピンの自由選のための市民運動（National Citizens' Morement for Free Elections）。

の大増殖は、明確にマルコス体制期以前との断絶だった。そしてそれらのNGOやPOは、既存の寡頭制民主主義の変革に着手し始めた。そこにNGOやPOの大増殖の政治的意義がある[9]。

　1983年のベニグノ・アキーノの暗殺は、NGOやPOの活動の第2の波を引き起こした。様々な社会的部門や利益団体が「政治化」したのである。多くの大衆団体が形成され、人権擁護や開発課題の解決を叫んだ。また、この時期には、マルコス政権への反発からNGO等は、選挙に介入するなど、より直接的かつ政治的活動を展開するようになった。そして、1986年2月のいわゆる「ピープル・パワー」は、更にNGOを興隆させることになった。組織化する権利や集会の自由、選挙への参加、自由な報道などの民主的制度が再生されることで、NGOやPOが増殖できる「民主的空間」が創造されたためである。そのような国家、または政治的変化は、様々な民間団体の活発なガバナンスへの参加を可能にさせた。

第5項　NGO・POの定義と分類

　フィリピンには様々なタイプのNGOやPOがある。ここでは、ジェラルド・クラークにしたがってそれを定義し、カリーナ・コンスタンティーノ＝デービッド（Karina Constantino-David）にしたがって分類する。クラークに

---

[9] シリマンとノーブルは、先進国、途上国を問わず発展してきたNGOは、民主主義の進展に重要な役割を担ってきており、それらが政治の新たなあり方を発展させてきていると言う。更に、メレグリートとメンドーサは、NGOやPOが、貧困層等の一般民衆の利害を政策にまとめて民衆を動員し、政治的影響力を確保し、フィリピンの寡頭制民主主義で機能不全状態の政党や労働組合、農民組合、その他既存の社会団体に代わってその穴を埋めることを期待する。また、フィリピンに起こったNGOやPOの増殖という社会変化は、政治構造にも影響を与え始めていると言う。そして、これまでのフィリピンのNGO研究は、社会開発機関としてのNGOに焦点をあててきたが、それは政治と統治過程の民主化におけるNGOの政治的役割を軽視していると言う。「政治的課題の提起」や「立法過程への一貫した要求の形成」を彼らは行っているのである。更に、NGOやPOは、彼らの代表を議会に送るか、彼らの課題を実現できる政治家を支援することで、政治過程への直接的関与もできると言う。こうした過程はNGOの政治過程への参加だが、それは権力獲得のための動員であり、闘争でもある、と言う（Silliman and Noble 1998: 289, 291, Abinales and Amoroso 2005: 135, Melegrito and Mendoza 1999: 244, 246-248）。

よれば、NGOとは、公共の福祉目的に関心を持ち、一定の法人格を持つ、非営利で私的専門家の組織である。そして具体的にNGOになり得る組織として、慈善事業基金、キリスト教会の開発関連機関、学術的シンクタンク、人権団体、ジェンダー、保健、農業開発、社会福祉、環境、先住民族問題に焦点を絞って活動する団体を挙げる。そして、私立の病院、学校、宗教的団体、スポーツクラブ、擬似自治的非政府団体（Quasi-autonomous non-governmental organizations）をそこから排除する。また、POの定義は、地域に根差した（Local）、非営利の会員制組織で、会員の集団的福祉のために自らを組織化し、動員する。POに含まれる組織には、地域の共同体団体（Local Community Associations）や、協同組合、小作農組合（Peasant Associations）、労働組合が含まれる。そして、POの定義から除外されるものとして、それ以外の専門職団体や企業団体、そして南米やアジアの一部にみられるキリスト教徒基礎共同体（Basic Christian Community）を挙げている（Clarke 1998: 2-3）。また、デービッドは次のように、NGOやPOを分類している。彼女によれば、NGOは、第1に、会員制組織（Membership Organization）と第2に、協会組織（Institution）や仲介業務を行う組織（Agency）の2つに分類できる。そして第2の範疇を更に、開発、正義、アドボカシーNGO（Development, Justice, and Advocacy NGOs: DJANGOs）、伝統的NGO（Traditional NGOs: TANGOs）、資金供与NGOまたは慈善基金（Funding Agency NGOs or Philanthropic Foundations: FUNDANGOs）、突然変異NGO（Mutant NGOs: MUNGOs）、政府経営または政府御用NGO（Government-Run or -Inspired NGOs: GRINGOs）、財界組織化NGOまたはビジネス指向NGO（Business-Organized/Oriented NGOs）、そして夜逃げNGOまたはダミーNGO（Fly-by-Night or paper NGOs: COME N'GOs）の7つに分類した（Constantino-David, Karina 1998: 27-31）。DJANGOsは一般的に開発NGOと呼ばれ、POとともに、直接、間接的支援サービスの実施を担う。これは、86年以降の労働組合や農民組合、農村の共同組合などの伝統的組織の総称である。このような組織は、1991年時点では、2000団体以上あり、非会員制組織全体の11.5％を占めた。TANGOsとは、ロータリークラブなど、エリート層や教会が行う貧困層などに対する慈善事業や福祉、救済事業を展開する組織である。彼らはPOやDJUNGOとと

もに活動することもあるが、その第1義的関心は、あくまで周辺化された個人や家族への支援である。FUNDANGOs は、草の根組織への資金提供やその他の支援で結びつく基金や無償援助を提供する組織である。MUNGOs は、その大多数は政府関連機関か政治家らが設立しており、本質的に国家の延長か国家レベルのアクターの個人的利害の延長の GRINGO から成っている。BONGOs は、第1義的には労働不安を抑える便法として、または恩恵的企業イメージの形成手段として設立される。COMEN'GOs は、外部資金獲得のために事業計画書（Proposal）を当該外部組織に提出し、資金獲得後消えるような組織である[10]。図4（次頁）は、このような様々な NGO のタイプを図式化したものである。

第6項　アキーノ政権以降の NGO・PO コミュニティの特徴、実態

　フィリピンにおける NGO や PO は非常に多様であるが、その多様性には、フィリピンの NGO コミュニティの2つの特徴が表れている。1つは、会員制組織とサービス提供機関の間に明確な区別があることである。これは国際的区別がフィリピン内にも反映されたものである。1986年以来 PO は、労働組合や小作農組合、または農村の協同組合などの広範な伝統的組織構造の一般的呼称となった。対照的に NGO は、1970年代にその多くが端を発する新しい制度的革新を表す。だが、フィリピンでは PO と NGO の区別は曖昧になってきた。多くの NGO が会員制組織結成を促進し、PO も専門家スタッフを雇用して官僚的組織構造を持ち始め、外国からの資金を、NGO の仲介なしに取得し始めたからである。

　2つ目は、2000以上の NGO の中で、DJANGO が91年時点で11.5％しかなかったことである（Clarke 1998: 97-98）。一般にフィリピンの NGO は、小規模で、50人以下の人員と200万ペソ以下の予算規模のものが多い。そ

10　クラークの定義とデービッドの分類に従う理由は、これが最もフィリピンの NGO や PO コミュニティの実態に沿ったものと考えられるからである。だが、具体的記述に際しては、各団体の名称を用い、いちいち NGO や PO であるということは示さない。だが、クラークの定義とデービッドの分類に一致するならば、それは NGO であり、PO である。

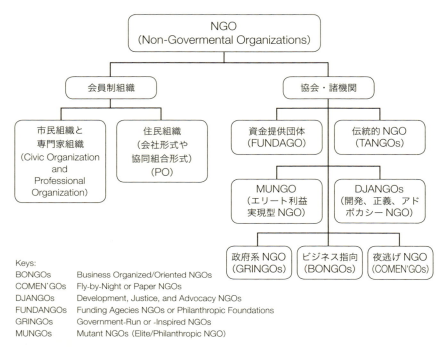

Keys:
BONGOs　　　Business Organized/Oriented NGOs
COMEN'GOs　Fly-by-Night or Paper NGOs
DJANGOs　　Development, Justice, and Advocacy NGOs
FUNDANGOs　Funding Agecies NGOs or Philanthropic Foundations
GRINGOs　　Government-Run or -Inspired NGOs
MUNGOs　　Mutant NGOs（Elite/Philanthropic NGO）

Source: Melegrito, Ma. Lourdes F. and Diana J. Mendoza, "NGOs, Politics, And Governance", in *Politics and Governance: Theory & Practice in the Philippine Context*, Department of Political Science Ateneo de Manila University eds, 1999, Office of Research and Publications Ateneo de Manila University, p.241.

図4

して全国レベルの NGO は、それぞれの地方レベルで活動する NGO の調整ネットワークとして機能しており、本当に全国レベルのプレゼンスを持つ NGO は少ない（Clarke 1998: 98-99）。フィリピンの NGO は、地域（Local）に根差し、市町、州、そしてそれらの集合体としての広義の地域（Region）レベルでの活動を中心に行うものが多いのである。また、集団的組織化や動員の伝統のある地域で増殖しやすい。開発 NGO の必要性が高いはずの貧しい地域などでは、NGO や PO を組織することは、政治的障壁が高いからである（Clarke 1998:.100-101）[11]。

　アキーノ政権以降のフィリピンの NGO コミュニティは多様性に富んで

いる。これは、NGO や PO を支える諸勢力やそれらを支持する動機や目的の多様性のためである（Clarke 1998: 100-101）[12]。多くの NGO や PO、特に開発 NGO は、それらがほぼ同一の政治的指向を共有し、最貧困層の政治経済的能力強化に第一義的関心を持つと考えられている。だが、現実には、フィリピンの NGO や PO は、理念や P–C 関係、地域的断裂に特徴づけられており、異なる勢力が異なる NGO や PO を支持している。諸勢力間の断裂を反映しているのである（Clarke 1998: 101-102）[13]。

NGO や PO を支持する組織的勢力には、エリート層や各種キリスト教教会、地下に潜った民族民主主義的左派勢力、そして国軍がある。また、公式、非公式を問わず、外国からの開発援助もそのような勢力と考えられる（Clarke 1998: 102）。

エリート層は、彼らの間で政治的に対立するが、彼らの集団的、または階級的利害追求のためには、歴史的に慈善事業を行う社会団体を形成してき

---

11 このように小規模な NGO が多い背景には、フィリピンの文化的多様性がある。フィリピンには 7000 以上もの島々があり、2000 の島に国民が暮らし、方言も 80 ある（Wurfel 1988: 27）。これは、島々をまたぐ NGO プログラム実施には、財政的、行政的、また人員的にかなりの資源が必要となることや NGO が全国レベルの構造を構築し、それを維持することが非常に困難になることを意味する。第 2 に、戒厳令の間、政治活動家は意識的に小規模で多様な NGO プログラムを行ってきた。集権的構造はマルコスからの抑圧を受けやすいため、それを避けたのである。第 3 に、70 年代、80 年代の難しい時期には、より大規模な NGO プログラム構築には強いカリスマ性や指導力を必要としたが、NDF その他の団体と関係を持つ潜在的 NGO 指導者は殺されるか刑務所に送られていた。第 4 に、フィリピン文化における類縁集団の価値観がより個人的性質を持たない構造に依拠する大きな構造構築を妨げたことである。そして最後に、多くの NGO は彼らが代替策を追求する政府の官僚機構的構造を避け、小規模 NGO を好む傾向があることである（Clark 1998: 99-100）。
12 カリーナ・コンスタンティーノ・デービッドは、民主化以後には多くの国際協力で資金が国内に流入し始め、NGO や PO を設立する方が良いとフィリピン国内の社会運動家だけでなく、伝統的エリート政治家までもが考えたと言う（Boudreau 2001: 39-40）。
13 メレグリートは、アキーノ政権期以降に大増殖した NGO や PO は、その政治的姿勢や戦略で多様なものとなったと言う。この多様性は、フィリピンの NGO が内外の諸環境、特に社会、経済、政治的環境に適応してきた結果であり、NGO を支持する勢力や NGO が持つ目的の多様性とその間にある競合関係の結果でもあると言う（Melegrito and Mendoza 1999: 241）。

た。その意味では、エリート層自体が行う慈善事業団体も一種の政治勢力と言える。そのような社会・経済エリート層が作った慈善団体の例には、社会的進歩のためのフィリピン・ビジネス（PBSP）がある。PBSPは、1970年に財界が設立したフィリピン最大のNGOである。この組織は、低所得層向けの社会開発計画を民間として支援している。この組織の資金は、会員企業が純益の1%を共同出資したものに由来する。このような共同出資された1%の純益の20%はPBSPに支出されたと言う。また、PBSPの会員企業は、それぞれ独自の基金などを持ち、そこに純益の0.8%を充当している。例えば、ソリアーノ（Soriano）一族は、PBSPを直接支援する他、フィリピン最大の企業グループ、サン・ミゲル社（San Miguel Corporation）の株主を、アンドレア・ソリアーノ基金グループ（Andres Soriano Gruop of Foundation）を通じて共同体開発を支援するよう指導していると言う。PBSPに属さない企業も独自にNGOを支援している。例えば、ゾベル・デ・アヤラ（Zobel de Ayala）一族は、もう1つのフィリピン最大の企業グループのアヤラ・ランド（Ayala Land）社の株主に対し、アヤラ基金の社会・経済部門を通じた開発活動に資金提供を行わせている。この基金はアヤラ一族からの支援を受ける他、米国国際開発庁、チェイス・マンハッタン銀行（Chase Manhattan Bank）、レビス・インターナショナル（Levis International）、J. P. モルガンなどからの資金提供も受けている。更に、有力一族の持つ基金、または企業所有の基金は、諸基金の同盟を形成して影響力を強化している。例えば、諸基金協会（the Association of Foundations: AoF）は9つの企業と14の有力一族を含む102の会員が作る基金である。そして、PBSPやAoFのような資金提供基金ネットワークは、91年にCODE-NGO[14]設立を支援した（Clarke 1998: 102-103）。エリートによる慈善事業は、様々な政治的目的や商業利益の確保に利用されてきた。例えば、アヤラ基金のセブ市やバコロド市での活動は、アヤラ・ランド社の不動産開発を支援し、アヤラ・ランド社が取得した土地に居住するスクウォッターは、アヤラ基金が提供した信用供与制度を利用

---

14 NGO従業者のための開発の執行委員会（Caucus of Development for NGO Workers）のこと。本章第3節参照。

し、職業訓練を受け、やはりアヤラ基金が整備したインフラ付きの場所に移住した。また、議会外から閣僚その他の役職の選定が多いフィリピンでは、有力企業家は、その名声を高め、政府内の要職確保に慈善事業を利用することがある。PBSP の場合、92年、ラモス政権中に10人の役員が入閣等を果たした。更にエリート層の慈善事業やNGOへの寄付は、反乱を抑止し、それらの勢力衰退に利用される。実際、PBSP は農村の社会不安が激しかった1970年に組織され、90年以降、PBSP への企業からの寄付は、91年の3660万ペソから92年には2790万ペソに減少した。社会不安への不満が比較的出なくなったためである。最後に、エリート層の慈善事業は、社会サービス向けの支出を国家が増やすべきとの圧力を減少させ、企業などへの増税圧力を抑制するだけでなく、土地の再分配や政治構造改革への圧力を減少させ、新たな社会サービス産業としてNGOを利用し、その非政治化を狙うこともできる（Clarke 1998: 103）。

地方政治では、エリートの慈善事業は更に強い力を発揮する。地方の有力一族と政治的につながって潤沢な資金を持つ基金は、諸外国の資金を引き付け、反乱や大衆組織の活動を抑止する効果を持つ。更にそれは、他のNGOやそのネットワーク組織に影響力を行使し、政府の構造改革プログラムに反対させることすら可能にする[15]。

90年代半ばには、伝統的大土地所有者以外にも慈善事業を行う者が現れた。90年代初頭以来の経済成長で、国内に一定の製造業や小売業、銀行業の企業家が成長したが、それらの者の中から、ラモスと良好な関係を築いて慈善事業を行う者が現れたのである（Clarke 1998: 106）[16]。

このようなエリート層の慈善事業はもう1つの政治的成果も上げた。エ

15　例えば、セブ市では、ラモン・アボイッツ基金（Ramon Aboitz Foundation Inc.）は、地域のNGO政治で強い影響力を持つ。米国国際開発庁の支援を受け、この基金は93年、エドゥアルド・アボイッツ開発センター（Eduardo Aboitz Development Centre Inc.）ビルを建設し、その中に他のNGOの事務所を置き、そこで会議や訓練セミナーなどを開かせた。進歩的NGOはその目的を、「活発なNGOコミュニティを吸収し、社会・経済的、そして政治的影響を小さくし、地方エリート政治家の支配下にNGOを置くこと」、と考えていた。このような活動には、エリート支配下の地方政府職員なども積極的に関わった（Clarke 1998: 71, 103-104）。

リート層の慈善事業と社会民主主義的NGOが共闘して、民族民主戦線のプログラムを支持する活動家の孤立化に成功したのである。それはまた、NGOコミュニティが一定程度伝統的政治家一族の政治的利害を反映する新たな手段となったことを意味した（Clarke 1998: 105）。

　NGO・POコミュニティを支持する社会における政治勢力として重要なものの2つ目は、各種のキリスト教会組織である。その中でも、カトリック教会は、フィリピンの政治やNGOの大増殖に重要な役割を果たした。カトリック教会は、理念的一貫性や全国を網羅する組織網、農村に浸透して阻害されてきた社会階層の人々の生活に与える影響力などにおいて、国家機構に匹敵する力を持つ。

　86年の民主化の過程では、EDSA通りに出てエンリレやラモスらの反マルコス派クーデター分子を擁護するようシン枢機卿がラジオ放送で国民に呼びかけただけでなく、反マルコス運動の指導者となる政治活動家を養成していた。民主化以降は、86年から96年まで活発に活動してきた主な分野別社会団体の同盟の中でカトリック教会は卓越した役割を果たしており、NGOの政治的関与への役割は大きかった。例えば、91年に結成されたCODE-NGOを構成するNGOネットワークの内、全国社会行動事務局（NASSA）、フィリピン全国教会会議（NCCP）、そして開発のためのキリスト教徒の集会所（Ecumenical Center for Development: ECD）の3つは、カトリック教会系のネットワークだった。91年の第2回委員会総会（Plenary Council）では、NGO活動を、団結と貧困層への格別の愛情という、社会的問題に対する最近のローマ・カトリックの教えを具体的に実践するものとして再度確認した。だが、カトリック教会の共産党への嫌悪感が多くの点でNGOコミュニティに影響を与えたことも確かである。

　先ず、全国社会行動事務局は1987年に再編され、フィリピン・カトリッ

16　ジョージ・タイ（George Ty）はその1人である。彼はメトロバンク基金（Metrobank Foundation）という慈善団体を持つフィリピンで最も富裕な華人系実業家である。彼は大規模な投資計画でラモスに動員されただけでなく、6000万ペソを毎年保健、教育開発計画に提供した。新たな富裕層も、その経済力を正当化し、時の政権と良好な関係を築き、増税の脅威抑止のために慈善事業を利用したのである（Clarke 1998: 106）。

ク司教会議（Catholic Bishop Conference of the Philippines: CBCP）の影響が更に強まった。また、同会議は、全国社会行動事務局のキリスト教徒基礎共同体—共同体組織化プログラム（BCC–CO Programme）を犠牲にして聖職者基礎共同体（Basic Ecclesial Communities: BEC）プログラムを強化した。次に、フィリピン主要修道院長協会（Association of Major Religious Superiors in the Philippines: AMRSP）とその下にある調査特別委員との関係は、86年以降の年次会議で激しい議論を巻き起こした。フィリピン主要修道院長協会側は、調査特別委員会、特にフィリピン拘留者調査特別委員会（Task Force Detainees of the Philippines: TFDP）から手を引こうとしたが、フィリピン拘留者調査特別委員会は、不透明な民主化過程で、フィリピン主要修道院長協会の継続的後援が欲しいと考えていた。だが、それに反対する者は、そのような後援は親民族民主主義的と非難した。結局、93年までには、フィリピン拘留者調査特別委員会はフィリピン主要修道院長協会の後援を再度得て、教会系NGOの統括組織として重要な保護を提供した。カトリック教会の共産党への嫌悪の3つ目の影響は、民族民主戦線の統一戦線戦略を支えていた国民的解放のためのキリスト教徒（Christians for National Liberation: CNL）の活動家が、86年以降、NGOコミュニティにおける共産党の覇権に挑戦するために新たなNGO形成に向かったことである。86年以前、彼らは、政府の支配下にあり、その多くが都市部からなる「ホワイト・エリア」でNGOを組織することで民族民主戦線を支えていた。例えば、国民的解放のためのキリスト教徒の創設者の1人、エディシオ・デ・ラ・トーレ（Edicio de la Torre）は、1987年に民衆民主主義機構（Institute for Popular Democracy）や生活教育基金（Education for Life Foundation: ELF）設立を支援した。74年から76年にかけてフィリピン主要修道院長協会の事務総長を務めたジェリー・ブラタオ（Gerry Bulatao）は、国民的解放のためのキリスト教徒とともに地下に潜る前、1990年にフロレンシオ・アバッドとともに「農村開発と農地改革のための団結」（Kaisuhan fungo sa Kaunlaran ng Kauayunan at Repormang Pansakaran: KAISAHAN）を設立し、その事務局長に就任する前、農地改革省とともに働いていた（Clarke 1998: 109–110）。

　共産党や新人民軍（NPA）、および民族民主戦線（NDF）の活動もフィリ

ピンのNGOの政治的関与に重要な影響を及ぼしてきた。1970年代後半以来、これら3つの共産主義勢力の活動は、既存のNGOに影響を与え、新たなNGOを作り、NGOの資金を武装闘争に用いてきた。だが、そのような共産党のNGOコミュニティへの影響力も次第に弱くなっていった。

70年代後半以降、既存のNGOに対して持っていた共産党の大きな影響力は、1983年頃には伝統的エリート層の反マルコス勢力や社会民主主義勢力などと対立してかなり失われた。その後も84年選挙のボイコット戦術で更に孤立を深め、影響力低下は続き、86年のピープル革命時には、更に影響力を落としていた。

民主化後の1987年から90年の間、共産党は、その大衆基盤が86年時点の数から60％減少し、ゲリラが影響力を持つ村も16％減少、更に党員数も15％減少した。その勢力衰退の原因は、1つは政府の掃討作戦の成功だが、もう1つは共産党の戦略的失敗だった。このような共産党の衰退で、共産党は増々NGOやPOに依存せざるを得なくなった（Clarke 1998: 116）[17]。

だが、90年代初めにはNGOからの資金は減り始めた。その理由は、第1に、NGOその他の合法組織が共産党の要求する「革命税」に嫌気がさし、共産党に圧力をかけ始めたこと、第2に、90年に行われた共産党の中央委員会会議で、正統的マルクス・レーニン・毛沢東主義の遵守が決定され、共産党内で正統的マルクス・レーニン・毛沢東主義に基づく活動への賛否とシソンが議長職にいることの是非で分裂したことである。これらの結果、NGOやPOから共産党への資金の流れは著しく落ち込み、NGOやPOは、深刻

---

17 共産党は、1970年代後半以降、NGOやPOを武装闘争に利用してきたが、86年以降は、NGOやPOに更に依存するようになった。70年代を通じて、共産党はその統一戦線委員会（United Front Commission）の資金を賄うのに十分な額をNGOから引き出した。だが、ロドルフォ・サラス議長の下、共産党の資金管理は制度化され、NGOにいる共産党幹部は、70年代後半以来外国に予算案を提出し始め、1980年には、NGOからの定期的資金提供（Regular Taxation of NGO）が行われ始めた。また、87年に共産党は75万ドルを支出したとの試算があるが、その内の60％は資金洗浄資金など、「合法的」資金（Launderd Business）で、その他、反動主義者などからの資産押収などの革命税（Revolutionary Taxation）が22％を占めたと言う。また、共産党のNGOからの資金獲得にはには2つの方法があり、それは共産党支配地域で活動するNGOやPOからの資金徴収と共産党が影響力を持つNGOへの直接的割当金だった（Clarke 1998: 116）。

第2章　アキーノ、ラモス政権期のフィリピンの政治、社会変容

な理念的論争に入った。5月1日運動（Kilusang Mayo Uno: KMU）やフィリピン小作人運動（Kilusang Magbubukid ng Pilipinas: KMP）のような、共産党―NPA―NDFに伝統的に共感を持ってきた合法的組織は分裂し、正統的考え方に反対する改革主義者の側は、重要な銀行口座を押さえて正統主義側の収入と資産を減少させた。また、その決定後は、共産党内部でそれ以前の幹部が公然と攻撃されるようになった。その内部対立は、93年7月に正式にマニラ―リサール地域委員会が離脱することで表面化した。このような事態に至った背景には、正統的マルクス・レーニン・毛沢東主義者の中での合法的組織化や社会・経済プログラム実施に対する否定的な見方があった。それは、共産党はこれまで、武装闘争支援の意味で小作農や労働者、その他の部門での基礎的組織化を重視してきたが、合法的組織化や社会・経済プログラム実施は、武装闘争を含む地下活動の利益や努力を歪める可能性が高いというもので、それを彼らは改革主義的傾向と呼んだ（Clarke 1998:.116-117）。

　最後に、NGOやPOを設立するのは、エリート政治家や各種キリスト教会、そして左派系の地下活動家ばかりではなく、国軍（AFP）も、80年代後半から90年代初頭にかけて、多くの有力なNGOに関わり出した。国軍は、その規定の下、彼ら自身のNGO創設を許可し始めた。そして、国軍の上級職もNGOが参加する国家統一委員会（National Unification Commission: NUC）の地域部会に常時参加し始めた[18]。このような国軍によるNGO設立を主導したのが、ヴィクター・コルプス（Victor Corpus）である。彼は70年代に国軍からNPAに合流し、6年間司令官を務めた後、国軍に捕まって拘留されていたが、1986年に他の政治犯とともに釈放された。その後彼は再び国軍に入隊し、国軍の反共対策にNGOやPOを利用することを考え、それを実践したのである。彼は、パナイ島に基地を置く第3歩兵隊（Third Infantry Division）を指揮したが、そこで彼は、軍用地3万3000ヘクタール内にある25の村（Barangay）で農民に森林組合を組織させた。また、その資

18　NPAと国軍の衝突減少で反共対策の責任は94年に国軍から国家警察（Philippine National Police: PNP）に移管された。PNPは、92年に国軍から分離された元警察軍（PC）組織である。その際、反共対策の責任も国防省から内務地方自治省に移管された（Clarke 1998: 228, endnote 56）。

金は元国軍将軍で上院議員のロドルフォ・ビアソン（Rodolfo Biazon）のポークバレルや、86年の大統領令103号で創設された国家和解開発プログラム（National Reconciliation and Development Programme: NRDP）から出ていた（Clarke 1998: 84-85）。また、アキーノ政権は政権奪取から約1年後以来、反共私兵団を奨励したが、それを訓練していたのは国軍だった。このような国軍の活動には、エリート層も資金供与を行った（Clarke 1998: 85）。

第7項　アキーノ政権期のその後の政党政治の展開とメンジョーラ事件以後のNGO・POコミュニティとの関係

　1988年9月には、ホセ・コファンコ（Jose Cojuangco）と大統領の親戚ポール・アキーノ（Paul Aquino）がフィリピン民主の戦い（Laban ng Democraticong Pilipino: LDP）を結成した。これはフィリピン民主党—国民の力（PDP-LABAN）と国家の力（Lakas ng Bangsa）が合併してできた政党で、その狙いはアキーノ政権を支えることだった。だが、アキーノは同党党首になることを拒否した。フィリピン民主の戦いは、あらゆる地域や階層から支持を得ようとするいわゆる包括政党で、支持者をまとめ、指導する明確な政策や綱領、社会的展望を実質的に持たなかった。それが強調したことは、ただ法の支配や政治の安定、自立した経済のみだった。このような政策や理念の明確な欠如は、多くの離党者の受け入れを可能にした。左派系の人民党ですら、この政党に合流できたのである。その数は、下院で見ると1992年選挙前には154議席にまで膨張した。上院では、1991年にフィリピン民主の戦いの議員が多く離党したため、議長のサロンガは、その椅子をネプタリ・ゴンザレス（Neptali Gonzales）に明け渡した。そして、地方の首長を見ても、1991年9月現在で、73の州知事の内50人、60人の市長の内の35人、1532人の町長の内の1100人、そしてバランガイ役員の70%を占めた。フィリピン民主の戦いは、1992年大統領選挙直前には、かなり有力な勢力となっていたのである。1992年選挙直前までに、フィリピンはフィリピン民主の戦いの1党優位的状況になる可能性があった（Manacsa 1999: 214-215）。

　このような政党政治の展開は、フィリピンの政治構造が完全に寡頭制民主主義へ回帰したことを意味していた。つまり、有力エリートが国政レベルの

議席を占有し、各々がより大きな利権を求めて国家資源へのアクセスで競合する一方、貧困層などの利害を政治の場で反映させることには、階級的紐帯を発揮し、それを阻むような政治体制ができ上がったのである。また、そのような体制では、政党は理念や政策を持っていなかった。更に、エリート層は、選挙期間中に所属した政党が大統領を排出できない場合、国家資源へのアクセスを確保するため、その政党を離党し、大統領の政党に移籍したのである。

　また、アキーノ政権は、メンジョーラ事件以後にNGOとの関係が険悪になったが、その反面、肯定的側面もあった。治安に関する部分では、NGOやPOに対して抑圧的姿勢で臨む一方、開発的側面ではNGOやPOを奨励する政策も採ったからである。

　1987年4月に「政治的浄化」で左派系の者を抑圧し始め、農村に拠点を置く反乱への総力戦宣言の後、右傾化した政府とNDFとの和平交渉は崩壊し、国軍とNPAとの戦闘は再燃した。その中で国軍は大幅に影響力を強め、NGOやPOを敵視し始めた。89年7月と10月の閣議では、政府とNGOの協力の見直しが行われ、軍や諜報筋は、合法的NGOへの外国の援助は、NDFや共産党、NPAに流れているとの議論を提起した。また10月の閣議では、NGOや国家転覆を狙う組織のデータベース化と集中的調査の実施や監視を軍の諜報担当部局が行うべきであり、それらの実施にどの法律が適用可能か検討すべき旨が提起された。同年12月には、アキーノ政権下で最悪だった6番目のクーデター未遂事件が起こり、政府の軍への統制が甘いことが顕在化した（Clarke 1998: 75）。

　他方、開発的側面では、肯定的関係もあった。1988年成立の包括農地改革法（Comprehensivve Agrerian Reform Act）は、NGOや農民組織、協同組合、そして辺境の労働者に対して、伝統的な分配的役割のみならず、紛争を調停し交渉に関与する公益団体としての役割を認めた。また、6番目のクーデター未遂事件後アキーノは、90年1月、ピープルパワーの精神の再興と内閣改造に着手した。その中でアキーノは、彼女の考え方に近いNGOコミュニティに対して一定の配慮を行った。反クーデター同盟（Kilusang Laban sa Kudeta: KILOS）の指導者のNGO活動家、フロレンシオ・アバッド

(Florencio Abad) を農地改革省長官に任命したのである。彼は下院の任命委員会 (Commission on Appointment) で拒否権を発動され、任命の 3 カ月後辞任したが、彼の就任はアキーノの NGO コミュニティへの一定の配慮だった。実際、彼女は、既存の制度の中で自分の政党を持たないことは、エリート中心の議会の反対に脆弱なことを理解して、カビシッグ (Kabisig) という団体を設立した。この団体は、アキーノが非党派的民衆運動と主張したように、与党のフィリピン民主の戦いとは独立したもので、政府を支持する NGO や PO にも門戸を開いた。その団体は主に、自助努力の哲学を奨励し、アキーノ政権の出す政府プログラムの早期法制化のためのロビー活動を行い、国政レベルの政策策定者と地方レベルの政策実施者を直接つなぐよう努力することで、政権を後押しした。この団体の成立、または政府が NGO コミュニティに協力を求めたことは、実際に一定の成果を上げた。その中には、先ず、90 年までに 18 省 5 特別庁に NGO 連絡担当 (NGO Liaison Desks) が置かれ、次に、NGO の政府プログラムへの参加を規定する広範な原則を政府が承認したこと、3 つ目に、元正義と平和のためのキリスト教会運動 (Ecumenical Movement for Justice and Peace: EMJP) 指導者のフルジェンシオ・ファクトラン (Fulgencio Factoran) と元国家経済保護協会 (National Economic Protectionism Association: NEPA) 会長のサルバドール・エンリケス (Salvador Enriquez) の 2 人の NGO 指導者が閣僚級で起用されたこと、4 つ目に、社会・経済政策策定と実施に NGO が関与するようになったことである。これは、アキーノ政権と NGO の関係悪化の前から継続するものだった。更に 5 つ目に、1987 年–1992 年フィリピン中期開発計画 (Medium Term Development Plan of the Philippines) で政府は、NGO を開発事業のパートナーとして認知し、特に貧困緩和や環境保護、社会サービスの分配、そしてガバナンスへの人々の参加の促進を重視する姿勢を示したことである (Melegrito and Mendoza, 1999: 240–245)。87–92 年フィリピン中期開発計画の準備には、NGO・PO コミュニティも参加していた。そして実際の計画は、インドの第 7 次 5 カ年計画を意識したもので、開発途上国の中で最も包括的に国家と NGO・PO の協力を重視するものだった。この計画の中で NGO や PO は、特定の開発計画の発掘、実施、モニタリングの役割を担った (Clarke 1998:

75-77)[19]。

　また、貿易産業省(Department of Trade and Industry: DTI)や農業省（Department of Agriculture: DA）も NGO への支出を行って関係を強化した。貿易産業省は、小規模企業開発計画（Tulong sa Tao Self-Employment Loan Assistance）に2980万ペソ、零細企業開発計画（Micro Enterprise Development Program）に1億3000万ペソを支出し、91年には1027のNGOに贈与や融資を行った。また農業省は、農業開発のための生計拡大計画（Livelihood Enhancement for Agricultural Development Program）への支出を行った。これらの計画にはNGOが大きく関与していた（Clarke 1998: 77）。

　そして、最大の成果として、91年地方政府法（Local Government Code 1991）制定があった。これによって、地方分権（Decentralizaiton）戦略が実質化され、その中でNGOやPOは、一般民衆の利益を代表する正当な組織として再度認知された。この法律の特徴の1つは、NGOやPOを地方のガバナンスの構造と過程に参加させることを正式に規定したことである。同法は、第1に、市町、州、そして地域（Region）レベルにある地域開発評議会の25%の代表をNGOやPOから選出することを規定し、第2に、州、市、町議会などの地方議会に分野別代表を設けることを規定し、第3に、中央政府によって計画、管理されたプログラムや開発計画への助言を与えることができる旨が規定されている。更に同法は、地方政府に対して、NGOやPOを設立して、NGOやPOをパートナーとして共同で事業などを行うことや、NGOや

19　実際にNGOやPOがこの役割を担って成功した政策に、コミュニティの強化と開発計画（Community Empowerment and Development Programme: CEDP）があった。これは、87-92年中期開発計画の一環で、100万件の雇用創出予定のものが、126万件の雇用を創出した。この計画にNGOは財務省と契約し、開発計画実施のモニタリングを担当し、汚職の減少につながった。この中期開発計画のもう1つの政府とNGOとの協力の形は、低所得者層への住宅供給だった。91年、大部分が都市貧困層のPOからなる「NGOと協力するインフォーマル・セクター」は、全体の20%を占める2万2000戸の住宅をほとんど政府の財政支出で建設した。この時政府が2万6000戸を、民間業者が6万5000戸を建設していた。ただ、CEDPの計画は公共事業道路省（Department of Public Works and Highways: DPWH）が予算配分したもので、潜在的には、アキーノ政権支持の地方政治家へのポークバレルとしての側面があった（Clarke 1998: 75-77）。

POに財政その他の援助を行うことで地域の福祉向上を図る権限を与えた（Nolledo 1998: Section 26, 34, 35, 36, 27, 98, 103, 116, 446, 457, and 467）。アキーノ政権で、NGOやPOは、再民主化や地方分権化過程での重要な役割が理解され、ガバナンスへの参加やそこでのパートナーになる機会を得て挑戦的課題に取り組めるようになったのである（Melegrito and Mendoza 1999: 240-245）。

　だが、アキーノ政権のNGOやPOとの開発における協力関係は、必ずしも成功とは言えなかった。88年の包括農地改革法は不十分なものでしかなかった。また、カビシッグも、米国国際開発庁の支援を受けた保守的NGO、フィリピンNGO機構（Philippine Institute of NGOs: PINOI）の協力を得て政府の「モラル回復」計画を実施し、ラモス政権期も存続したが、下院議会から予算配分を拒否され、NGOもアキーノ政権への不信を持ち続けたため、活発なものとはならなかった（Clarke 1998: 76, 79, 大田 2005）。

　更に、91年地方政府法に基づいて内務地方政府省が推進したNGOの地方での地域開発への参画も、NGOやPOの認定過程が円滑に行われず、NGOの標準的定義と強制力もなかった。そのため、怪しげなNGOを認定し、真摯に開発事業に取り組むNGOを排除することもあった（Clarke 1998: 72）。

第2節　ラモス政権期の新たな展開

　アキーノ政権を引き継いだラモス政権期には、アキーノ期に形成された国家・政治・社会構造がどのような展開を見せたのか。ここでは、ジェネラルサントス市での民主的政治のダイナミクスの重要な背景となる政党政治の展開、NGOやPOとの関係のダイナミクス、政府と共産党—NDF—NPP、そしてNGO-PO関係の文脈を見る。更に、アキーノ、ラモス両政権期の

NGO・PO の全国ネットワークの形成、社会運動の変容とその要因、NGO や PO の選挙への介入とそれらの政治的意義も見る。

第1項　ラモス政権期の政党政治の展開（1992-1998年）

　1992年の大統領選前までには、フィリピン民主の戦いの優位は大きく揺らいだ。その要因の1つは、アキーノが1992年大統領選に立候補せず、フィリピン民主の戦いの指導者だったラモン・ミトラでなく、国防大臣のフィデル・ラモスを後継者に指名したことだった。アキーノがラモス支持を決めたことで、フィリピン民主の戦いの中では、ラモスとミトラが党公認の大統領候補をめぐって争った。結局ラモスはその争いに敗れてフィリピン民主の戦いから離党し、人民の力党（Partido Lakas Tao）という自分自身の政党を結成した。フィリピン民主の戦いの優位はここで終わったのである。人民の力党は、ラモスの大統領選出馬のみを目的とした個人政党だった。その構成は、フィリピン民主の戦いから離党した彼の支持者と「EDSA 1992」という諸団体の連合体に属する者から成っていた。またそれは後に、全国キリスト教徒民主主義者連合（National Union of Christian Democrats: NUCD）や統一ムスリム民主党（United Muslim Democratic Party: UMDP）と合併し、最終的には大統領選出馬時の彼の所属政党は、国家の力——全国キリスト教徒民主主義者連合（Lakas-NUCD）となっていた（Manacsa 1999: 215, Lande 1996: 9-11）。

　1992年大統領選前には、人民の力党以外にも別の政党が登場した。これらはいずれも、大統領選立候補を決めた候補者が自分の立候補に合わせて結成した個人政党だった。それらの中には、ミリアム・ディフェンサー・サンチャゴ（Miriam Defensor Santiago）の人民改革党（People's Reform Party: PRP）やナショナリスタ党の公認争いでサルバドール・ラウレルに敗れたエドゥアルド・コファンコ（Eduardo Cojuangco）の民族主義者同盟（Nationalist People's Coalition: NPC）があった。その他、このようなフィリピン民主の戦いの分裂や他の大統領候補者の新たな個人政党結成は、フィリピンにおいて未だに政党が脆弱であり、有力な個人の影響を強く受けていることや、理念や政党のフィリピン社会に対する明確な考え方がないために、選挙後は離党者も出すことを示していた（Manacsa 1999: 215）。実際、1992年大統領選と同時に

行われた上下両院議員、州知事、市町長選挙後にそれが起こった。

　92年選挙で選出された下院議員199人の内、132人は土地や農業、17人が林業、そして14人が鉱業に利害を持つエリート層だった。また、その内145人が伝統的政治家一族出身かその親族だった。これは、87年選挙時の164人より、若干減少した程度のものだったが、本質的な相違ではなかった。ラモス政権期も基本的政治構造の特徴は、依然として寡頭制民主主義であり、エリートが議会を握っていたのである（Gutierrez 1994: 4-5）。そのような寡頭制民主主義的政治構造の中で、フィリピン民主の戦いは、下院で75議席、上院で16議席、州知事は24人、そして市町長は566人を獲得した。国政レベルでは、上院では確保したものの、下院では絶対多数は失っていた。だが、それでも最大多数を占める政党として君臨し、地方レベルの州知事や市町長でも最大数を誇る政党だった。だが、選挙後、ラモスの熱心な支持者だったホセ・デ・ヴェネシア（Jose de Venesia）が虹の同盟（Rainbow Coalition）を提唱してそれを実現させると、多くのフィリピン民主の戦いの議員は離党してラモスの国家の力―全国キリスト教徒民主主義者連合に移った。その中で、デ・ヴェネシアは下院議長となった。つまり、国家の力―全国キリスト教徒民主主義者連合がもう1つの包括政党となって、あらゆる理念や考え方の者を吸収したのである。国家の力―全国キリスト教徒民主主義者連合は、ラモスの提唱した開発計画の「フィリピン2000」を実現するために必要な下院の多数を獲得するために離党者を受け入れたが、そのほとんどはフィリピン民主の戦いから来ており、92年選挙直後に既に86人の議員の内58人が国家の力―全国キリスト教徒民主主義者連合に移っていた。1995年選挙前までに国家の力―全国キリスト教徒民主主義者連合は、当初の38人から議員数を119人にまで伸ばした。そのため、フィリピン民主の戦いは、第1党の座から滑り落ち、第2党も民族主義者同盟の37人に明け渡し、下院で25人を擁する第3党となってしまった（Manacsa 1999: 215-216）。フィリピン民主の戦いの優位が崩れ、国家の力―全国キリスト教徒民主主義者連合が多数派を握る政党となったのである20。

　フィリピン民主の戦いは第1党の座を国家の力―全国キリスト教徒民主主義者連合に明け渡したものの、両者には政策や理念的差異はほぼなかったた

め、95年の下院議員と地方の首長や議員の選挙では、ラカス・ラバン同盟（Lakas-Laban Coalition）として統一候補を立てた。この95年の選挙では、フィリピンは、マルコスの資産などへの対応をめぐって大きく2つの勢力に色分けされ、2大政党制的状況を呈していた。EDSA革命を支持した国家の力――全国キリスト教徒民主主義者連合とフィリピン民主の戦いを中心とした反マルコス派と民族主義者同盟を中心とした元マルコス支持派の2つである。この選挙の結果は、国家の力――全国キリスト教徒民主主義者連合が102議席、フィリピン民主の戦いが15議席、ラカス・ラバン同盟に支援された無所属の議席が26議席の合計143議席で、民族主義者同盟は20議席に止まった。

国家の力――全国キリスト教徒民主主義者連合とフィリピン民主の戦いは協力して1つの勢力となりつつあったが、それも短命なものだった。それは、フィリピン民主の戦い所属で上院議長のエドゥアルド・アンガラ（Eduardo Angara）がラモスの意向でネプタリ・ゴンザレスに挿げ替えられたからである。この出来事以降、両党の協力関係は崩れた。ラモスがこのようなことをした理由は、1998年大統領選出馬を目論むアンガラの狙いを阻止するためだったと言われている（Manacsa 1999: 217）。

国家の力――全国キリスト教徒民主主義者連合とフィリピン民主の戦いの協力関係解消後、フィリピン民主の戦いは、今度は民族主義者同盟との協力関係を築いた。フィリピン民主の戦いは、今度はゴンザレスを引きずり降ろし、民族主義者同盟のエルネスト・マセダ（Ernesto Maceda）を上院議長にしようと画策したのである。実際、民族主義者同盟が企図した96年10月のクーデターの挑戦の後、それは成功し、マセダは上院議長に就任した。1995年選挙は、フィリピンの政党制が未だに政党への忠誠と統一性を保障するメカニズムを持たず、そのメカニズムを構築して各議員の個人的野望を

20　一般的に、フィリピンの寡頭は、伝統的に大統領を輩出する政党へと離党する。政治家が特定の理念や政策を持たず、大統領の支持がなければ、私服を肥やすこともできないし、ポークバレルなどの配分で自分の選挙区の支持者に公共事業などの利益誘導が難しいためである（Lande 1965: 40-76, Kimura 1997: 265-278）。フィリピンの政治家は、選挙中の政党と選挙後の政党の2つに所属するである（Manacsa 1999: 216, Clarke 1998: 80-82）

政党とその構成員のより大きな利害に従属させることができなかったことを示していた（Manacsa 1999: 217-218）。マセダに投票した者は、最大の「ポークバレル・スペンダー」と考えられる者で、マセダの当選は、2大政党が政府のパトロネージュ資源を支配するためには、政権を交代で持つという戒厳令体制以前の政治スタイルに回帰したことを如実に示していた（Clarke 1998: 81）。またそれは、ラモス政権がこの時期に明確にその性格を変容させ、寡頭制民主主義的慣行に従属したことをも示してもいた。

　1998年の国政と大統領、地方首長の同時選挙は、多数派を握った国家の力—全国キリスト教徒民主主義者連合に対抗してフィリピン民主の戦いと民族主義者同盟が提携して戦うことになった。また、そこにはエストラーダが副大統領候補として立候補する時に設立した個人政党のフィリピン大衆党（Partido ng Masang Pilipino: PMP）も連合していた。これら3つの政党の連合は、民族主義フィリピン民衆の戦い（Laban ng Makabayang Masang Pilipino: LAMMP）と呼ばれた。国家の力—全国キリスト教徒民主主義者連合は、フィリピン民主の戦いのように脱党者を出さず分裂を回避するために、政党の選挙マシーンは選挙で圧勝すると主張した。だが、結局そうはならなかった。国家の力—全国キリスト教徒民主主義者連合がホセ・デ・ヴェネシア（Jose de Venecia）をラモスの後継者とした時、レナト・デ・ヴィラ（Renato de Villa）やリト・オスメーニャ（Lito Osmeña）、そしてマノリン・モラト（Manoling Morato）が党を割って多くの支持者とともに離党し、彼ら自身の個人政党を結成したからである。彼らの政党は、デ・ヴィラが改革党（Reforma Party: RP）、オスメーニャが「主導権分権化のための進歩的運動党」（Progressive Movement for the Devolution of Initiatives: PROMDI）、そしてモラトが「高潔な国民党」（Partido Bansang Marangal: PBM）だった。民族主義フィリピン民衆の戦いは、フィリピン大衆党党首のエストラーダとフィリピン民主の戦いの指導者アンガラの間で調整が行われ、エストラーダが大統領に当選した場合、自分が指名する者を閣僚に入れるとの条件で、副大統領選出馬が決まった。上院議長で民族主義者同盟のマセダは、何とか2つの閣僚ポストを手に入れようとしたが、それに失敗し、民族主義フィリピン民衆の戦いを去った。98年大統領選の結果は、エストラーダは大統領に当選したが、

副大統領候補のアンガラは落選し、国家の力―全国キリスト教徒民主主義者連合のグロリア・マカパガル・アロヨ（Gloria Macapagal Arroyo）が当選した。下院議員選の結果は、国家の力―全国キリスト教徒民主主義者連合が111議席を取り、民族主義フィリピン民衆の戦いは68議席しか取れなかった。上院議員選は、民族主義フィリピン民衆の戦いと国家の力―全国キリスト教徒民主主義者連合が12議席ずつ獲得して互いに譲らなかった。大統領に当選したエストラーダは、すぐに新党フィリピン民衆の戦い（Lapian ng Masang Pilipino: LAMP）を結成した。この政党は、元民族主義フィリピン民衆の戦いの支持者とエストラーダの古い友人や親戚、そしてマニー・ヴィラール（Manny Villar）のような国家の力―全国キリスト教徒民主主義者連合の離党者から構成されていた。また、かつてのフィリピン民主の戦いのように、大統領選直後には、国家の力―全国キリスト教徒民主主義者連合からフィリピン民衆の戦いに56人の離党者が出て、1998年から2001年にかけて開催される第11回下院議会（The Eleventh Congress）が開催される前までには、議席数の上位3党の保有議席数は、エストラーダのフィリピン民衆の戦いが134議席、国家の力―全国キリスト教徒民主主義者連合が55議席、そして自由党が34議席となり、またしても「大統領の政党」が多数派を握り、新たな包括政党となったのである。そこには、独自の理念も社会に対する考え方もそれ程存在せず、ただエストラーダの選挙スローガンだった「貧困層のためのエストラーダ（Erap Para sa Mahirap）」を支持することだけだった。その後フィリピン民衆の戦いは、上院でも多数派を握るようになった（Manacsa 1999: 218-219）。

　このような寡頭の行動様式は政党のみならず、選挙の手法にも現れた。旧来の買収、脅しなどが行われ、「フィリピン政治の常識」が覆されることはなかった。フィリピンの政治的民主化は、上下両院議会とそこにひしめく寡頭を再び復活させただけでなく、その選挙の手法や行動様式、つまりフィリピンの伝統的政治文化まで復活させたのである。

　だが、戒厳令以前のフィリピンの政治構造、また1978年以降の暫定国民議会時代の政治構造とは異なる側面もあった。その差異とは、2大政党制でも1党支配体制でもなく、比較的小さな個人政党が大統領候補を中心に結成

され、その後大統領に就任した時、連立していくパターンが生まれたことである。それは、1つの政党になることはあっても、理念や政策の摺り合わせをしていないため、大統領の任期が終わるとその政党も瓦解し、また新たな政党が誕生して多くの離党者を生むのである。

　結局、ラモス政権時の政党政治は、「虹の同盟」という連立政権を維持するために、旧来の社会・経済的エリートが中心の議会に妥協し、彼らの力を削げず、包括的税制改革などの重要政策は実施できなかった（Clarke 1998: 81）。

第2項　ラモス政権期の諸政策とNGO・PO

(1) ラモス政権期の国家—NGO・PO関係の進展

　ラモス政権は、アキーノ政権以上にNGOやPOとの戦略的同盟関係強化が必要だったが、その理由は2つあった。1つは、NGOやPOが86年以上に重要な政治勢力となっていたためである。ラモスは92年大統領選で23％の得票しか得ておらず、アキーノより人気はなく、下院でもラモスの政党は当初多数派を形成できなかった。そのためラモスは、2000年までにフィリピンが新産業国家（Newly Industrialized Country: NIC）の地位を獲得するという成長指向の経済政策「フィリピン2000」を支持する社会的同盟者を募る必要があったのである。そのため、ラモスはNGOとの同盟関係を制度化し、非公式的にも接触した。2つ目は、フィリピン2000達成のために、財界、労働界、NGOやPOと戦略的同盟関係を結び、輸出指向の経済成長と貧困層を当時の50％から30％に削減しようとしたことである。つまり、パイを拡大し、それをより公正に分配しようとしたのである。ラモスはこの目標達成には3つの障害があると考えていた。1つは、競争力のない非効率的で自己満足的な企業、つまり経済界の独占の存在、2つ目に国家機構内部での汚職、3つ目に経済インフラの質の悪さだった。これらの障害を除去することで彼はフィリピン2000を達成しようとしたのである。実際、92年閣議で決定した93-98年中期開発計画でこの内容が謳われており、その中では、その起草に参加したNGOやPOとの戦略的同盟関係も含まれていた。この中期計画では、社会・経済的発展へ向けた民間の役割拡大、他の東南アジア諸国よりは既に小さかったが、政府機構のスリム化も目指した。実際、ラモス政

権は1人当たりGNP1000ドルの達成目標を達成し、外資導入を促進し、政府の貧困ラインで当時の50％を35％に下げ、政府資産と機構の民営化でも、94年だけで19億ドル相当の民営化に成功した。だが、政府が自由化や規制緩和を実施しようとしたものは、87年憲法のナショナリスト経済規定のために最高裁で差し止められ、大土地所有エリートは税制改革法案に抜け道を作り、既存の寡頭らが国会議員の議席などを世襲するのを防ぐ反王朝化法案も96年までには下院で妨害された。

　ラモスのNGOやPOとの関係強化手段の1つは、NGO指導者の閣僚起用だった。PBSP会長のエルネスト・ガリラオ（Ernesto Garilao）を農地改革相、環境NGO活動家のエンジェル・アルカラ博士（Dr. Angel Alcala）を環境天然資源相、フィリピン農村地域再建運動（PRRM）と姉妹組織の国際農村再建機構（International Institute for Rural Reconstruction: IIRR）元会長ファン・フラヴィエール博士（Dr. Juan Flavier）を保健相に任命した。また、サルバドール・エンリケス（Salvador Enliquez）は予算管理相で留任した。

　2つ目の手段は、全国のNGOやPOとの接触だった。彼は、テレビカメラやジャーナリストを引き連れて諸州を歴訪し、NGOやPOを訪問した。

　3つ目にラモスは、各種委員会を設置し、そこでNGO、POとの協力関係を構築した。ラモスは92年7月、農村地域開発大統領委員会（Presidential Council for Countryside Development: PCCD）を設置して、政府機関とNGO、PO、民間企業をつなぎ、農村地域開発を促進しようとした。93年1月、5つのNGOは、800万ペソ相当を農村地域開発大統領委員会から受け取り、戦略実施を支援した。この資金は、フィリピン援助委員会を通じて米国国際開発庁やフィリピン開発銀行（Development Bank of the Philippines）が提供したものだった。また、同年ラモスは、持続可能な開発のためのフィリピン委員会（Philippine Council for Sustainable Development: PCSD）を設置した。これは、国連環境開発会議への対応として、環境NGOと協力して設置したものだった。

　4つ目にラモスは、司教・企業家会議（Bishops'-Businessmen's Conference）や保守的NGO、60のPOの協力を得て、93年に「社会協定（Social Pact）」を実施した。

ラモスのNGO、POとの関係強化の5つ目の手段は、政策の中にNGOやPOが重視する問題を取り上げ、その解決策を示し、実際にNGOやPOと協力することだった。ラモスは94年6月に社会改革課題（Social Reform Agenda）を打ち出し、93-98年中期開発計画の一部として、優先社会開発政策を実施し、貧困への対応を始めたが、政策形成のために新設された社会改革委員会（Social Reform Council）には国家経済開発庁（National Economic Development Authority: NEDA）やNGOも参加していた。この中で社会開発のための予算の割合は一定程度増額され、政策の執行も実際に行われた。それに対しては、NGOコミュニティも一定の肯定的評価をした（Clarke 1998: 77-79）。

(2) ラモス政権期の国家—NGO・PO関係を阻害したポークバレル政治

フィリピン政治の永続的で進化するパトロネージュ的特質は、政府—NGO、PO関係とNGOコミュニティそれ自身を損なうことにもなった。新地方政府法成立と同年に成立した辺境地域開発資金（Countryside Development Fund: CDF）は、ポークバレルを新たに強化したもので、上下両院議員が彼らの選挙区での開発を直接行う予算と配分の権限を持つものだった。96年までには、辺境地域開発資金は29億5200万ペソになり、各下院議員に1250万ペソ、上院議員に1800万ペソ、そして副大統領に2000万ペソが毎年支給されることになった。また、大統領には、大統領社会資金（Presidential Social Fund）があった。その使途は、中央政府が地方で行う政策の部分的資金手当てやNGOおよびPOへの資金手当てだったが、使途の優先順位決定には、政治家が大きな影響力を行使できた。そのため、最も純粋な形でポークバレル政治を代表するものであり、選挙などで支持するNGOやPOに対して政治家が報いることを可能にする制度だった。また、大統領との関係では、大統領社会資金の額を小さくすることで、NGOやPOとの戦略的同盟関係を阻むものが政治家の辺境地域開発資金だった（Clarke 1998: 80）。更にラモスは下院議会の支持を得るため、94年に新たなポークバレルの制度、下院イニシャティブ・アロケーション（Congressional Initiative Allocation: CIA）の規定を設けた。これは、多くのポークバレル規定を融合させたもので、政府資金を上下両院議員と正副大統領に配分するものだった。それにより、各

議員は自分が推す計画に政府資金を流せるようになった。96年予算では、下院に122億3000万ペソ、上院に102億2000万ペソ、大統領に12億ペソが配分された。また、下院議員の中では、議長に3億ペソ、3人の副議長と下院予算委員会議長に1億5000万ペソずつ、同委員会の副議長6人に1億ペソずつ、同委員会委員70人に7000万ペソずつ、そして7000万もしくは5000万ペソずつを下院議員に配分することが提案された（Clarke 1998: 81-82, 226, end note 38）。

このようなポークバレル資金に対して、進歩的、または左派的NGOは農村地域開発資金利用手続きを行わず、下院議員はNGOに支出する農村地域開発資金に問題を抱えることになった。そのため、農村地域開発資金はエリートのパトロネージュに基づいた、またはビジネス指向のNGOの増殖を更に刺激した。実際、92年9月から95年12月までに、登録NGOの数は5万3000だったものが、7万197と32％増加したが、これはそのようなNGOの増加と考えられた。民主化直後は外国からの援助がかなり大きく、その時期に開発NGOは大きく増殖したが、86年から92年にかけてはその額は大きく落ち込んだ。それにもかかわらず、NGOが増殖したことは、一部の開発NGOの増加を除いては、その資金源として農村地域開発資金を利用した政治家のパトロネージュを受けたNGOが増殖したと考えられる。96年までには、下院議員とつながりを持つNGOまたは基金が主要な農村地域開発資金による資金手当ての仲介者として公共事業を代替的に行うようになった。大統領、または行政府とNGOの間の戦略的同盟関係は、ポークバレル政治に脆弱で、事実上の解体の危機に瀕したのである（Clarke 1998: 80-81）。

第3項　ラモス政権期の政府と共産党―NDF―NPP、そしてNGO・PO関係の文脈

　正統的マルクス・レーニン・毛沢東主義派と改革主義派の対立から分裂し、NGOやPOへの影響力も資金力も組織力も衰退した共産党―NPA―NDFは、ラモス政権と和平交渉に入った。だが、その際、彼らは教会系NGOの和平交渉促進の動きを批判した。また、彼らは、政府の指名手配リストにある幹部や組織が政府の監視が予想される元政治犯や組織と接触を続

けることで安全が脅かされる、と非難をした (Clarke 1998: 117)。

1993年にマニラ―リサール地域委員会が正式に共産党から離脱した時には、NGOやその同盟は、その多くが共産党との接触を避けるようになり、共産党やNDFではなく、NGOやPOなどの大衆組織がそのまま表に出てくるようになった。また、共産党やNDF内部では、彼らを支持するNGOの分裂を最小限に留める努力が行われた。1993年暮れ、共産党指導者のサチュール・オカンポ (Satur Ocampo) は、更なる打撃の抑止のためにも、内部の対立は内部で解決すべきと述べている (Clarke 1998: 117-118)。

だが、94年までには共産党の正統派は権威を回復し始め、分裂した者との意思疎通の維持に尽力したオカンポなどの指導者も、シソンへの忠誠を要求された。この共産党内部の分裂は、アキーノ政権発足後、公然とNDFを支持した人権NGOのフィリピン抑留者特別委員会やフィリピン人権擁護同盟 (Philippine Alliance of Human Rights Advocates: PAHRA) およびそれらの同盟に特に大きな影響を与えた (Clarke 1998: 118)。

フィリピン人権擁護同盟は、フィリピン抑留者特別委員会が1986年5月にマニラで開催した人権NGOの全国会議の後に設立した人権NGOの同盟である。1993年までにこの組織は、100を超える構成組織を誇る規模になり、フィリピンで最も重要な人権NGO団体の連合体となった。だが、この組織もフィリピン抑留者特別委員会同様、民族民主主義的指向を持っており、それには批判もあった。共産党の内部対立後は、抑留者特別委員会の同盟形成努力は難しくなり、共産党や民族民主戦線から距離を取るようになった。また、94年10月26日にフィリピン人権擁護同盟が、フィリピンの人権と民族の権利に関する宣言 (Philipipne Declaration of Human and Peoples Rights) を採択するために開催した第5回全国会議で、そこに出席した新愛国同盟傘下の28団体がその会議から退席する事態が起こった。そして、新愛国同盟は、フィリピン人権擁護同盟を政治的に中立な組織に変質させ、人権侵害に関して国家と妥協、協力するものと批判した。また、その他の組織は、起草された宣言が余りにも普遍的すぎて、フィリピンの人権擁護に適していないと非難した。その後、フィリピン人権擁護同盟を脱退して、新愛国同盟に合流する組織なども出て来た。更に95年には、抑留者特別委員会自体も分裂

し、それは大きな痛手となった。13の地域事務所（Regional Office）の内の11の地域事務所の職員が離脱した側への支持を表明し、装備や660万ペソ相当の資金を持ち出したからである。96年4月には、抑留者特別委員会は116人の職員しかおらず、予算も1880万ペソとなった。これは、93年当時の半分以下だった。そのため、データ収集を全国で行う能力も落ち、その信用を落とし、再建と人権NGO活性化努力の再開を余儀なくされた（Clarke 1998: 175-178）。

だが、95年までには共産党分裂の影響を受けて、フィリピンの主要なNGO同盟、CODE-NGOを構成する民衆の開発委員会（Council for People's Development: CPD）と開発のためのキリスト教徒の集会（Ecumenical Center for Development: ECD）がCODE-NGOから離脱した。

草の根レベルではPOも大きな影響を受けた。歴史的に最大の小作人の組織化と動員をしてきた中部ルソンでは、共産党内部の論争があった時期には約1000のPOや協同組合があると見積もられていたが、95年までにそのような組織の多くの同盟は崩壊し、農民はPOの組織化に関心を失い、POのNGOへの加入は急激に落ち込んだ。この急激な縮小は、96年までには終息を見せ、多くは規範意識を失い、弱体化したNGOやPOは、各々がかつての勢いを取り戻すべく、再建に励むことになった（Clark 1998: 118）。

共産党内部の路線対立は、それまで共産党と緊密な関係のあった多くのNGOとの関係を希薄なものにし、それらのNGO自体をも弱体化させた。また、この結果は、民族民主主義系NGOが置かれる複雑な理念的環境を示してもいた（Clarke 1998: 118）。

第3節　アキーノ、ラモス政権期のNGO・POの社会運動の特徴と政治的意義、選挙への介入

第1項　NGO・POの全国的ネットワークの形成

　86年のマルコス政権崩壊直後のNGOコミュニティは、小規模で地域に根差すものが主流だったため、政治的周縁化の危機に直面していた。マルコス政権への抵抗は、NGOが統一し、その他の政治勢力と連合する基盤を提供したが、マルコス政権崩壊とともにその基盤も崩壊し、NGOコミュニティの間での部門的（Sectoral）相違、理念的相違、地域的相違、及び個性の相違がその統一と連合への脅威となっていた。だが、1980年代後半から90年代初頭にかけて、地域に根差すNGOやPOが、地域的（Region）、また全国的（National）ネットワークの事務局となるNGOの下で多くの連合体を作って新たな社会運動を展開し、それによって政治的重要性を再び高め始めた。そして1993年には、世界でも最も組織化されたNGOコミュニティをフィリピンは持つとまで言われるようになった（Clarke 1998: 124-125）。そのようなNGOやPOの全国的ネットワークの最も顕著な例は、民衆の農地改革会議（Congress for People's Agrerian Reform: CPAR）と債務からの自由同盟（Freedom from Debt Coalition: FDC）、そしてCODE-NGOだった。図5は、CODE-NGOの組織図である。

　民衆の農地改革会議は1987年5月、地主に支配された国会との対決が避けられないことを予期して結成されたもので、12の全国的小作人組織や同盟から成っていた。この組織は、それまで長く理念的、領域的、そして地域的論争で分裂していた小作人をまとめ上げた。また、その政治的スタンスの広範さは、フィリピン政治史の中でも画期的な組織だった。この組織の形成や統一性維持に重要な役割を果たしたのは、フィリピン辺境人的資源開発パートナーシップ、フィリピン小作研究所（Philippine Peasant Institute: PPI）、そしてフィリピン農村地域再建運動などのNGOや農村地域関係フォーラム（Forum of Rural Concerns: FRC）のジョエル・ロドリゲス（Joel Rodriguez）

やコミュニティ教育サービス協会（Association for Community Education Service: ACES）のコラソン・フリアーノ＝ソリマン（Corazon Juliano-Soliman）などのNGO指導者だった。これらの組織や指導者は、会議などを開催してNGOの相互協力の雰囲気を醸成した。その後、民衆の農地改革会議は農地改革法制定の議論にも参加し、民衆の農地改革法案（The People's Agrerian Reform Code: PARCODE）を起草した。そしてそれを国会の場で可決するよう運動を展開した。彼らが起草した農地改革案は、下院の農地改革委員会議長のボニフィシオ・ギレゴ（Bonificio Gillego）や後の農地改革相のフロレンシオ・アバッドなどの関心を引き、マスコミの注目も引いた。また、87年憲法規定では、住民からの国民投票実施の請願は登録有権者の10％の署名で可能になっていたため、民衆の農地改革会議は250万人の署名を集めて彼らの農地改革案を認めさせるため、国民投票を実施しようとした。この運動は、マスコミでも取り上げられ、全国的な関心事となった。この運動は、この種のものとしては初めての動きだった（Clarke 1998: 124-125）。

　FDCは、1980年代から90年代前半の対外債務問題の政治過程に大きな影響力を行使した。1988年、フィリピンの総債務額は280億ドルに上り、国民1人当たり1万ペソの債務を抱える程だった。89年には、その債務の利払いだけで36億7000万ドルにおよび、フィリピンの全輸出の17％を占めた。この状況下でFDCは、諸外国政府や国際機関の債権者にもっと強い態度で臨むよう政府に圧力をかけるため、88年3月に設立された。その構成組織、個人は主要な政治的派閥を網羅した。また、この組織には、フィリピン農村地域再建運動やフィリピン政策研究センター（Philippine Center for Policy Studies: PCPS）などのNGOが仲介者となって事務的作業を支援し、複雑な問題に関与できるよう必要な調査を行った。また、この組織は、民衆の農地改革会議の支持を受けている国会議員に助言を行った。88年3月のFDCの全国会議には、90のNGOやPOが参加したが、これは分裂的なフィリピンのNGO-POコミュニティに一定の統一性が現れた新たな動きだった（Clarke 1998: 125）。民衆の農地改革会議もFDCも、目的達成には至らなかったが、成果もあった。民衆の農地改革会議は、農地改革に関する国民投票実施のためにほぼ100万人分の署名を集め、89年には、米の政府支持価格

（Government Support Price）を、3ペソから6ペソに引き上げさせた。FDCは債務に関する議論の全国的啓蒙活動で一般国民の債務への関心を引き、認識を深めさせた。また、世界的反債務キャンペーン継続を支援した。その結果、米国はブレイディ計画（Brady Plan）導入を余儀なくされた。そして88年には90の地域に根差したNGOやPO、そして政治団体が加盟していたFDCは、92年には250団体にまでその構成団体を増やし、ナガ、イロイロ、またセブ市に3つの地域的（Regional）同盟も形成した（Clarke 1998: 125-126）。

CODE-NGOは、1990年5月、13ある全国的NGOネットワークの内、10のネットワークが参加して組織化された。図5（119頁）は、その組織構造である。この組織は、91年には、1500の地域に根差すNGOやPOを組織化したが、それが93年7月には、地域的なネットワークが加入することで、3500のNGOやPOが参加するまでに成長した。この組織の形成には、4つの要因があった。

1つは、突然変異NGOが相当数増殖し、多くの開発NGOは、NGOの定義を明確にし、NGOの価値低下を避け、社会開発の範疇を明確にする必要があったことである。このようなCODE-NGOの努力の最初の成功事例は、この組織が、フィリピンの開発に対する代替的構想を促進する一里塚となった、フィリピンの開発に関する覚書（Covenant of Philippine Development）を91年に採択したことだった。2つ目の理由は、政府や援助国がその考え方を押し付けようとすることに、多くのNGOが団結し、調整することで、彼らの開発への考え方を明確にして対抗しようとしたことである。また、援助する側も、フィリピンのNGOコミュニティが小規模NGOのばらばらな集団となっていることで、その協力に困難を感じていたことも1つの理由だった。そのため、CODE-NGOを形成して、中央政府や援助国、更に外国のパートナーとの関係を強化しようとしたのである。3つ目の理由は、86年以降NGOは増々政策提言（Advocacy）などを展開し始めたが、農地改革のような問題へのキャンペーンが失敗し、集団的活動が必要と感じたことがあった。4つ目の理由は、80年代にNGOネットワークは新愛国同盟や社会民主主義者同盟、そしてBISIGの3つの左派系政治団体の効果的な理念伝達の媒体となっていた。そのため、CODE-NGOの10の全国的ネットワー

クはたいてい特定の政治的立場を取っていたが、CODE-NGO 設立で、「選挙への参加とボイコット」に関するレッテル張りを避け、左派内部の論争から距離を置こうとしたのである（Clarke 1998: 126-127）。

これら以外にも、全国レベルで形成された NGO や PO の同盟はあった。86年以降、環境 NGO が増殖したが、その時4つの NGO の同盟が形成さ

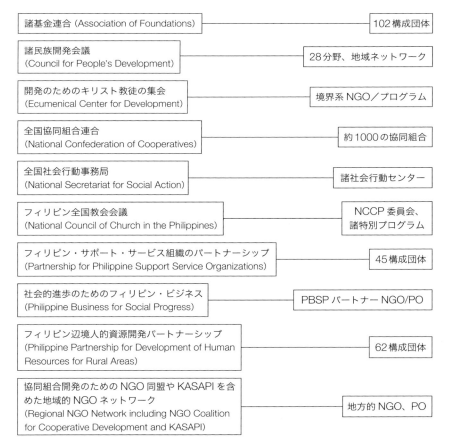

図5　NGO 従事者のための開発の執行委員会の組織構造（CODE-NGO）

Source: Clark, Cerald, 1998. *The Politics of NGOs in South-East Asia: Participation and Protest in the Philippines*, Routledge, p.128.

れた。88年に形成されたフィリピン生態系ネットワーク (Philippine Ecological Network: PEN)、90年に形成された、持続可能な農業同盟 (Sustainable Agriculture Coalition: SAC)、フィリピン環境行動ネットワーク (The Philippine Environmental Action Network: PEAN)、フィリピン緑のフォーラム (Green ForumPhilippines: GFP) である。環境主義は、伝統的、非伝統的活動家の双方を統一する問題と認識され、資金の問題や指導力のなさ、低い技能、そして政治的戦略のなさにもかかわらず、92年に、フィリピン緑のフォーラムだけで200の地域に根差したNGOを抱えていた。それは、環境NGOの統一性や技能の向上をも示していた (Clarke 1998: 127)。

　また、地域レベル (Region) で形成されたNGOネットワークもあった。ミンダナオ開発NGO同盟 (The Mindanao Coalition of Development NGOs: MINCODE) がそれである。この組織は、直接的関係はないが、CODE-NGOに触発されてできた組織で、ミンダナオ全域を網羅する11のNGOネットワークから成る組織だった。またこの組織は、多国間フィリピン援助計画連合 (Multilateral Philippine Aid Plan Consortium: PAP) が支援した、南コタバト、カガヤンデオロ、イリガン産業回廊計画 (South Cotabato and Cagayan de Oro-Iligan Industrial Corridor Program) へのNGOの対応の統一を目的に設立された。93年のミンダナオNGO-PO会議では、この組織は開発課題統一の合意を形成できず、計画への反対キャンペーンでも統一行動を取れなかったが、NGOやPOがその後地方政府や選挙キャンペーンで奨励した代替的開発計画の準備をするなどの成果も挙げた (Clarke 1998: 129)。NGOやPOの全国的、地域的ネットワークが一定の成果を上げたことも重要だが、更に重要なことは、合法的大衆運動の全国、または地域レベルの同盟形成が難しかったフィリピンでそれができたことそのもので、それ自体、大きな進歩だった (Clarke 1998: 126)。

第2項　アキーノ、ラモス政権期のフィリピンの社会運動の変容の要因とNGO・POの政治的意義

　アキーノ政権以前のフィリピンには、既に大衆運動やその動員の歴史があった。小作や労働組合運動が、農業エリートが支配し、農村の貧困層の利益を反映しない経済や政治制度に対して、大衆的抵抗運動や武装闘争を展開

第2章　アキーノ、ラモス政権期のフィリピンの政治、社会変容

してきたのである。これらの運動は、1930年代のサクダル党の運動や40年代後半から50年代のフク団の運動のように、主に中部ルソンで展開された。また、その運動は、一定の地域的広範さと階級的色彩を持ち、理念的にも比較的類似性のあるものだった（Clarke 1998: 121-123）。

　だが、70年代から80年代の経済、社会、そして政治的変化は、大衆運動や動員の本質を根本的に変えた。そして80年代後半以降の社会運動は、労働組合や小作団体、学生団体以外にも、分野ごと、または問題（Issue）ごとに分かれたNGOやPOが多数出現したように、複雑な制度的、または組織的類型の混合物となり始めた。つまり、NGOやPOが、開発や平和、エンパワーメントなど、新たな比較的理念性の少ない進歩的領域でより具体的な部門ごとの課題に焦点を絞り始めたのである。その問題の内容は、従来の運動の単一的関心や地方的性格を脱したより大きな開発の問題に取り組むもので、それらは、NGOやPOがフィリピンでの先進的実践の新たな最前線となったことを意味した。だが、動員のあり方を見た場合、NGOやPOの動員は、比較的狭い範囲の人々を動員するに留まるようになり始めた（Clarke 1998: 121-123）。

　フィリピンでのNGO、POによる民衆組織化の重要性の高まりの背景には、4つの要因がある。1つは、準封建的生産関係、社会形態から資本主義的生産関係と社会形態への移行である。1990年から91年にかけて、フィリピン社会は、農業と漁業、そして林業がGNPでは22％しか占めていないにもかかわらず、労働力人口のほぼ半数を吸収し、57％の人口が農村に居住していた。この意味でフィリピンは未だに農村社会だったのである。だが、農村のエリート層は未だに頑強であり続け、国家とエリートの間では権力は水平的に拡散していたが、社会のより広範な基盤への経済、政治的権力の垂直的拡散はなかった。この行き詰まりが改革への障害となり、NGOの重要性を高め、その政治化を増々刺激したのである（Clarke 1998: 121-123）。

　2つ目の要因は、フィリピンの文化的、地理的条件から来るものである。フィリピンは島嶼国であり、文化的にも小集団的近親性を維持してきた。また、地理的に集中した工業部門もなかった。これらは全て左派系の大衆政党の出現を阻むものだった（Clarke 1998: 123）。

3つ目の要因は、政党政治の機能不全のために、NGO がその空白を埋める必要があったことである。1946年から72年まで、フィリピンではナショナリスタ党と自由党の2大政党制的状況が継続したが、両党間に理念的相違はなく、党内の結束は弱く、個人的利益のための党籍変更が頻発し、党員の基盤は脆弱だった（Lande 1965: 1）。したがって、政党は、その多くが農業に依存する少数の有力一族の利害を代表する選挙母体としての意味しか持たなかった。戒厳令体制下では、工業やサービス業が拡大し、農業が衰退、経済的利害が多様化したため、2大政党が依存した社会構造を大きく変えたと言える。また、政治的にも戒厳令体制下での経済的機会を掴むことができたエリートと排除されたエリートの間に亀裂が入り、エリートにも利害の多様化が見られるようになった。だが、1981年の戒厳令撤廃後に一院制議会が導入されて以後も、エリート間の社会的亀裂が政党政治に反映されただけだったのである。マルコスの新社会運動と反マルコスエリート諸政党は、理念的基盤が脆弱で、主にマルコスと親マルコス派、また反マルコス派の有力者、または有力一族の利害を助長するマシーンにしかなり得なかった。そのため、それまで永続的な基盤を持たない地方レベルでの党員拡大も見られず、民衆にとっての課題を解決するための真剣な政権公約も見られなかった。政党はエリート層の選挙マシーンでしかなかったのである。アキーノ政権とラモス政権では、エリート層以外の利害が一定程度政党政治にも反映されたことは確かだが、それは、それまでのフィリピンの政党政治の本質を変更するものではなかった。結果として、NGO や PO は、労働者、小作、周縁化された部門、そして政党政治制度から伝統的に遠ざかっていた中間層の政治的ニーズを明確にし、動員するという重要な役割を担うことになったのである（Clarke 1998: 122-123）。

　4つ目の要因は、組織的要因が NGO や PO の政治的重要性を高める基盤を作ったことである。先ず、NGO や PO は、多国間援助や先進国の ODA、NGO から資金を得ることができる。また、これらにより、フィリピン国内の民衆組織がその会員などから集める諸資源を減らすことができる。次に、諸資源が豊富な NGO は、その組織自体を訓練の場にし、社会運動に必要な指導者や構成員に対して雇用の場を提供することができる。3つ目に、

NGO は、効果的サービス提供を行うことで、他の政治的アクターに彼らの正当性を示すことができるため、サービス提供における直接的経験がより政治活動のための踏み台となる。同様に、直接的経験は、NGO により明確に概念化され、より全体的に調査され、記述され、そしてより実践的な現実に基づいた政治活動について知識を与えるのである。4つ目に、大きく分裂しているフィリピンの左派系団体が相互に協力し合う姿勢を見せ始めてきた中で、自立した誠実な仲介者として振る舞う NGO やその指導者が左派系政治団体の協力促進にとっても必要とされ始めていることである。5つ目に、その命令系統から次第に独立性を持ち始めているとはいえ、民族民主主義運動にとって、NGO は重要な合法的前線組織であり続けていることである（Clarke 1998: 123-124）。

　カークフリート（Benedict Kerkvliet）が村落レベルの政治で、小作が、支配的権威のパターンに抵抗する「日常の政治」を記述したが、それは、小作が組織化の機会がなかったことや支配的権威のパターンの中で、それに適応したことに由来するものだった。だが、80年代後半までには、民衆の農地改革会議や FDC などの、問題ごとの社会運動（Issue-Based Social Movement）に NGO や PO が参加することで、地方レベルでの運動と全国レベルでの議論をつなぐ重要な仲介組織となったのである（Clarke 1998: 126）。

　NGO や PO が全国レベルでのネットワークを形成することで、それまで政治的には取るに足らない存在だった小作や労働者、その他の貧困層などが、政治的発言力と影響力を強め始めたのである。ここに、NGO や PO、そしてそれらの同盟の政治的意義がある。

第3項　アキーノ、ラモス政権期の NGO・PO の選挙への介入

　86年の民主化以後のアキーノ、そしてラモス政権期の NGO、PO コミュニティは、その形態や目的のみならず、政治的指向も多様性があり、相互に対立すらした。だが、そのような多様性にもかかわらず、政治的に大きな役割が期待されたことも確かだった。また、NGO が社会、経済、そして政治的構造転換を引き起こす勢力になるなら、NGO は選挙に参加する必要もあった（Clarke 1998: 97, 129-130）。また、実際に NGO や PO は、社会運動

を展開して政治過程への影響力を持つことのみならず、政治活動にも積極的に取り組み始め、既存の政治活動を行う左派系団体から比較的独立した形で政治運動を展開し始めた（Clarke 1998: 126）。

1991年1月には、CODE-NGO とフィリピン―カナダ人的資源開発プログラム（Philippine-Canada Human Resource Development Program: PCHRD）は、民主主義形成における NGO の役割に関する全国会議を主催し、選挙過程の5つの領域で NGO が参加することに合意した。それは、第1に、選挙改革への政策提言、第2に、人々の選挙への意識向上、第3に、選挙で一般民衆の課題を前進させること、第4に、選定された候補者を擁立し、その候補者のためにキャンペーンを行う直接的参加、第5に、選挙後の監視とその評価だった。また、これらの活動実施に必要なこととして、第1に、NGO の訓練プログラムに選挙での意識向上を組み込むこと、第2に、NGO 内部での選挙委員会設置、第3に、候補者選定基準の設定、第4に、一般選挙民への助言、第5に、選挙監視活動実施を通じた不正防止、誠実な選挙の実現、第6に、当選した候補者の動向を監視するための多分野にまたがる団体（Multi-Sectoral Group）の設立だった（Melegrito and Mendoza 1999: 248-249）。

だが、1992年5月選挙以前には、NGO は彼らの増大する政治的影響力を選挙過程に反映させたことはほとんどなかったため、人民党から出馬したフィリピン農村地域再建運動のオラシオ・モラレス（Horacio Morales）を含め、多くの NGO や PO の指導者が立候補したが、そのほとんどが落選した。人民党の民族民主主義的キャンペーンに国軍や教会からの妨害があっただけでなく、彼ら自身、地方レベルでの勝敗が選挙の勝負を決するフィリピンにあって、それを理解していない全国キャンペーンをしたためである。87年選挙で人民党は、80％の選挙資金をキャンペーンに使用し、20％のみを投票監視活動や投票の集計に使用したが、そのために人民党の投票監視人（Poll Watcher）は、食事の日当も、食事自体も支給されず、投票監視人の交代もなかった。そして、1987年の上下両院議員選挙ではわずかな候補者が新たな政治へ向けた同盟（Alliance for New Politics: ANP）から当選しただけだった。1988年の地方選挙も、選挙関連の暴力で死亡する候補者がでたことに加え、資金と選挙組織の不在のために落選する者がほとんどだった

（Clarke 1995: 177, Clarke 1998: 130）。

　だが、1992年には、87年に比べてNGOはその規模が拡大し、選挙関連知識を蓄積し、初めて組織的に選挙に臨んだ。この時期、改革指向を持って選挙戦で候補者を立てようとした勢力には、大衆民主主義のための運動（Movement for Popular Democracy: MPD）と理論と実践における社会主義進展のための連合（BISIG）、そして社会民主主義者同盟（Democratico Soyalitang Koalisyon: DSK）の3つの政治的団体があった。この時、これらの政治的支持構造は脆弱なものでしかなかったが、これらの団体は、選挙戦に楽観的な見通しを持っていた。その理由は、メディアによくアクセスする比較的若い選挙民の存在や非伝統的団体、特にNGOの人気が上回るとの信念、教会勢力が選挙でのテロリズムや脅し、そして賄賂を抑止する決意を表明していたこと、改革指向の候補者がそれ以前に成功していたこと、有権者登録のための伝統的メカニズムの統一性が衰えていたことだった（Clarke 1998: 130, Clarke 1995: 179-180）。これら3つの政治団体は、支援を提供するNGOとともに市民行動党（Aksyon ng Sambayan: AKBAYAN）を結成して、MPDが調整したプロジェクト92と、社会民主主義同盟が社会主義フィリピン鋳造所（Pandayan parasa Sosyalistang Pilipinas: PANDAYAN）を主要な構成団体として主導したプロジェクト2001の2つの主要なNGOの選挙における同盟を結合した（Clarke 1998: 130）。

　市民行動党は独自の候補者擁立はしなかったが、自由党とフィリピン民主の戦い、そして国民の力党の連合を国政レベルでは支持し、ホビト・サロンガとアキリノ・ピメンテルを彼らの正副大統領候補とした。市民行動党の支持は、3党連合にとっては死活的に重要なものとなった。選挙戦序盤にオーリー・メルカド（Orly Mercado）、エルネスト・マセダ（Ernesto Maceda）、そしてテオフィスト・ギンゴナ（Teofisto Guingona）が離党し、エストラーダのフィリピン大衆党との連合の試みが不調に終わると、3党連合への財界からの資金的支援がなくなったからである。市民行動党の支援がなかったら、自由党とフィリピン民主の戦い、そして国民の力党の連合は、地方での選挙キャンペーンに資金的手当てができず、有権者の動員と選挙の集計センターでの監視を行える全国的な政治的支持構造を手に入れることができなかった

と考えられている（Clarke 1998: 130-131）。下院議員に立候補する伝統的政治家はキャンペーン自体に通常選挙資金の50％程度しか費やさない（Clarke 1998: 130-131）[21]。各選挙区での候補者の支援の他、市民行動党は、3党の公認で、元下院議員、農地改革相のフロレンシオ・アバッド上院議員候補もNGO活動家として支援した（Clarke 1998: 131）。

市民行動党や3党連合の楽観的選挙への見通しにもかかわらず、選挙の結果は良くなかった。大統領候補のサロンガは投票総数の9％の230万票しか獲得できず、7人の大統領候補の中で6位だった。この結果は、伝統的政治のあり方の勝利とも言えた。上院議員選では、アバッドは180万票を獲得して、24人の議席を争う上院で38位に甘んじた。地方レベルでも市民行動党は惨敗した。市民行動党が支援した市長候補で当選したのは5人で、3人はMPDの候補で、残りの2人はBISIGと社会主義フィリピン鋳造所の候補が1人ずつだった。副大統領候補のピメンテルも全くの惨敗だった（Clarke 1998: 131）。

市民行動党のこの失敗には多くの理由があった。第1に、1992年時点では、NGOやPOがフィリピン社会の中でそれ程影響力をまだ持ち得ず、大統領選挙で彼らの候補者を勝利に導くことが難しかったことがあった。彼らは、最低限度の資金しか持たず、全国的知名度のある者もおらず、全国レベルでの同盟を地方でも構築できなかった。第2に、NGOが、選挙への介入のあり方や対立する左派系団体と分裂していたことがあった。プロジェクト2001はCODE-NGOの正式なプロジェクトとして選挙に介入したものだったが、同盟内での政治的立場の幅の広さのために、選挙での介入形態と程度における合意が難しく、内部で緊張関係を生んだ。CODE-NGO内部では、

---

21 平均的な州では、当選には200の投票区から3万票、1つの投票区から150票の票が必要になる。そして各投票区に候補者は、その候補者に投票する有権者を識別し、お金を渡すことに責任を持つ1人の代表を置く必要がある。そのお金は、1人の有権者に200ペソ、1投票区の総額が3万ペソ、そして全体の総額が600万ペソとなる。だが、政治家は全ての票を買収する必要はなく、恐らく2万票で当選できる。それで買収の費用は400万ペソにまで圧縮できる。必要なことは、投票区中心のアプローチで、2、3人を各投票区に投票の1、2週間前から配置し、2人が各々、毎日、1人か2人、特定の候補者に投票するよう説得するのである。伝統的政治家にとってこれは費用のかかるものだが、NGOの構成員にとってこれは労働力を必要とするものだった（Clarke 1998: 131）。

諸基金連合（Association of Foundations）は正式な参加を差し控え、その他の組織はその参加を有権者教育と動員に限定した。他方、フィリピン辺境人的資源開発パートナーシップのように特定の候補者を直接支持する団体もあった。第3に、市民行動党は民族民主主義派の人民党との暫定協定を結ぶことができず、左派系団体は分裂したままだった。第4に、NGOや左派系団体は、選挙キャンペーン開始が遅すぎたため、その効果がなかったことがあった。第5に、NGOは、彼らの強みであるコミュニティの動員や有権者教育、そして開票監視活動などがうまく活かせるのは地方レベルにもかかわらず、国政レベルに重きを置きすぎたことがあった。第6に、フィリピンの伝統的パトロネージュ政治が根強く州レベルの選挙キャンペーンで残っており、NGO勢力がそれらに吸収されてしまったことがあった。92年選挙でNGOが既存の政治家の支持のために広範に利用されているという疑念は、93年6月にラモン・バガツィン（Ramon Bagatsing）が92年包括選挙関連法（Omnibus Election Code of 1992）の改正法案を下院に提出した時、更に強まった（Clarke 1995: 179-180, Clarke 1998: 132）。

　だが、NGOが支持する候補者も僅かながら当選した地域もあった。ソルソゴン州（Sorsogon Province）のイロシン町（Municipality of Irosin）では、NGO活動家の候補者が市長や副市長、そして市町議会議員に7人当選した。このような候補者の当選は、政党がNGOやPOを引き付ける、または吸収する意図があったことや、NGO、POの側も伝統的政治と非伝統的政治の混合を狙っていたことを物語っていた。実際、NGOやPOの候補者は国民の力——全国キリスト教徒民主主義者連合や民族主義者同盟、自由党から公認を得るだけでなく、資金も獲得していた。セブでは、25%のNGOがプロジェクト2001に加入した。また、その他のNGOは、市民行動党には属さず、統一農村部門選挙同盟（United Rural Sectors Electoral Coalition: URSEC）を支持した。統一農村部門選挙同盟は開発NGOの要求を反映する社会契約（Social Contract）への署名を求め、92年5月1日には、セブ市最大の選挙集会の1つで、フィリピン民主の戦いの知事、副知事候補者のヴィセンテ・デ・ラ・セルナ（Vicente de la Serna）とアポロニオ・アビネス・ジュニア（Apolonio Abines Jr.）がNGOやPOの支持を受けるために実際に署名した。2人は実際

に当選し、93年半ばまでには、統一農村部門選挙同盟の構成員が2人に会って、社会契約実施を監視した（Clarke 1998: 132）。

　92年選挙での失敗は、NGOの将来的選挙への見通しをより現実的なものにした。伝統的政治へのオルターナティブは決して伝統的政治を必ずしも全て否定する必要はなく、主流の政党とのつながりを持って、その諸資源を利用する必要があると考えるようになったのである。また、将来の選挙に向けて、国政レベルの期待を縮小して地方レベルに焦点を絞った新たなNGOの政治的プロジェクトとして、NGOとは区別した政党が必要だと考え始めた。また、将来的には、NGOやPOは、地方政府への継続的参加、活動の焦点の縮小や多部門主義（Multi-Sectoralism）、そして選挙における訓練やNGO、PO間での意識化に高い優先順位を与えた活動を行うべきと考えるようになった（Clarke 1998: 133）。

第4節　アキーノ、ラモス政権期の国家・政治・社会構造変容の結論

　アキーノ、ラモス期は、政治構造に関しては、明らかに戒厳令以前の体制に戻った。先ず、米国をモデルとした上下両院が形成され、下院には小選挙区制度が導入された。次に、政党も、2大政党制と脆弱な多党制という違いはあったが、戒厳令期以前の性格を基本的に取り戻した。つまり、主要な政党には、政策や理念が基本的には存在せず、党員の基盤もエリート層に留まり、中間層や貧困層はそこで重要な役割を担っていない。そのため、政党が、エリート層が選挙で当選するためのマシーンとしての意味しか持ち得ないのである。選挙での政治的支持構造はいわゆるP-C関係や政治マシーンに基づく派閥で、票の買収、脅し、政治的殺人が頻繁に行われている。3つ目に、

そのような制度の下で実際に議員となったのは、戒厳令以前のエリートや新興の富裕層が中心だった。4つ目に、そのような脆弱な多党制の中での選挙のためのマシーンにしか過ぎない政党の間では、より多くのポークバレルなどの国家資源を獲得するため、「大統領の政党」への党籍変更が横行していたのである。
　だが、政治構造は戒厳令体制以前に回帰したものの、社会構造はかなり大きな変容を見せた。NGO や PO が著しく増殖し、それがマルコス政権以前とは異なる社会運動を展開したからである。マルコス政権期までは、社会運動は、教会勢力など、開発 NGO 的運動が存在したことは確かだが、主要な社会運動は、民族民主主義勢力や社会民主主義勢力が、理念に基づいた政治的運動を展開しており、階層的にも、それを支える社会勢力は固定的だった。だが、アキーノ政権以降は、NGO や PO が様々な部門に即した運動を展開し、階層性と理念性の比較的薄いものが著しく増加したのである。そして、そのような NGO や PO は、それまで地域的、文化的、そして政治的にも分裂的だった社会運動を1つにまとめ上げた全国的ネットワークを形成し始めた。これは、アキーノ政権期以降の社会運動の著しい特徴である。
　そして、そのような NGO や PO は、フィリピンの政治的、社会的問題を根本的に解決すべく、政治にも運動の裾野を広げ始めた。それが、BISIG や MPD、そして社会民主主義者同盟などが形成した市民行動党などによる選挙への介入、つまり候補者の擁立だった。
　このような新たな社会運動の形が生んだ「新しい政治の形」は、「民主的政治」とも言い換えられる。何故ならば、既存の政治は票の買収や脅し、政治的殺人を行うが、新しい政治は、政策や理念を選挙民に伝え、説得し、同意を得る形を取っているからである。その意味では、この NGO などの動きは、フィリピンの政治的発展を示すものと言えよう。
　だが、このような新しい政治には、当然多くの問題や対立があったため、簡単に成功したわけではなかった。だが、少なくとも、地方レベルで成功した地域は存在した。それは、これまでのフィリピン地方政治・行政研究の中で語られたことのない、新しい民主的政治の支持構造の誕生であり、かつ民主的地方政治権力の誕生であった。

第 3 章

ジェネラルサントス市の概要

第1節　ジェネラルサントス市の地勢

　ジェネラルサントス市は、地理的には、マニラから1050キロメートル南東、セブ島の485キロメートル南東、そしてダバオの150キロメートル南西に位置し、ボルネオ島は625キロメートルしか離れておらず、マニラからの半分の距離に位置している。市の総面積は、5万3606ヘクタールで、それは第12地域の1.7%、フィリピン全体の0.17%を占める。また、地形は、広大で平らな土地が市の北西に広がり、緩やかな傾斜を持つ土地が市の総面積の46%を占める。その北方には、海抜2293メートルのマトゥトゥム山（Mt. Matutum）がそびえ立ち、南コタバトの南西部には、海抜2040メートルのパーカー山（Mt. Parker）がそびえ立っている。

第2節　ジェネラルサントス市の歴史

　このような位置にあるジェネラルサントスは、現在南コタバト州の一部を地理的に構成する地域で、その歴史を見ることは、現在の南コタバト州のみならず、ミンダナオ全体の歴史を見ることなしには語ることはできない。ここでは、ジェネラルサントス市の歴史を概観する中で重要な要素となる移民の歴史を先ず概観して、その住民構成、エスニシティの多様性、または社会・人口統計学的特徴の歴史的形成過程を概観する。
　ジェネラルサントス市が作成した開発計画の概要に拠れば（General Santos

City<a>: 1-2, General Santos City <b>: 1)、現在の南コタバト州を構成する地域は、15世紀以前は、ブラアン（B'laans）、マノボ（Manobos）、タガビリ（Tagabilis）などの少数のエスニック・グループが住んでいただけの地域だったが、15世紀に入る頃、アラビア方面からサリフ・カブンスアン（Sariph Kabungsuan）に率いられたイスラム教徒のグループが移住し、この地域にイスラム教を普及させ、ムスリム系のエスニシティが住むようになった[1]。また、その際には、宗教とともにダトゥイズム（Datuism）もこの地域に導入されることになった[2]。これらのエスニシティが、現在ミンダナオ地域で先住民として考えられている人々である。16世紀以来、スペインはフィリピンを植民地化し始めたが、19世紀終わりまで、その支配がミンダナオ地域に実質的に及ぶことはなかった。度重なるスペインの植民地化の試みに対して、ミンダナオのイスラム教徒がマギンダナオ・スルタン領（Maguindanao Sultanate）を中心に抵抗し続け、約300年の間、スペインによる植民地化を許さなかったのである。いわゆるモロ戦争である（Majul 1985, 1999, Tan 1977, 1993, Gowing 1979, 1988, George 1980, Noble 1975, 1978, Che Man 1990, Muslim 1994, Mckenna 1998）。

　キリスト教徒のルソンやビサヤ地方からの移民がサランガニ湾に沿ってこの地域に植民してきたのは、米国がフィリピンを植民地化した後、20世紀初頭になってからのことである。1898年の米西戦争、その後の比米戦争（The Philippine-American war）以後、米国がフィリピン全土を植民地化し、この地域をも実効支配するようになった。その後米国は、フィリピンのその他の地域とミンダナオを分割して支配し、ミンダナオ地方には1903年にモロ州（Moro Province）を設置し、軍政を開始した。その後この地域を統治する政治・行政制度は、行政のフィリピン人化が進む中で変容していくことに

1　サリフ・カブンスアン（Sariph Kabungsuan）の綴りは、上記の開発計画ではこのようになっているが、フィリピンのイスラム教徒の歴史を研究するセザール・アディブ・マフール（Cesar Adib Majul）は、Sharif Muhammad Kabungsuan と記述している。また、マフールは、フィリピンにおけるイスラム教徒の移民についてその著書で詳細な検討を加えている（Majul 1999: 56-78）。
2　ダトゥイズムとは、族長支配のことを言う。

なる。モロ州はミンダナオのかなり大きな部分を版図とする広大な州であったため、ルソンやビサヤで形成された州などとはその面積も人口も全く規模が異なっており、その面積は通常のルソンやビサヤの州の4倍ほどもあった。だが、それにも拘らず、その人口密度は約7分の1だった（Abinales 1998: 7-8）。

　米国は、モロ州には農業、鉱業、森林業の潜在的可能性があると考え、広大な未開発地域が広がる同地域に大規模な移民を送り込み始めた。そしてその過程で、ミンダナオ、特にコタバト地域への移民は激増した。この政策は、コモンウェルス政府や独立後のフィリピン政府によっても継承され、国策として移民政策は大規模に展開されたのである。

　ミンダナオへの大規模な移民の発端となる政策は、1912年の「農業植民地（Agricultural Colonies）」の設立だった。これにより、1913年から17年までに9つの農業植民地がフィリピン全体で設立され、その内7つがミンダナオに向かい、6つがコタバト州、1つが現在の南北ラナオ州に入植した。1917年までの移民の数は1500家族以下だったが、1918年から39年までにこの制度の下での移民の数は、9172家族、4万6712人を数えた。この内の大部分がミンダナオに向かった。次に行われた移民政策は、1939年に創設された国家入植公団（NLSA: National Land Settlement Administration）、米・トウモロコシ生産公団（RCPA: Rice and Corn Production Administration）が実施したものだった。国家入植公団の設立した入植地は3つあり、その内2つがミンダナオにあった。また、1950年に廃止されるまでに国家入植公団がミンダナオに入植させた者の数は、8300家族に上った。また、米・トウモロコシ生産公団もコタバト州と南北ラナオ州に入植地を作った。1950年には国家入植公団と米・トウモロコシ生産公団を引き継いだ、公有地入植開発公社（LASEDECO: Land Settlement Development Corporation）が設立され、51年には、経済開発公社（EDCOR: Economic Development Corporation）が設立された。公有地入植開発公社は2年程で1503家族を移民させた。また、経済開発公社は中部ルソンに当時存在した共産主義的人民解放運動だったフクバラハップ運動を沈静化させる目的で当時国防長官だったラモン・マグサイサイが設立したもので、フク団（HMB: Hukbong Mapagpalaya ng Bayan）の投降者や構成

員とおぼしき者達を移民させた。この制度によって設立された入植地域は6つあり、その内4つがミンダナオにあった。また、これによって移民した者の数は950家族に上った。マグサイサイは、大統領に就任すると更にこの政策を強化した。1954年、全国入植復興局（NARRA: National Resettlement and Rehabilitation Administration）を創設し、それによって63年までに3万686家族を移民させたが、その内の2万517家族はミンダナオに向かった。また、ミンダナオに向かった移民の半数以上はコタバト州に入植した。全国入植復興局の事業を継承したのは、63年に成立した農地改革法の下で設立された土地管理局（LA: Land Authority）だった。土地管理局は、71年までに2400家族を移民させた。この組織も農地改革省が設立されると、その管轄下の再定住行政管理局（BRASP: Bureau of Resettlement Administering Settlement Program）がその事業を引き継いだ。再定住行政管理局は、4万9599家族を移民させたが、その内3万444家族はミンダナオやパラワン島に向かった。そしてその内の半数以上がコタバト州に入植したのである。このように、植民地政府や独立後のフィリピン政府が、現在の南コタバト州、南北ラナオ州を構成する地域を中心に、国策として大量の移民を送り込んだ結果、この地域の人口は激増していったのである（Che Man 1990: 24-29, Muslim 1994: 59-72, Mckenna 1998: 114-124）。

　このようなミンダナオ全体への移民の増加はまた、現在のジェネラルサントス市が含まれる地域の人口も激増させた。モロ州が組織された1903年にはマカール町（Municipality of Makar）と呼ばれていたジェネラルサントス市の人口は、当初33人だったが、36年後の1939年には、1万4115人に激増したのである（General Santos City<b>）。

　だが、このような移民は、コモンウェルス政府の下に組織された国家入植公団の推し進めた移民政策で更に加速した。国家入植公団は、大統領によって任命され、国民議会（National Assembly）によって承認される役員会を構成する5人にその運営が任されている国有企業だったが、その役員会は、元フィリピン陸軍少将（Major General）のパウリノ・サントス（Paulino Santos）将軍にその運営を任せた。サントス将軍は、1938年11月に、農業関連の専門家らを伴い、移民可能な地域を選定するために、先遣隊としてコタバト州

のサランガニ湾の先端にあるダジャンガス（Dadjangas）に上陸した。そして、コロナダル谷を入植地の1つとして大統領に推薦した。そして、39年2月には、最初のグループがコロナダル谷への入植に入り、ジェネラルサントスとなる地域にも62人の移民が到着した。これらの移民たちが、現在のジェネラルサントス市で、農業、漁業、林業などの開拓を始め、それは一定の成果を結びつつあったが、第2次世界大戦で日本軍がミンダナオにも襲来したため、それは頓挫した形となった（Pelzer 1945: 138-139, 141, General Santos City<b>）。だが、戦後、更なる移民が政府によって奨励され、開拓事業は増々進んでいった。

このような大規模な移民の流入は、現在のジェネラルサントス市の人口の増加に大きく貢献しただけでなく、そのエスニシティの多様性の基本的性格をも説明する。1970年代初頭まで、一貫して大規模な移民がミンダナオ全体、そしてコタバト州内に流入したことは、ジェネラルサントスの異常な程高い人口増加率の遠因を説明するものである。

サントス将軍が移民を率いて当時のブアヤン地域にやって来た頃の1939年の人口は、1万4115人だったが、それが1975年には、9万1154人、1980年に14万9396人、1990年に25万389人、2000年になると41万1822人、2004年には50万5673人で人口増加率は、一貫して5%を越えており、特に1975年以降では、フィリピン全土でも最も都市化の著しい地域となっている（General Santos City, Notre Dom Business Resource Center or BRC）。また、1975年以降の人口増加が特に著しい理由は、モロ民族解放戦線（MNLF）とフィリピン政府の間で戦われた内戦のために、国内避難民が多く出た時、多くの人々が農業や漁業関連での職を求めて比較的安全なジェネラルサントス市に流入したためである（General Santos City<c>）。それが大きな人口流入の端緒となり、80年代も続いただけでなく、80年代に入ると、ジェネラルサントス市が経済成長をし始め、それが更なる人口の流入を引き起こしたのである。しかし、いずれにしてもミンダナオに大規模な移民の流入があったことが、ジェネラルサントス市に移り住む移民を増加させ、それがジェネラルサントス市の人口を急激に増加させたことは間違いない。

このような大規模な移民は、現在のジェネラルサントス市となる地域にも

第3章　ジェネラルサントス市の概要

移民のコミュニティを作ることを意味しただけでなく、ジェネラルサントス市民のエスニックな多様性、そして宗教的多様性をも生み出すことになった。

表2に見るように、1990年5月現在の人口をエスニック・グループ毎に見

表2　母語毎の家計人口分布（1990年5月現在）

エスニック・グループ	家計毎の人口分布家計毎の人口分布 (Household Population Distribution)	割合（%）
セブアノ（Cebuano）	153,241	61.38
ヒリガイヌン（Hiligaynon）	48,435	19.40
タガログ（Tagalog）	13,917	5.57
マギンダナオ（Maguindanao）	7,589	3.04
ブラアン（B'laan）	5,901	2.36
イロカノ（Ilocano）	5,847	2.34
パンパンゴ（Pampango）	2,742	1.10
ワライ（Waray）	1,941	0.78
タウスグ（Tausug）	1,226	0.50
ビコール（Bicol）	1,099	0.44
マラナオ（Maranao）	897	0.36
サマル（Samal）	708	0.28
チャバカノ（Chavacano）	386	0.15
ビニサヤ（Binisaya）	364	0.15
アクラノン（Aklanon）	250	0.10
スリガオノン（Surigaonon）	224	0.09
キナライア（Kinaray-a）	206	0.08
華人（Chinese）	204	0.08
ダバウェノ（Davaweno）	202	0.08
パンガシナン（Pangasinan）	185	0.07
サンギル（Sangil）	111	0.04
カラガン（Kalagan）	110	0.04
その他の方言	2,279	0.92
その他回答なし	1,614	0.65
合　　計	249,678	100.00

Source: The GSC Businessman's Factbook & Directory 4th Edition, 1995.

ると、22のエスニック・グループが存在する。その中では、セブアノ、ヒリガイノン、タガログ、マギンダナオ、ブラアンが上位5位を占めており、セブアノ語が日常話される言語の主流となっている（General Santos City）。実際、ジェネラルサントス市にはローカルなラジオ局やテレビ局が存在する

表3　宗教毎の家計人口分布（1990年5月現在）

宗教	家計毎の人口	割合（%）
ローマン・カトリック（Roman Catholic）	187,121	74.95
イスラム（Islam）	13,643	5.46
イグレシア・ニ・クリスト（Iglesia ni Cristo）	9,171	3.67
キリスト連合教会（United Church of Christ）	7,757	3.11
その他のプロテスタント（Other Protestants）	7,517	3.01
七日目のキリストの再臨（Seventh Day Adventist）	5,946	2.38
神の同盟（Alliance of God）	4,620	1.85
アグリパイ教会（Aglipay Church）	3,486	1.39
その他のバプティスト（Other Baptists）	2,457	0.98
エホバの証人（Jehovah's Witness）	2,053	0.82
神の集い（Assemblies of God）	1,157	0.46
その他の福音主義教会（Other Evangelical Churches）	916	0.37
フォー・スクエア・ゴスペル教会（Four Square Gospel Church）	593	0.24
終末の日の聖者のキリストの教会（Church of Jesus Christ of Latter Day Saints）	423	0.17
ウェズレー派教会（Wesleyan Church）	338	0.14
再生したキリスト教徒（Born Again Christians）	279	0.11
フィリピン博愛伝道教団（Phil. Benevolent Missionaries Association）	267	0.11
南部洗礼教会（Southern Baptist Church）	273	0.11
キリスト教徒と修道会の同盟（Christians and Missionary Alliance）	240	0.10
その他のメソジスト派教会	237	0.10
その他（Others）	882	0.35
回答なし（Not Stated）	302	0.12
合　　計（Total）	249,678	100.00

Source: The GSC Businessman's Factbook & Directory 4th Edition, 1995.

が、私が同市に滞在していた時、そのようなテレビやラジオで話されていた言語はセブアノ語だった。

　次に、宗教毎の家計人口の分布を見てみる。表3は、宗教毎の家計人口分布を見たものである。これで見てみると、信仰する宗教で最も多いのは、ローマ・カトリックで次にイスラムが来る。3番目に多いのが、イグレシア・ニ・クリストである。4番目に多いものは、キリスト連合教会で、5番目には、その他のプロテスタントがきている。以下は、プロテスタントとローマ・カトリック教会の違いはあるものの、ほとんどがキリスト教を奉じる宗教団体であり、ジェネラルサントス市では、圧倒的多数がキリスト教徒であり、イスラム教やその他のアニミズムなどの宗教は非常に少ないことがわかる。

　このように、現在のジェネラルサントス市では、エスニックな多様性が見られるものの、セブアノ語が主流を占めており、宗教的にも宗派の違いはあれ、ローマ・カトリック教会を中心にして、キリスト教徒が圧倒的多数派を形成していることがわかる。それは、明らかにミンダナオ全体、そして現在ジェネラルサントスを形成している地域に、多くの移民が移り住んで来た、移民の歴史がその根本にあるのである。

　このような新規移民の多さやエスニック・グループ、宗教の多様性は、同市の政治を見るときに重要な意味を持つ。一般的に、フィリピンの政治家が政治的支持を集める方法は、先ず、地域の有力者が持つ土地で小作農として働く者たちとの間にP-C関係を構築して支持を獲得する方法がある。また、論者によっては、工場やその他の企業に働く者たちを組織化することも1つのP-C関係として考える者もあるだろう。もう1つの政治的支持獲得の方法は、政治マシーンを形成して選挙のためだけに票の買収を行うか、更に、脅し、政治的暗殺で政治的支持を強制する方法がある。ジェネラルサントス市におけるこのような新規移民の多さやエスニック・グループ、宗教的コミュニティの多様性は、少なくともP-C関係的な集票が行いにくい状況を意味していると言えるのである。

第3節 | ジェネラルサントス市の領域と
政治・行政制度の変遷

　ここでは、現在のジェネラルサントス市の領域や政治・行政制度が確立するまでの変遷を、フィリピン全体の歴史やミンダナオ、コタバト州、そして南コタバト州の歴史の中で概観する。
　スペイン帝国に完全に植民地化されることのなかったミンダナオは、米国にとってもかなり異質な地域で、ムスリム諸エスニシティからの抵抗も強かったため、当初は地元のムスリムのダトゥやスルタンと呼ばれる支配層を通じた間接統治を米軍が中心となって行っていた。
　本格的に統治機構が整備され始めたのは1903年からで、その後植民地化が強化された[3]。ミンダナオの行政機構は、1903年に軍政管轄下でモロ州（Moro Province）が設置されたことに始まった。このモロ州は現在のコタバト州（Cotabato Province）、スルー州（Sulu Province）、北サンボアンガ州（Zamboanga del Norte）、南サンボアンガ州（Zamboanga del Sur）、サンボアンガ・シブガイ州（Zamboanga Sibugay）、サンボアンガ市（Zamboanga City）、南コタバト州（South Cotabato Province）、北ダバオ州（Davao del Norte）、南ダバオ州（Davao del Sur）、ダバオ・オリエンタル州（Davao Oriental）、マギンダナオ州

---

[3] 米国植民地時代のフィリピンでは、任命制のフィリピン委員会が設置され、それが行政の全てを取り仕切っていた。このフィリピン委員会が、平定が完了した地域から順に州を設置し、その下に市・町を置いて行政制度を整えていったのである。1903年の半ば頃には、31の州と1035の市・町レベルの自治体が形成されていた（Abinales and Amoroso 2005: 135）。また、それらの州や市・町では、米国流の選挙が行われた。市・町レベルから選挙が順次行われ、それが州レベル、そして国政レベルまで拡大されたのである。その過程が1つの完成を見たのが、米国主権下でほぼ完全な自治が行われるようになったコモンウェルス政府が成立した1935年である。最初の市・町長選挙は、米国が植民統治を開始して間もない1901年に行われ、最初の州知事選挙はその翌年、そして最初のフィリピン議会総選挙は1907年に行われ、1935年にコモンウェルス大統領選挙が行われた。特に国政レベルの選挙で特徴的なことは、1つの選挙区から1人の当選者を出す小選挙区制度が導入されたことである（Anderson 2004: 201）。

(Maguindanao Province)、サランガニ州（Saranggani Province）、北ラナオ州（Lanao del Norte）、南ラナオ州（Lanao del Sur）、そしてダバオ市（Davao City）を含む地域だった。図5は、当時のモロ州の領域を示している。

その後モロ州は、1914年にキリスト教徒フィリピン人行政官が強い影響力を持っていたミンダナオ・スルー省（Ministry of Mindanao and Sulu）が創設されるとともに、その管轄下に移管されることになった。また、その時モロ州は、それまで州内の地域（District）だった5つの地域が、それぞれ、コタバト州、サンボアンガ州、ダバオ州、ラナオ州、そしてスルー州として独立することで解体された。それら5つの州は、1920年に今度は内務省非キリスト教徒部族局（Bureau of Non-Christian Tribe, Ministry of Interior）の管轄下に移管されることになった。更に37年から独立時までは、コモンウェルス政府の直接統治となり、キリスト教徒フィリピン人が中心の政府が完全にモロ州行政を握った[4]。

現在のジェネラルサントス市の領域は、モロ州内のコタバト地域が、1914年に州として独立し、さらに1966年にコタバト州から南コタバト州が独立した時には、南コタバト州に含まれていた地域である[5]。米国による植民地行政の整備の過程では、次第に行政機構の実権が米国人からフィリピン人の手に

図5　歴史上のモロ州の位置

4　http://en.wikipedia.org/wiki/Moro_Province 参照。
5　http://www.cotabatoprov.gov.ph/, http://www.cotabatoprov.gov.ph/index.php?option=com_content&view=article&id=34&Itemid=9, http://www.southcotabato.gov.ph/GI/. 参照。

移っていくことになったが、それとともに、行政の制度も変容していった。
　モロ州の政治・行政制度には、任命制の州知事（Governor）、事務官（Secretary）、会計担当官（Treasurer）、技官（Engineer）、教育長（Superintendent of School）がおり、これらが執行部を構成して行政を担当していた。また、彼らは町（Municipality）を創設する権限、地方税での収入創出の権限（Local Revenues）、学校制度、公共事業、モロ民族裁判所（Moro Tribal Court）を管理し、州行政の効率的運営のために必要となる立法機能も有していた。更にこの執行部は、ムスリム系の諸エスニシティに関連する諸事項に大きな裁量権を持っていた。
　モロ州内の地域（District）の行政を見ると、そこには地域知事（District Governor）や地域副知事（District Deputy Governor）がおり、州と同様、立法府兼執行部が存在し、地域内での権限も州と同様だった。更にその地域は2つの行政区画に分けられた。それは、1つが「町（Municipality）」で、もう1つが「民族区（Tribal Ward）」だった。町はキリスト教徒が多数派だったため、モロ州には含まれていなかった北部ミンダナオやルソン、ビサヤ地方などと同様の行政制度が導入されていた。唯一の違いは、これらの町が軍によって管理されていたことである。民族区は非キリスト教徒が多数の地域で、その行政は、民族裁判所などを持ち、植民地総督とこれらの諸エスニシティの関係が悪化しないよう考慮されていたものの、彼等の持つ「野蛮さ」を西欧流の文明へと導くことが想定されていた。民族区の首長は、州知事の承認の下、地域の知事によって任命された。一般的に民族区の首長は地域の有力者がなるものだったが、それらが見当たらない時、地域の知事はその民族区を代表する者を外部から任命することがあった（Abinales: 1998, 7-8）。米国は、フィリピンの他の地域において、植民地化の初期段階から自治を付与していたが、ミンダナオでは状況が異なり、首長選挙の実施など、自治が完全な形で付与されるのは、1950年代に入ってからだった（Franco 2000: 78-79）。
　モロ州は1914年にミンダナオ・スルー省管轄下で5つの州に分割された。その分割の理由は、「フィリピン人のためのフィリピン」という原則にしたがって独立を早めるために、モロ州を構成する地域の人々をルソンやビサヤ地域のキリスト教徒たちと統合する必要があると考えられたからである。そ

れまで、米国の軍人たちが幅を利かせていたモロ州行政にフィリピン人がとって代わろうとしたのである。5つの地域はそれぞれ特別州（Special Province）として独立した（Abinales 2000: 209）。これによって同地域は、軍政から民政に移行して立法権がマニラの国民議会に移管され、それぞれの特別州には中央省庁の出先機関が設置されてルソンやビサヤと同様の法律や政府の形態、行政手続きが取られるようになり、中央からフィリピン人の官僚が赴任するようになった。また、同地域を代表する上院議員が1名、下院議員が1名か2名、米国の任命で選出されることになった。

1920年になると、ミンダナオ・スルー省は正式に廃止され、ルソン、ビサヤなど、他の地域も管轄する内務省（Ministry of Interior）内の非キリスト教徒部族局（Bureau of Non-Christian Tribes）がミンダナオの5つの特別州を管轄した。それにより、米国人総督（Governor General）の行う同地域の州知事や重要官僚ポストの任命、諸開発計画の資金の評価に関して、中央政府である島嶼政府（Insular Government）が拒否権を持つことになった。

1935年、コモンウェルス大統領のケソンは、米国支配下で特別州として国法の適用を免除することを規定していた大統領令（Executive Order）とその下でのモロ委員会（Moro Board）を廃止し、非キリスト教徒部族局も廃止した。そして、ミンダナオ・スルー委員会事務局（Commission on Mindanao and Sulu）を設置した。これによって、コタバト州も、選挙の実施がないことを除けば、ルソンやビサヤ地方の他の州とかなり近いものとなった。

戦後フィリピンが独立した後、1960年代前半までは、コタバトは1つの州を構成していたが、コタバト州南部の人口の増加に伴って、南部地域の住民が政治的に代表されていないという不満を募らせ、請願運動など、コタバト州からの分離運動を展開したため、共和国法第4849号によって、1966年7月18日に正式に分離されることになり、南コタバト（South Cotabato）州が形成された。また、1992年、南コタバト州は更に分割され、新たに、サランガニ州（Sarangani Province）が南コタバトとは別に設置された[6]。

---

6 南コタバト州政府公式ホームページ（http://www.southcotabato.gov.ph/）より。

第4節　ジェネラルサントス市の政治・行政制度の変遷とその領域の確定

　図6に見るように、現在のジェネラルサントス市は、このような植民統治下での政治・行政制度の中で、モロ州時代のコタバト地域、ミンダナオ・スルー省時代、内務省内の非キリスト教徒部族局時代、コモンウェルス政府時代、そして独立以後1966年までの間のコタバト州、その後の南コタバト州を構成する地域の1つであった。現在のジェネラルサントス市は、1903年当初は、モロ州のコタバト地域の1つの町で、マカール町（Municipality of Makar）と呼ばれていたが、それがモロ州解体後に誕生したコタバト州の地域（Provincial District）の1つだったブアヤン（Buayan）を構成するようになった。現在のジェネラルサントス市への大規模な移民は、1939年2月27日、ブアヤンのダジャンガス（Dadiangas）地区、つまり現在のジェネラルサントス市の中心部にある海岸に上陸したことに端を発していた。その移民は、「フィリピン農民のための社会正義プログラム（Social Justice Program）」をマニュエル・ケソン（Manuel Quezon）コモンウェルス大統領が策定するのを補助していたパウリノ・サントス将軍（General Paulino Santos）が率いていた。彼は、国家土地移民当局（National Land Settlement Administration: NLSA）に組織された最初の入植者62人を率いて、人口が希薄で手付かずの自然が残っていた現在のジェネラルサントス市を構成する地域に入植を開始した。現在のジェネラルサントス市では、1939年から任命町長が置かれ、州内の町の1つのブアヤン町として行政が行われるようになった。その後、現在のジェネラルサントス市は、日本の占領期を経てフィリピン独立後、1948年1月に、共和国法第82号によって正式にコタバト州のブアヤン町となった。誕生当時のブアヤン町は、現在のサランガニ州の一部を構成するグラン（Glan）、マラパタン（Malapatan）、マルゴン（Malungon）、アラベル（Alabel）、そしてポロモロック（Polomolok）も含んでいたが、その後グランが独立した町となった。1954年には、ブアヤン町は、コロナダル・アラー谷移民（Koronadal-

第3章　ジェネラルサントス市の概要

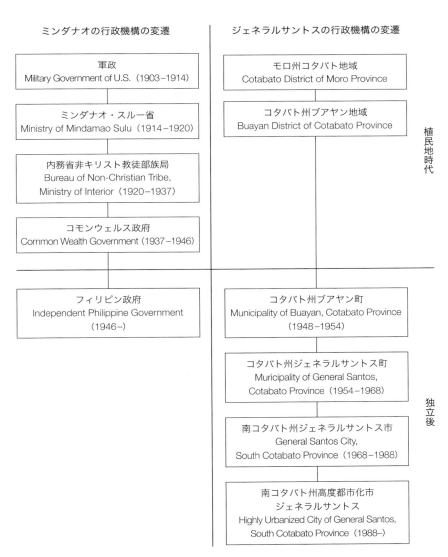

図6　ミンダナオにおける政治・行政機構の変遷とジェネラルサントス市

出典：筆者作成

Allah Valley Settlement) の父と称されるサントス将軍に因んで、ジェネラルサントスと改称されたが、その後1957年、ポロモロックが独立して町に昇格したことで、更にジェネラルサントスの領域は小さくなった。

　ジェネラルサントス市はその後、ドール・フィリピン社 (Dole Philippines) やジェネラル・ミリング社 (General Milling Corporation) などが町内に進出して営業を開始したため、多くの移民が流入して発展を続けた。そのため、1965年頃には、市に昇格することが検討されるようになった。当時のコタバト州選出の下院議員サリパダ・ペンダトゥン (Salipada Pendatun) が下院で法案5862号を提出したのである。その内容は、ジェネラルサントス市の名称をラジャ・ブアヤン (Rajah Buayan) に変更した上で、市に昇格させるというものだった。だが、住民は名称変更については反対派が多数を占めたため、廃案となった。それが1968年、新たに誕生した南コタバト州選出の唯一の下院議員ジェームズ・チョンビアン (James Chiongbian) が、住民の意思を反映させた形で名称を変更せずに市に昇格する法案5412号を提出し、それが承認され、1968年9月5日、ジェネラルサントスは正式に市に昇格した。その時、市内にあったマランダグ (Malandag) 地区とマルゴン (Malungon) 地区はその領域から除外されることになり、更にその後、アラベル (Alabel) 地区も独立することになった。現在のジェネラルサントス市の領域が確立したのはこの時である。

　それ以後、版図の変化のないジェネラルサントス市だが、図6は、このようなジェネラルサントス市の変遷とジェネラルサントス市が含まれていたより広域の自治体の変遷を米国植民地時代の初めから追跡したものである。

　ジェネラルサントス市は1988年以降、高度都市化市に分類されている[7]。その内部の行政区分を見てみると、1988年当時には18、現在では26の村 (Barangay) で構成されている。1980年当時のジェネラルサントス市の村とその人口を確認しておく。表4（149頁）は、1980年当時のジェネラルサントス市の性別、都市・周辺部、村ごとの人口分布を示したものである。当時の人口総数は、22万人だが、それを村ごとに見てみると、都市部のブラ、ラバガル、ダジャンガス、ラガオの4つの村で13万8683人の人口を抱えている。また、その都市部の村のそれぞれが、2万人以上の人口を抱えており、

第 3 章　ジェネラルサントス市の概要

最も多い村はダジャンガスで、6万2225人の人口を抱えている。これは、非常に大きな数字で、通常は考えられないものである。基本的には、村は自然村から形成されるものとされ、5000人以上で新たな村を形成するものとされている。だが、ジェネラルサントス市の場合はそれをはるかに大きく超え

7　南コタバト州政府公式ホームページ（http://www.southcotabato.gov.ph/）より。
　　フィリピンの地方自治体のあり方は日本の制度とは若干異なるものである。1991年地方政府法の規定によると、フィリピンでは、大統領が直接、州、高度都市化市（Highly-Urbanized City）、そして独立構成市（Independent-Component City）を監督し、構成市（Component City）や町（Municipality）は、州が監督すると規定している。町は構成市と行政レベルでは同じ段階にある（第1篇第3章第25節の (a) 後段）。独立構成市とは、その憲章によって、同市の選挙民が州の公選職員に投票することを禁じた構成市のことを言う（第1篇第2章第13節）。また、市の分類を行い、市は構成市と高度都市化市に分けられることを示した後、独立構成市について先に挙げたような規定を示している（第3篇第1章第451節）。高度都市化市以外の市は構成市とみなされる（第3篇第1章同第452節）。また、高度都市化市への移行条件は、年次所得（一般会計）5000万ペソ以上（91年平均物価に基づく）と、20万人以上の人口である。更に、高度都市化市の選挙民は、州の公選職員の選挙に投票できない。このように、「市」に関して、1991年地方自治法は、3つの区別を設けている。構成市と高度都市化市、そして独立構成市である。これらの規定から判断する限り、構成市とは州管轄下にある人口20万人以下、年次所得5000万ペソ以下の市であるか、または、高度都市化市の基準を満たしているものの、高度都市化市にはなっていない市である。市を構成するための基準は、1991年地方自治法第3篇第1章第450節によれば、2000万ペソ以上の年次所得と、15万人以上の人口か、または100平方キロメートル以上の領域面積である。当然その選挙民は、州の公選職員選挙に対して投票権をもつ。独立構成市は、人口20万人以下、かつ年次所得も5000万ペソ以下であるが、州から独立しており、直接中央政府が管理・監督する市で、同市内の選挙民は州の公選職の選挙には投票できない市のことである。そして高度都市化市とは、人口20万人以上かつ5000万ペソ以上の年次所得を有し、州の管理・監督から離れ、国家が直接管理・監督し、市内の選挙民は州の公選職員の選挙に投票できない市で、州のようなものとなっているもののことである。なお、「特別市（Chartered City）」という用語が存在するが、1991年地方政府法にこの用語は存在しない。したがって、法的には何の意味もないものと言える。
　　このように、フィリピンの地方自治制度は日本とは異なっており、フィリピンで言う村は、市や町の中に存在する最小の自治体となっている。村と市、町の機能や権限に関して言えば、コミュニティ内における政府の政策や計画、プログラム、プロジェクト、そして諸活動の計画実施のための第一義的な単位として、また住民の集団的見解が表明され、結晶化され、考慮される場として、更に論争が友好的に解決される場として存在する。市や町は、住民への基礎的かつ正規のサービス提供、調整、また効果的な統治を行う単位として存在する。

ている[8]。しかし、これ以後、ジェネラルサントス市の村は、都市部の村で分割を繰り返し、現在は26にまで増えた。

　現在のジェネラルサントス市は、下院議員選出に当っては、南コタバト州の下院議員選挙区の第1区に属している。また、フィリピンは大きく17の行政的地域（Administrative Region）に分けられ、中央政府はそこに出先機関を配置するが、ジェネラルサントス市は、コタバト市、コタバト州、サランガニ州、南コタバト州、スルタン・クダラット州、そしてジェネラルサントス市で構成されるSOCCSKSARGENと呼ばれる第12地域の中にある。

　行政的機能自体は、アキーノ政権期の88年に、高度都市化市（Highly Urbanized City）となったことにより、南コタバト州の行政から離れて州レベルの自治体と同様の権限を持つようになった。また、それは政治的には、下院議員選挙では、州を構成する他の市、町とともに選挙区を構成して投票することができる一方、州知事選挙では投票する権利を有しないということを意味する。そのため、州レベルの政治から一定の距離を置くことができるようになり、州レベルの政治家からの影響力もそれ程受ける必要がないことになる。州知事や州議会議員などの州レベルの政治家の提供するポーク・バレル・プロジェクトなどのパトロネージュに依存することができないからである。また、州レベルの政治家にとっては、自分達の選挙の有権者でないため、それ程熱心にパトロネージュを提供する必要もないことになるのである。

　8　例えば、その昔はマギンダナオ・スルタネイトの首都であり、フィリピンでも最も古い歴史を持つ独立構成市（Independent Component City）のコタバト市では、1998年の市の資料によると、総人口は14万6779人だったのに対して、村は37存在していた。ここからも、ジェネラルサントス市の人口に対する村の数の少なさが分かる。

第 3 章　ジェネラルサントス市の概要

表 4　ジェネラルサントス市の性別、都市・周辺部、バランガイごとの人口分布

バランガイ	人口総数	性別別人口総数	
		男性	女性
総　数	220,003	112,290	107,713
都市部	138,683	70,784	67,899
ブラ（Bula）	23,090	11,785	11,305
ダジャンガス（Dadiangas）	62,225	31,760	30,465
ラバガル（Labangal）	20,322	10,372	9,950
ラガオ（Lagao）	33,046	16,867	16,179
周辺部	81,320	41,506	39,814
アポポン（Apopong）	5,334	2,723	2,611
バルアン（Baluan）	5,367	2,739	2,628
ブアヤン（Buayan）	5,808	2,965	2,843
コーネル（Conel）	10,378	5,297	5,081
カタンガワン（Katangawan）	7,454	3,804	3,650
リガヤ（Ligaya）	4,545	2,320	2,225
マブーハイ（Mabuhay）	7,367	3,760	3,607
サン・イシドロ（San Isidro）	8,551	4,364	4,187
サン・ホセ（San Jose）	5,158	2,633	2,525
シーゲル（Siguel）	2,942	1,502	1,440
シナワル（Sinawal）	4,800	2,450	2,350
タンブレール（Tambler）	4,060	2,072	1,988
ティナガカン（Tinagacan）	5,661	2,889	2,772
アッパー・ラガイ（Upper Labay）	3,895	1,988	1,907

Source of Basic Data: 1980 Census of Housing & Population NCSO, adopted from Comprehensive Development Plan 1990-2000, prepared by: Office of City Planning and Development Coordinator, General Santos City.

第5節　ジェネラルサントス市の社会・経済的特徴

　1986年以降のジェネラルサントス市の政治を分析する上で、社会・経済的構造の変化を概観しておくことは、非常に重要である。同一の社会・経済構造とその社会的階層に属する人々は、政治における投票行動において、類似の選好を持つ可能性が高いからである。そのため、ここでは、ジェネラルサントス市の社会・経済的特徴や産業構造など、86年以降の同市の政治を分析する上で重要な諸背景を概観する。

　先ず、ジェネラルサントス市の識字率を見てみると、1990年センサスで96.32%と非常に高い数字を誇っている。この高い識字率は、市内の教育施設の充実を示すものと言えるだろう[9]。次に労働力人口と雇用を見てみると、1989年第一四半期の総労働力は12万2259人で、産業別の雇用状況は、農林漁業部門での雇用が約49%で、非農業部門は40%、失業者が10%となっていた。つまり、同市の主要産業は、農業、漁業、林業などの第一次産業である。しかし、それと同時にそれらの産業を発展させて、加工業を行っており、非農業部門の労働力人口もそこに吸収されていると言える。だが、この時期には、同時に製造業なども大きく成長し始めた。中央政府の産業の拡散（Industrial Dispersal）政策に基づき、第12地域がジェネラルサントス市を地域の成長センターと位置づけたことや、諸外国からの援助の受け皿になったことがその大きな要因となっている。1990年当時、市内には43の銀行とノン・バンクがあり、小型、中型機が離発着可能なブアヤン空港もあった。

　港湾施設も充実していて、アジア地域で最も優れた設備の1つと言われる公立のマカール埠頭以外にも、3つの企業所有の埠頭があった。このような

---

[9] 96%以上の識字率を持つというこの数字は、若干疑わしいかも知れない。ジェネラルサントス市資料の中では、それは89%という数字を出している。恐らく、こちらの方が正しいかも知れない。しかし、仮に89%だとしても、その数字はそれ程悪いものではないと言えるだろう。

港の集積は、ジェネラルサントス市の面するサランガニ湾の水深が深く、港の建設に適していたことがその理由の1つとして考えられる。空港の存在も、12地域の中心地だったことがその建設の要因だったと思われる。更に同市は、この地域の情報の中心で、ラジオ放送局が7局、テレビ局が1局あった（General Santos City 資料）。

　ジェームズ・スコットの構築した政治マシーン概念をフィリピンに適用して具体的にフィリピンの地方政治構造とその変容を分析したマチャドは、社会的動員の指標として、識字率、人口増加などに見られる都市化、非農業部門の労働力の割合の増加、電力消費、住民の自動車の保有台数、ラジオの所有状況を挙げる。このような視点から考えると、ジェネラルサントス市で起こった社会・経済的変化は、明らかにマチャドの言うところの社会的動員の増大を示すものと言えるだろう。その社会的動員の増大は、フィリピン地方政治についての常識に当てはめて考えるならば、同市の政治的支持構造を、スコットの言うマシーン的派閥に変容させたはずである。マシーン派閥が最も繁栄し易い、新規の移民の流入とそれに伴う人口増加率の高さや、エスニック・グループの多様性、また都市化・産業化に伴う社会的動員の増大などの条件にジェネラルサントス市が非常にあてはまるからである。しかし、そのマシーン派閥が最も繁栄するはずのジェネラルサントス市では、それとは全く異なる政治的支持構造が誕生し、その支持で市長となった政治家が存在する。それが、本書執筆に当たって調査を行ってきたロザリータ・ヌニェース（Rosalita Nunez）の事例なのである。

第6節　ジェネラルサントスの歴代首長の概観

　ここでは、フィリピンが独立して以来のジェネラルサントスの歴代首長を概観して、研究対象となる86年以降から90年代後半までの同市における政治的変化の特徴を見る上での背景を考察する。しかし、その前に、政治制度が1935年憲法と1973年憲法、そして1987年憲法の間で異なる部分があるため、一応それを確認した上で、歴代の首長の特徴から見えるジェネラルサントス市の政治の歴史的特徴について論じることにする。

　表5は、1935年憲法と1976年憲法、1987年憲法の規定する大統領をはじめとする公選職の任期とその施行状況についてまとめたものである。この表から、3つの憲法体制下でのそれぞれの役職の特徴を明確にする。

　先ず、大統領制度に関しては、3つの憲法ともに大統領制を取っている。だが、大統領の任期は、35年憲法が4年任期の2期まで務められ、87年憲法では、1期6年であるが、73年憲法に関しては、その任期は具体的にその年数を規定してはいない。これは、マルコスが政権の延命を図って、様々な法的技巧でその任期を永続化できるようにしたことが大きい。副大統領も閣僚も、同様だった。上下両院に関しては、35年憲法が2期8年に対して、87年憲法が3期9年であることに対し、73年憲法ではそれは一院制の暫定国民議会に代替されることになった。しかも、結果的に78年と84年に選挙を行ったが、それをいつ開設するかについては、大統領の判断に任されていた。

　次に正副州知事、市町長、副市町長、市町会議員に関してである。これらの公選職に関しては、35年と87年の憲法のそれぞれの制度は、下院議員と同一だった。それらの違いは、35年憲法体制では、それぞれの任期は1期4年で、2期まで連続して務めることができたものが、87年憲法では、1期3年で3期まで連続して務めることができるようになったことである。だが、1973年憲法は、これら2つの憲法体制とは、著しく異なっていた。基本的にはマルコスの任命によって延長することもできたし、免職にすることもで

きたのである。その後、国内外の圧力の下で、1980年に1度選挙が行われたが、それでも、基本的には、大統領の裁量が重要な要素となっている。

次に最小自治体の村についてである。35年憲法下では村はバリオ（Barrio）と呼ばれていたが、73年、87年憲法下でバランガイと改称された。この最小の自治体には、35年憲法下では選挙は存在せず、公的側面は薄かった。しかし、マルコスがバリオをバランガイと改称して、市、町の管轄下にある最小の自治体としての機能を与えてからは選挙が行われるようになった。だが、究極的にはマルコスが実質的任命権を握ることになった。青年会に関しても35年憲法下では選挙などは行われるものではなく、公的性格はなかった。だが、73年憲法下では、村の青年会によって招集されることになった。

表5　1935年憲法、1973年憲法、1987年憲法の規定する公選職の任期（筆者作成）

	1935年憲法	1973年憲法	1986年憲法
大統領	2期8年まで	任期は延長され、定期的選挙は廃止され、マルコスが総理大臣と大統領となる。	1期6年まで
副大統領	2期8年まで		1期6年まで
上院議員	2期8年まで（2年毎に半数改選）	上院議院なし	2期6年まで
下院議員	2期8年まで	暫定国民議会(Interim Batasang Pambansa)に変更される。78年と84年に選挙が行われる。	3期9年まで（3年毎に半数改選）
州知事	2期8年まで	任期はマルコスの任命によって延長される。1980年に1度選挙が行われる。	3期9年まで
副州知事	2期8年まで	同上	3期9年まで
国政レベルの閣僚	2期8年まで	同上	3期9年まで
市町長	2期8年まで	同上	3期9年まで
副市町長	2期8年まで	同上	3期9年まで
市町議会議員	2期8年まで	同上	3期9年まで
バランガイ長		同上	3期9年まで
青年会		バランガイ青年会によって招集される。	1期3年まで

また、87年憲法下では、村や青年会はより公的性格が強化されたため、村長の場合は3年任期の3期まで選挙で公選されることになり、青年会に関しては、1期3年までとされて公選されるようになった。このような側面は、地方政府議会の議員などについても同様である。
　このような制度の下での実際の運用においては、それぞれの公選職を渡り歩くことも少なくない。ジェネラルサントス市においてもそれは観察されるもので、下院議員から市長に出馬することなども見られた。
　次に、このような制度的相違を認識した上で、実際のジェネラルサントス市の歴代の市町長について概観してみる。第2次世界大戦後から、ロザリータ・ヌニェースが1986年以降の民主化後に市長の座に就くまで、ジェネラルサントス市には、4人の市町長がいた[10]。
　表6は、これまでのジェネラルサントス市とその前身のブアヤン町で首長を務めた者の在任期間と所属政党を示したものである。この表で見る限り、重複している苗字はペドロ・アチャロン（Pedro Acharon）とアントニオ・C・アチャロン（Antonio C. Acharon）だけであり、ジェネラルサントス市とその前身のブアヤン町では、比較的首長を担う者の交代が頻繁に行われてきたということがわかる。だが、マルコス政権期になると、第1期マルコス政権時に市長となったペドロ・アチャロンが市政を独占し続けてきたことも理解できる。また、アチャロン家は、その後、ペドロ・アチャロン・ジュニア（Pedro Achalon Jr.）市長をも輩出しており、ジェネラルサントス市の中では伝統的政治家一族であるということができる。
　第2次大戦後、フィリピンが独立した後の1948年、ジェネラルサントスも正式な自治体として独立し、1948年1月にブアヤン町となった。初代の町長は、国家入植公団病院の管理官（NLSA Hospital Administrator）だったイ

10　ヌニェースが任命市長になり、後の1988年地方選挙において市長の座を勝ち取る以前にも、民主化後にラガレ（Lagare）とムンダ（Munda）の2人の任命市長がいた。当初は、ラガレがなり、次にムンダ、その次にヌニェースが任命市長となったのである。しかし、この2人は、非常に短期的だったため、ここでは、それを省いている。どちらにしろ、ヌニェース以外の任命市長も反マルコス派に属する者たちだったことは確かである。

レネオ・サンチャゴ（Ireneo I. Santiago）が任命町長となった。彼はまた、1951年に行われた地方選挙でもリベラル党から出馬して当選を果したため、任命の期間も合わせると2期、町長職を務めたことになる。この時期のブアヤンは、市長、副市長と8人の市議会議員の内の3人がリベラル党から出馬していた[11]。当時国政を担当していた大統領は、ナショナリスタ党を離党後リベラル党を結成して選挙に勝利したマニュエル・ロハス（Manuel Roxas）で、48年にロハスが急死してエルピディオ・キリーノ（Elpidio Quirino）が副大統領から昇格した後の49年の大統領選挙でもキリーノが勝利していた。サンチャゴの在任期間中には、華僑系の人々によって商業、漁業が発展し、現在のジェネラルサントス市の主要産業である漁業関連産業の基礎を築いた。また、彼の在任期間には、移民の父であるパウリノ・サントス将軍に敬意を表して、彼とコタバト州選出の下院議員ルミノッグ・マンゲレン（Luminog Mangelen）が主導して共和国法第1107号を通過させ、町名をジェネラルサントスに変更した（General Santos City）。

独立後のジェネラルサントスの2代目の町長（1955年から1959年）は、ペ

表6　戦後からアキーノ政権以前のジェネラルサントス市長の在任期間及び所属政党

歴代首長名	在任期間	政党名
イレネオ・サンチャゴ (Ireneo I. Santiago)	1948年－1955年	任命・リベラル党
ペドロ・アチャロン (Pedro Acharon)	1955年－1959年	ナショナリスタ党
ジョージ・P・ロイェカ (Jorge P. Royeca)	1959年－1963年	ナショナリスタ党
ルシオ・ベラーヨ (Lucio A.Velayo)	1963年－1967年	ナショナリスタ党
アントニオ・C・アチャロン (Antonio C. Acharon)	1967年－1986年	ナショナリスタ党・KBL

Source: A Comprehensive Development Plan for the City of General Santos 1978-2000, Prepared by the City Planning and Development Staff and the NCC-TPZH Planning Team, Comprehensive Opportunities for a Moving Economy: COME, General Santos City, Volume II の資料より筆者作成

11　フィリピン選挙管理委員会資料、1951年地方選挙当選者リストより。

ドロ・アチャロン（Pedro Acharon）だった。彼が町長に当選した55年選挙の時、フィリピンの大統領は、国防長官を務め、リベラル党からナショナリスタ党に移籍し、1953年から1957年まで大統領職を務めたラモン・マグサイサイ（Ramon Magsaysay）だった。また、彼が1957年3月に飛行機事故で死亡した後には、ナショナリスタ党出身の副大統領のカルロス・ガルシア（Carlos P. Garcia）が昇格、更に同年11月の大統領選挙では、当選して正式に大統領となっていた。そのような国政レベルの背景の下、アチャロンもナショナリスタ党に属していたし、その他、副町長以外、つまり町議会議員の全てはナショナリスタ党に属していた[12]。アチャロンが町長の時期、彼は、農業や漁業関連の生産者用道路を建設し、掘り抜き井戸を掘り、農業開発を奨励するなどしてジェネラルサントスの発展に努めた（General Santos City）。

　1959年から63年まで、町長を務めたのは、ジョージ・ロイェカ（Jorge P. Royeca）だった。この時期の国政レベルの政治は、ナショナリスタ党出身のガルシアが大統領に就いていた時代だが、61年に行われた大統領選では、リベラル党のディオスダッド・マカパガル（Diosdado Macapapgal）が当選して大統領を務めていた。59年選挙で選出された者たちは、正副町長、町議会議員の全てがナショナリスタ党系の議員だった[13]。ロイェカが町長を務めた1959年から1963年には、都市の美化が合言葉となり、町の美化が進められた（General Santos City）。

　1963年から67年までの期間、町長を務めたのは、ナショナリスタ党のルシオ・ベラーヨ（Lucio Velayo）だった。63年選挙時の国政を担っていた政党は、リベラル党であり、マカパガルが大統領を務めていた。だが、このような国政の文脈の中でも、ジェネラルサントス町では、副町長のアントニオ・アチャロン（Antonio C. Acharon）と市議の1人がよき政府のための市民連合（Citizen's League of Good Government: CLGG）に属し、2人の市議がリベラル党に属した以外は、全てナショナリスタ党に属していた。つまり、ベラーヨが町長の時には、大統領がリベラル党出身であったにもかかわらず、

12　フィリピン選挙管理委員会資料、1955年地方選挙当選者リストより。
13　フィリピン選挙管理委員会資料、1959年地方選挙当選者リストより。

町長や市議の多くがナショナリスタ党から出ており、ねじれが生じていたのである。ベラーヨが町長を務めた63年から67年は、経済成長が更に推し進められた[14]。彼の任期中、ドール・フィリピン社 (Dole Philippines)、ジェネラル・ミリング社 (General Milling Corporations) やウダグリ (UDAGRI) のような農業関連大企業がこの地域で操業を開始した。また、この時期には、町であるジェネラルサントスを4級市に昇格させて名称をラジャ・ブアヤン (Rajah Buayan) に変更するよう、下院議員のサリパダ・ペンダトゥン (Salipada Pendatun) を中心にして運動が展開され、ペンダトゥンは実際に、下院法案第5862号を提出した。だが、これは住民投票によって否定された。これは、町の多数派がイスラム系でないことが原因であると思われる。「ラジャ」という用語は、イスラム系の尊称であるため、非イスラム教徒、とりわけキリスト教徒が多数派を形成していたこの町では受け入れられなかったと思われる。

　ベラーヨを引き継いで1967年から町長職を務めたのは、アントニオ・C・アチャロン (Antonio C. Acharon) だった。彼は、1955年から59年に市長を務めたペドロ・アチャロンの息子で、その後市長を務めたペドロ・アチャロン・ジュニア (Pedro Acharon Jr.) の兄でもある。彼は、この選挙の時には、副町長時に所属していたよき政府のための市民連合から、リベラル党と政党を渡り歩き、結局最後には大統領選挙に勝利したフェルディナンド・マルコス (Ferdinand Marcos) のナショナリスタ党に鞍替えして選挙を戦い、町長選に勝利した。彼はその後、戒厳令が発布された72年以降も市長を務め続け、78年にマルコスが暫定国民議会を創設し、それに対応するための翼賛政党として新社会運動 (KBL) を結成した時も、それに入党し、1980年に行われた市長選挙では、KBLから出馬して勝利した。彼が市長の座から転落するのは、1986年にマルコス政権が倒れ、アキーノ政権がそれまでのマルコス政権時代の首長を解任して任命市長を据える動きをフィリピン全土で行った時だった。つまり、約30年間、彼は首長を務めたということになるのである[15]。

14　フィリピン選挙管理委員会資料、1963年地方選挙当選者リストより。

彼が市長を務めた時期には、町時代の町議、市に昇格してからは市議のほとんどがナショナリスタ党所属議員で占められ、1978年のKBL結成以後には、KBL所属議員がほとんどを占めていた[16]。彼が町長に就任してから、ジェネラルサントスは、サリパダ・ペンダトゥンが提出した法案を修正し、住民の意志を尊重してジェネラルサントスの名称を残したまま、市に昇格することになった。新たに創設された南コタバト州選出の下院議員ジェイムズ・L・チョンビアン（James L. Chiongbian）が1968年7月8日に、下院法案第5412号の通過に手をつくしたのである。アントニオ・アチャロン市長がジェネラルサントスの市長を務めた間にジェネラルサントス市は、農業や工業が発展し、国際市場でのその地位を築くようになり、人口も急激に増加していき、3級市から1級A市へと発展した（General Santos City）。

　しかし、アントニオ・アチャロン市政時代は、ジェネラルサントス市の政治史の中でも稀に見る政治的暴力が蔓延した時期でもあった。アントニオ・アチャロンは、メディアや中央、地方政府にも大きな影響力を持っていたと言われる市内の悪名高いギャング組織、オクトパス（Octopus）のリーダーで

15　Benjamin Sumog-oy、ジェネラルサントス市副支配人（Vice City Administrator）への2004年2月15日、2005年9月15日、2006年2月21日に行った聞き取りより。筆者はSumog-oyに対しては、1999年以来2006年まで無数のインタビューを行っており、日常的な接触の中から出てきた話である。とりわけ重要な聞き取りは、2004年2月15日、2005年9月15日、2006年2月21日に行った聞き取りである。彼は、ジェネラルサントス市職員で村担当課（Office of Barangay Affairs）の課長まで務めた人で、88年当時から既にヌニェースの政治的支持構造の中で書記を務め、公務員労組が結成されてからは、そのリーダーでもあった。そして、1995年選挙時には、ヌニェースの選挙対策本部長を務めた。更に彼は、98年にヌニェースが選挙に敗れてからは、負債からの自由同盟（Freedom from Debt Coalition: FDC）ジェネラルサントス支部議長、比例代表政党市民行動党（Akbayan: Citizen's Action Party）ジェネラルサントス支部の初代財務統括（Secretary of Finance- Akbayan, Division）、そしてジェネラルサントス市とその近隣の町で住民を組織化して、彼ら自身の生活を向上させる運動を展開するとともに、市民行動党の支持者にする活動を行うNGO、バリオ（BARRIOS: Building Alternative Rural Resource Institutions and Organizing Services）の創始者となった人である。市の副支配人に関しては、市議を4期務め、過去にマルコスを支持していた人で、現在でもマルコスの行った政策には共感を示している人である。彼は、マルコスが行政の中に一定の緊張感と規律を持ち込んだことを好ましく思っていた。

16　Benjamin Sumog-oyへの2004年2月15日、2005年9月15日、2006年2月21日に行った聞き取りより。

労働運動のリーダーでもあったアダン・デラスマリアス（Adan Delasmarias）を殺害したという嫌疑で服役中だった中、刑務所から市長選挙に出馬して、勝利した経験を持つ者であった。アチャロンは市内の秩序維持に非合法的手段を用いたのである。その時、アチャロンは、ニノイ・アキーノ（Ninoy Aquino）の介入によって保釈され、結局無罪を勝ち取っていた。ニノイ・アキーノは既にこの頃からマルコスの重要な政敵だったが、マルコスの政治的子分とも言えるアチャロンを支持していたのである。これは中央と地方の政治は別もの、と考えることもできるが、マルコスの子分でも市内の秩序維持のために毅然として態度で臨んだアチャロンにアキーノが共感を示したとも考えられる。だが、当時の裁判を担当していたサムソン・アニマス（Samson Animas）は司法試験を首席で合格した者だったが、彼は、アチャロンに対して、「アチャロン市長は、犯罪者として選挙に出馬し、犯罪者として選挙運動を展開し、犯罪者として市長の座を勝ち取った。それは、犯罪者の市長を選出するという災難を人々に与えたのだ」、と述べたと言う。また、彼は、1984年には、市内のマブーハイ村（Barangay Mabuhay）から帰宅途中、未確認の武装した者に狙撃され、何とか一命を取り留めることはできたものの、危うく命を落とす、という事件も経験していた（Sumog-oy, Benjamin 2004）。

　アチャロン市長は、86年のピープル・パワー革命以降、アキーノ政権が親マルコス派の州知事、市町長、それらの議会の議員を更迭する動きを見せる中、地方政府省（Ministry of Local Government）によって更迭され、反マルコス運動を展開していた弁護士のドミナドール・A・ラガレ（Dominador A. Lagare）が任命市長となった。そのような政治的変動の後、アチャロンは、彼の政治的支持基盤とされていた西ダジャンガス村（Barangay Dadiangas West）での行事に参加した後、何者かに暗殺されてしまった（Sumog-oy, Benjamin 2004）。

　ジェネラルサントスとその前身のブアヤン町の歴代市町長を見てみると、その特徴は、1948年に初代任命市長となったイレネオ・サンチャゴを除いて、基本的にナショナリスタ党が主流を占めていたことにある。また、基本的には大統領を輩出している政党に市町長は所属するという、フィリピン政治全体の特徴も確認することができる。しかし、そのような特徴が見られる

一方、1963年から67年までの期間町長を務めたルシオ・ベラーヨは、リベラル党のマカパガルが大統領だった時にもナショナリスタ党に所属していた。また、町会議員もナショナリスタ党が多数を占めていた。そういう意味では、ナショナリスタ党が主流を占めている地域だったということもできるだろう。マルコス政権期以降は、フィリピン全体が同様の傾向を持っていたことは確かだが、アントニオ・アチャロンという、ジェネラルサントス市の政治家一族出身で完全にマルコスの政治的子分としての首長を持ち、議会の議員たちもナショナリスタ党と新社会運動に属する者たちが市の政治や行政の支配を行っていたと言える。マルコスの政治的子分によって地域の政治が独占されていたのである。

　マルコス政権が崩壊して、親マルコス派がフィリピン政界全体から追放されることになると、ジェネラルサントス市では、ラガレが任命市長となった。だが、彼は、任期を全うすることができず、途中で解任されてしまった。それは、彼が1987年の下院議員選挙で、フィリピン民主党―国民の力と対立する親マルコス派の候補者を応援したためである。その後は、一度ムンダが任命市長に就くことになるが、程なく解任され、ロザリータ・T・ヌニェース（Rosalita T. Nunez）が3人目の任命市長となった。1988年の市長選挙では、ラガレとドミン・コンソン、ルワルハティ・アントニーノそしてヌニェースが戦うことになったが、結局、ロサリータ・T・ヌニェースが選挙に勝利した。

　ヌニェースが市長の時期、独立市（Charterd City）憲章20周年記念の1988年にジェネラルサントス市は、高度都市化市（Highly Urbanized City）となり、「南のブーミング・シティ（The Booming City of the South）」という異名を持つようになった。熱帯果樹や黄鰭マグロ、木材、クルマエビ、そしてコプラの輸出で国際市場に確固とした地位を築くようになったのである。そして、その後もそれは続き、1990年代を通してジェネラルサントス市は急速な成長を維持し続けることになった。

第4章

ジェネラルサントス市における民主的政治のダイナミクス

ジェネラルサントス市は、かつて、ミンダナオの南端にあって、それまでは良く知られていない広大に広がる未開の地で、開拓者達の天国だった。しかし、過去25年間、特に民主化以降の市政で急速に発展し、「南のブーミングシティー」と誇らしげに語られるまでの地域になった。市のその収入も、1985年の3780万ペソから1990年には9280万ペソにまで増加した。したがって、投資家の有望な投資対象地域となり、国際的援助機関の魅力的な援助対象ともなった（General Santos City, Business Resource Center or BRC 1987, 1995）。
　フィリピンのその他の市と比較すると、1989年のジェネラルサントス市は、かつてマルコス大統領の翼賛的政党、新社会運動の牙城ではあったものの、その他の地域でよく見られるような政治・社会的問題や、地方の王国が地域の全てを支配する、といった状況からは相対的に自由な地域だった（Miller August 1989）。つまりP-C関係は比較的強くはなかった、ということである。これには、ミンダナオという地域が持つ移民の歴史が関係している。イスラム系諸エスニシティとその他のルマッド（Lumad）と呼ばれる少数諸エスニシティ以外は移民であるミンダナオでは、フィリピンの他の地域では比較的良く見られる伝統的な政治・社会構造が未発達であったと考えられる。

第1節　アキーノ政権誕生直後のジェネラルサントス市の政治・社会的文脈

　ジェネラルサントス市が南部ミンダナオの中心として発展するにつれて、都市貧困層の数も増加の一途を辿っていった。そのため、その他のフィリピンの地域と同様、ジェネラルサントス市でも、市内中心部におけるスクウォッターの都市周辺部への再定住（Relocation）が行われるようになった。だが、政府の用意する再定住先は、電気、水道、その他の基本的施設が整備

されていなかったため、ジェネラルサントス市のマカール地区（Purok Makar）住宅用地（The Makar Town site）がスクウォッターやラガウ村で立ち退きを迫られている人々の間では再定住先として考えられるようになっていた。このマカール地区は109ヘクタールの広さがあり、再定住先としては適当な住宅用地だった。

　だが、そこには様々な問題があった。109ヘクタールの広さのこの用地の内、94ヘクタールは1928年に、ドン・ホセ・オラルテ（Don Jose Olarte）によって、当時の植民地政府に寄付されたもので、植民地政府による移民事業の中で、移民を受け入れるための受け皿となる地域とされていた。また、その後1955年には、当時の大統領ラモン・マグサイサイが大統領宣言149号（Proclamation 149）を出して、それ以前に植民地政府が認めていたマカール地区住宅用地を正式に承認し、再定住先として220ヘクタールを割り当てていた。だが、この頃までには、この地域の土地は不法な取引にさらされていたのである。マカール地区住宅用地の内の61ヘクタールは、土地局（Bureau of Land: BOL）によって所有権が承認されていた。ドン・ホセ・オラルテの孫で都市貧困層の問題に関する活動家で、「真実と団結、そして奉仕（Kamatuoran, Panaghiusa ug Serbisyo: KPS）」を結成したロドリゴ・オラルテ（Rodrigo Olarte）は、マカール地区住宅用地は、長い間、影響力のある土地収奪者たちによって分割されてきたと言う。そして、マカール住宅用地の敷地内の様々な場所で、その所有権が主張され、それは、167件にも上っていたと言う。再定住先として指定されながらも、土地所有権を主張する者たちが存在するために再定住が行えないでいたのである。

　ジェネラルサントス市で起きたこのような問題は、他のフィリピンの地域にも存在するものだったが、同地域と他の地域との違いは、ジェネラルサントス市では、スクウォッターや再定住を強いられることになった貧困層たちが、自らを組織化し、動員することを通じて、彼ら自身の未来を彼ら自身の手で切り開こうと努力したことにあった。

　1980年代半ばから始まった政府による立ち退き命令に対して、彼らは、KPSというPOを組織して対抗し始めた[1]。このPOは、様々なスクウォッターの集団やラガオ村の住民らが団結して組織したのである。また、この

KPSの指導者たちは、1986年選挙で投票監視に当る村内の区の区長（Purok President）も務めていた。

この時期、政府は市内の道路拡張を考えていたが、オラルテの家族が居住するラガオ村もその道路建設のために再定住を迫られていた。だが、この道路建設は、そこに住む数百家族のスクウォッターの問題があるために遅延していた。この時ロドリゴ・オラルテは、政府が用意した再定住先は、町の中心から10キロメートルも離れており、生活に必要な基礎的施設もないため、不適切だと考えた。そしてその時、彼はKPSを組織して、86年のEDSA革命時に彼ら自身政治的に組織化して革命を支持したことから着想を得て、頑強な抵抗運動を展開して政府の計画を阻止しようとしたのである。このような下からの動きが可能だったのも、マルコス政権が倒れ、フィリピンが民主化されたことが大きな背景要因としてあった。

その中でオラルテは、自分の祖父であるドン・ホセ・オラルテがマカール住宅用地を移民の居住地とするために寄付したことを知っていたため、当初の大統領宣言通り、マカール住宅用地を再定住先にするよう主張した。政府はその主張を当初は聞き入れようとはしなかったが、オラルテは、それは、当初の大統領令を無視するものだと主張したのである。

当時、新憲法草案を起草したアキーノ大統領が新憲法草案の批准を訴えるためのキャンペーン集会を展開する中で、憲法制定委員会委員だったヴィセンテ・フォズ（Vicente Foz）が1987年1月にジェネラルサントス市を来訪した時、オラルテを中心としたPOに属するスクウォッターたちやラガオ村の住民たちは、市役所にバリケードを張り、「マカール住宅用地の再定住先化の決定か、移転ボイコットか（Yes or Boycott: Makar Townsite）」と書かれた横断幕を用意して叫ぶ示威行動を展開した。結局、市当局は、この行動を鎮めるために、オラルテを市役所に召喚し、フォズ委員と当時任命市長だったドミナドール・ラガレとの非公開の三者会談を行った。オラルテはそこで、1928年以来マカール地区は住宅用地にすることが決まっていたのだから、そのようにして欲しい、と彼らの行動の趣旨を説明すると、フォズは、彼ら

1　NGOとPOの定義に関しては、第2章参照。

第4章　ジェネラルサントス市における民主的政治のダイナミクス

の主張を大統領に伝えると約束したのだった。1987年1月30日にジェネラルサントス市で憲法批准の集会がアキーノ大統領出席の下で行われ、憲法批准を求める演説が壇上から行われた時、オラルテはKPSの会員の肩に乗って、「コリー・イエス、コリー・イエス（Cory Yes, Cory Yes）」の大合唱を先導して、演説の声をかき消した。そして遂に、大統領警護団（Presidential Security Group）は、当時内務地方政府相（National Affairs Minister）だったアキリノ・ピメンテルの仲裁を通じて、オラルテが警戒線を越えてアキーノの下へ行き、前代未聞の公衆の面前での会談を許したのである。この時の示威行動は、ニューズ・ウィークに写真入りで国際的に紹介される程大きな反響を呼んだ。彼らのこのような抗議運動の結果、土地局に調査委員会が設置されることになり、マカール住宅用地の問題に調査のメスが入ることになった。

　1987年2月20日から3月26日の間に行われた調査に基づいてこの調査委員会は、4月初旬には、オラルテらの主張を認め、マカール住宅用地は大統領宣言によって住宅用地として認められており、同地区で所有権を主張する者たちは、その宣言後に土地の登記などがなされたもので無効であり、同地域への所有権を自ら進んで放棄したオラルテ家のそれ以外は認められない、という結論を下したのである。その結果、マカール住宅用地内に設定された所有権は不正に発行されたものであり、同地域は既に住宅用地に指定されており、その他の土地からは分離されていると述べ、アキーノ大統領に対して、同地域に設定されている土地の登記は無効であることを宣言すべきである旨を進言した。また、これが憲法上の制約によって法的に実行不可能であるのならば、大統領令を発行して、法務局長（Solicitor-General）に土地登記取り消しの不服申し立ての提出を促し、マカール住宅用地を公有地に戻すべきであるとした。さらに、既に同地区に住宅を建てているものに関しては、土地登記を優先的に申請できるものとし、KPSの会員に対しても土地の登記申請を優先的に与えるべきものとした。

　KPSの会員たちは、自らを組織化し、運動を展開することによって、彼らの居住する場所から立ち退くに当たり、マカール住宅用地という町の中心部から比較的近く、安価な場所に優先的に移り住むことができることになり、政府が準備した町の中心部から遠く離れた場所へと移動する必要がなく

なったのである。そのため、スクウォッターやラガウ村の人々は、他の人々に先に取られることのないよう、早く移り住むことを望むようになった。

　だが、調査委員会の報告にもかかわらず、実際には、マカール住宅用地の問題はその後9ヶ月以上もの間、動くことはなかった。そのような政府の態度に、KPSは更に過激な行動を取ることを決定した。1987年11月19日、約3000人のKPS会員とその家族たちは、建設資材を持ってマカール住宅用地に侵入し、彼ら自身の手で、一時しのぎの掘っ立て小屋を建設したのである。これによって彼らはマカール住宅用地での彼らの所有権を認めさせようとしたのである。このような一時しのぎの簡易住宅は警察などによって程なく取り壊されることになった。この取り壊しに対して、KPSの会員たちは、ほとんど抵抗することはなかった。彼らは、警察から強い圧力をかけられたため、中心的に活動する者たちの数は半分にまで減ってしまい、抵抗することができなかったのである。

　だが、全く何もしなかったわけではない。KPSの会員たちは、ダバオにある土地局の地域事務所（Regional Office of Bureau of Land）の前で2ヶ月間もピケを張って、調査委員会の答申通りの措置を当局が実施するよう圧力をかけたのである。オラルテは、土地局の汚職職員がマカール住宅用地の不法な登記に関わっていると考えていた。

　彼等のこの行動は、ダバオの都市貧困層グループから大きな支援を受けたこともあり、KPSの代表も入り、調査委員会の勧告を実施するための委員会が土地局内に組織されることになった。

　しかし、委員会のメンバーに関する論争で、またもやマカール住宅用地の問題の解決は阻まれた。同委員会の委員任命についての問題が持ち上がったのである。KPSは、その戦闘的な運動のあり方のために、「共産主義者」のレッテルを貼られ、軍の監視下に置かれただけでなく、自警団（Paramilitary）などの攻撃の対象となった。実際、彼らは1988年6月29日と7月21日に2度も手榴弾を投げられ、オラルテの義理の兄弟を含む負傷者を出した。この事件の犯人は未だに逮捕されてはいない。だが、皮肉なことにこのような事件はフィリピン全土で注目を集め、マカール住宅用地の問題が脚光を浴びることになった。

第4章　ジェネラルサントス市における民主的政治のダイナミクス

　このような経過を辿ってきたマカール住宅用地の問題を解決に導くために、1988年8月、環境天然資源省（Department of Environment and Natural Resources: DENR）と都市貧困層に関する大統領委員会（Presidential Committee for Urban Poor: PCUP）、そして新たにジェネラルサントス市の市長に当選したロザリータ・ヌニェースが加わって会議が開かれることになった。明らかにマカール住宅用地の問題に関しては消極的だった任命市長のラガレとは異なり、ヌニェースは比較的積極的にこの問題に対応したのである。3者会議の結果、問題解決のための実施機関としてジェネラルサントス市議会が責任を持つことで一致した。市議会の条例によって実施計画を策定し、調査を行ってそれをアキーノ大統領に答申することとしたのである。だが、結局、ヌニェースはそれに足踏みしたため、88年12月に、環境天然資源省が大統領に対して勧告を行うことになった[2]。

　このように、アキーノ政権誕生直後の1987年には、ジェネラルサントス市の社会も大きなうねりが生じていたのである。

　また、KPSの活動の軌跡は、ジェネラルサントス市自体の、南部ミンダナオにおける主要都市への発展とともにあったと言える。ジェネラルサントス市は、特に80年代以降、フィリピンでも他に類を見ない程の著しい移民の流入による人口増加を経験してきたが、それは、フィリピンの他の地域と同様、スクウォッターが市内に著しく増加してきた歴史でもあった。スクウォッターの問題自体は、他の都市にも見られたが、ジェネラルサントス市で起こった現象が他の都市と異なっていたのは、KPSのような強力なPO

2　本項は、基本的にケビン・スターク氏の論考に依拠しているが、筆者の調査と一致しない分は、筆者が修正を加えている（Stark, Kevin 1996: 45-57）。ヌニェースが市長に当選してからは、都市貧困層の問題は大きく進展したと言われている。実際、筆者が1999年から2000年にかけて市開発評議会に関する調査を行った際に、評議会のメンバーとなっていたPOの代表の女性は、ヌニェースを高く評価した。彼女が市長の時代には、市長室にも比較的自由に入ることができ、彼女たちの問題を直接訴えることができたと言う。市議会のこの問題に対する対応も鈍かったという評価は、KPS側の見方であるが、それは、自治体のことを念頭において行政を行う上では、一定の制約があることは当然だろう。ジェネラルサントス市の都市貧困層が当時の市の対応を高く評価していたことも合わせて考えると、KPSにとってもそれはある意味では許容範囲の問題だったと言えるだろう。

が登場し、政府から一定の譲歩を引き出すことに成功したことである。これは、明らかにマルコス政権が崩壊して以降、社会勢力が政治や行政に対して異議申し立てを行うことのできる「民主的空間」が誕生したことによるものと言えよう。

　ジェネラルサントス市におけるこのような社会的変化は、政治にも大きな影響を与えることになった。

第2節　86年以降の地域的政治状況と地域における国政レベルの政治的文脈

　マルコス政権がいわゆるピープル・パワーによって打倒され、アキーノがその後大統領になった頃のジェネラルサントス市は、フィリピンの他の地域と同様に、政治的にも大きな変化が見られた。

　87年当時のジェネラルサントス市はまだ南コタバト州管轄下にある構成市であり、州行政から独立してはいなかった。そのため、南コタバト州の政治とは無縁ではなかった[3]。87年下院議員選挙では、左派系の人民党の計略で反マルコス闘争では同志だった者同士の、南コタバト州副知事で弁護士のヴィセンテ・ミラブエノと暫定国民議会の議員で労働副大臣だったガルシアが下院議員選で対立することになった。ガルシアはマルコス時代の機会主義者だった。彼は1984年暫定国民議会選挙で勝利して国政に議席を持ってい

---

[3]　ジェネラルサントス市の政治的文脈は、88年選挙以前と以後で大きく変化した。89年に同市が高度都市化市となり、南コタバト州管轄下から脱し、州と同格の市となったからである。つまり、州レベルの政治家の影響を受けなくなったのである。だが、国政レベルでは、同市は南コタバト州の下院選挙区の第1区に属することは、変わっていない。

第 4 章　ジェネラルサントス市における民主的政治のダイナミクス

たが、1986年の大統領選挙では、ジェネラルサントス市と近隣の州でアキーノ候補の選挙選挙対策本部長（Campaign Manager）となったのである（Clamor 1993）。だが、彼らは双方とも、アデルバート・アントニーノ（Adelbert Antonino）に敗れた[4]。アントニーノが87年の下院議員選挙で勝利することができた要因は、第1に、反マルコス派だった者同士が下院議員選で対立関係に入って分裂した反面、親マルコス派だったアントニーノは親マルコス派の票を一手に集めることができたこと、第2に、1984年の暫定国民選挙で敗れてからのアントニーノは、無所属として出馬し、当時の公約だった貧困層のための教育・医療基金を創設しており、多くの貧困層が彼の基金から利益を受けていたことが彼の名声を高めることになった、ということである。これ以後、ジェネラルサントス市を含む南コタバト州の下院議員選挙区第1区はアントニーノ家の牙城となった。彼は、87年下院選挙で当選以来、夫人のルアルハティ（Luwarihati）とともに同選挙区の議席を守り続け、その後は長女のダーリン・アントニーノ（Darling Antonino）が議席を継いだ。

　当時暫定（Officer In Charge: OIC）市長を務めていたラガレは、人民党の同僚だったミラブエノを支持していたが、そのために彼は、ガルシアによって引き摺り下ろされることになった[5]。このような地域における国政レベルの政治的文脈の中でロザリータ・ヌニェースの政治的成功物語は始まることになる。

　ヌニェースは、貧しい農民とお針子の父母に養育されたが成績が優秀だったため、奨学金や結婚してからは夫に支えられながら大学に通い、学士や修

---

[4]　アントニーノ家は、元々はルソン島のヌエヴァ・エシハ州出身で、アデルバート・アントニーノ（Adelbert Antonino）の父母がともに上院議員を務めていた。彼の親族はヌエヴァ・エシハ州から下院として選出されてもいた。彼自身は林業界の大物で、1970年代にミンダナオに移り住み、現在のサランガニ州に大きなロギング・コンセッション（Logging Concession）を持っている。いわゆる典型的なニューマンの政治一族出身の領頭、またはマシーン政治家と言える存在である。国政レベルでは国民の力党に属し、地元では個人的な政治マシーン政党「達成者の独立的運動（AIM: Achiever's Independent Movement）」を持っている。これは、2005年9月17日に行った、アントニーノを支持していたバランガイ評議員への聞き取りより得た情報である。彼は、当時は既にアントニーノとの関係はなくなっていた。ただ、それ程関係が悪くなったわけではないということだった。

士の資格を取得した人で、副市長に任命される以前は、国立ミンダナオ大学ダジャンガス校の助教授であった。また、フィリピン民主党―国民の力の教育委員会議長として活動する活発なメンバーで、研究者の間では相対的に知られた存在であった。しかし、研究者の間では知られていたことは確かだが、公式の政治の場では、議会に議席を持った経験もなく、全くの新参者であったことも確かである。そして、ヌニェースの反マルコスの抵抗運動や政治への関与は、1984年にフィリピン民主党―国民の力に一種の好奇心から入党した時から始まり、次第に、フィリピン民主党―国民の力の持っていた原則、つまり至高の存在への信念、人間の尊厳の至高性、国家的主権、複数政党制や参加型の民主主義、そして民主社会主義に賛同するようになっていった（Sumog-oy 2004）[6]。また、彼女は、明確に共産主義勢力とは一線を画していたことも確かだった。彼女は大の共産主義嫌いとしても有名だった。それが、

---

5 ラガレは、マルコス時代の街頭の議会でマルコス政権を批判する人権派の弁護士だったが、彼は、与党連合の虹の同盟（Rainbow Coalition）に合流しなかった共産主義的色彩の強かった人民党を支持していた。そして、87年国政選挙では、彼と同じ政党から出馬したヴィセンテ・ミラブエノ（Vicente Mirabueno）を支持し、与党連合の支持するロジェリオ・ガルシアを支持しなかった。そのために、与党連合は彼に辞職するよう圧力をかけたのである。

当時のフィリピンのマクロレベルの政治では、左派系の考え方をする政治勢力は、共産主義を奉じる勢力と、それとは相いれなかった社会民主主義勢力に分裂していた。当時の与党連合は、社会民主主義的思想をもつ者や1986年以降のNGO勢力が政権内部にも入り込んでおり、左派的色彩を一定程度帯びていたことは確かだが、共産主義勢力とは相いれないことも確かだった。そのようなマクロレベルの政治の影響がジェネラルサントス市でも如実に反映されていたことが、ここから理解できる。フィリピンのマクロレベルの政治の在り方に関しては、第2章参照。

6 スモゴイの論考は、スモゴイがジェネラルサントス市の公務員労働組合のために書いていた労働組合史である。しかし、筆者がその原稿を手に入れた段階では、出版されてはいなかった。そのため、出版年並びに出版社名はない。しかし、彼は、ヌニェースの選挙運動に書記として関わっただけでなく、市長に当選してからは、市の村関連部署（Barangay Affairs Office）の課長としてヌニェース市政に関わり、その後1995年市長選挙には、ヌニェースの選挙対策本部長を務めた。更に、彼は、落選したものの、ヌニェースが立てた市議候補の1人でもあった。ヌニェースに関することならば、彼が最も重要なキー・インフォーマントである、と言うことができるだけでなく、彼の書いた論考もヌニェースを研究対象とする時には、最も重要な資料であると言うことができる。また、ヌニェースは、著書も持っている（Tolibas-Nunez 1997）。

ヌニェースがガルシアの目に留まった理由の1つでもあった[7]。

　ガルシアに気に入られていたヌニェースは、ラガレの下で暫定副市長を務めていたが、彼がガルシアと対立したために、1人の暫定市長を挟んで、その後暫定市長の座に就くことになった[8]。

第3節　ヌニェースとアントニーノ家の対立の構図と新しい政治の形

　図5は、1987年から2001年までの5回の南コタバト州下院議員選挙区第1区の当選者と、1968年以降の歴代のジェネラルサントス市の市長選挙の

---

[7] ヌニェースの共産党嫌いは、私が聞き取り調査を行った際にもはっきりと述べていた。ヌニェースは、2006年2月に私が聞き取り調査を行った際、彼女の政治信条に関して私が、「穏健左派（Center Left）」だと言うと、「私は中道左派（Left of Center）だ」と述べ、共産主義勢力と同一視されかねないことを懸念して、自分をきちんと位置づけようとした。ここからも共産主義勢力に対する極端な嫌悪感が伺える。

[8] ガルシアは、戒厳令以後にマルコスが見せかけの民主主義の体裁を整えるために78年に創設した一院制の暫定国民議会の議員で、労働副大臣だった。だが、1986年前後には、そこから脱党しており、アキノを支持してフィリピン民主党―国民の力に寝返っていた。そして、87年下院議員選挙では、アキノの側から立候補した。だが、その時に反マルコス派として共闘した南コタバト州副知事ヴィセンテ・ミラブエノ（Vicente Mirabueno）と袂を分かつことになったのである。だが、87年の下院選には敗れたものの、アキノ大統領の大統領選挙時には、フィリピン民主党―国民の力側の南コタバト州選挙対策本部長だったため、アキノ大統領から、ジェネラルサントス市やスルタン・クダラット、南コタバト、マギンダナオの地方首長を挿げ替えることを託された。そのためガルシアは、それまで都市部（ポブラシオン）の上層階層に属する人々のみが市政を握り、権力を欲しいままにしていたことに鑑み、ヌニェースのような「普通の人」を市長職に任命したのである。そのため、当時任命市長でミラブエノを支持したドミナドール・ラガレ（Dominador Lagare）を市長職から降ろし、任命副市長だったヌニェースをその後任にした（Clamor 1993）。

当選者を上下に対照させた図である。下院議員選挙区第1区では、1987年に行われた最初の選挙以来、アデルバート・アントニーノとルアルハティ・アントニーノの夫婦によって議席が占められており、アントニーノ家がその議席を独占していたことがわかる。それに対して、ジェネラルサントス市の歴代の市長を見てみると、マルコス時代のアントニオ・C・アチャロン以降、3人の任命市長の後に行われた1988年から1998年の4回の選挙を見てみると、ヌニェースとアントニーノが交互で当選していることが分かる。つまり、下院議員という寡頭を輩出する程の政治一族であるアントニーノ家に対抗して市長選挙に関しては、ロザリータ・T・ヌニェースは、2度もその座を奪うことに成功したのである。

市長							
マルコス政権時代 (68年〜86年)	八六年	八七-八八年	八八-九二年	九二-九五年	九五-九八年	九八-〇一年	
アチャロン	八六年革命	ヌニェース ムンダラガレ	ヌニェース	アデルバート・アントニーノ	ヌニェース	アデルバート・アントニーノ	
			ルアルハティ・アントニーノに勝利	ヌニェース敗れる	ヌニェースがアデルバートに勝利	ヌニェース敗れる	

下院議員						
	八六年革命	八七-九二年	九二-九五年	九五-九八年	九八-〇一年	
		アデルバート・アントニーノ	ルアルハティ・アントニーノ	ルアルハティ・アントニーノ	ルアルハティ・アントニーノ	

図5　86年以降のジェネラルサントス市の市長及び
　　　南コタバト州下院議員選挙区第1区議員

このような現象は、フィリピン政治史の常識から考えると、あり得ない現象であると言うことができる。何故ならば、地方政府の首長たちは、国政レベルの議院、とりわけ下院議員たちの政治的子分でしかなく、それに対抗することなどあり得ないということが一般的には言われているが、ヌニェースはその常識を2度も打ち破ったことになるからである。後で見るように、ヌニェースは、決して裕福な階層の出身ではなく、ましてや地域の有力な企業を経営する一族の出身でもない。更に、政治家一族の出身でもない。それでは一体何故、そしてどのように市長選挙を勝ち抜くことができたのだろうか。このことは、フィリピン政治の新しい形を示していると言うことができる。

第4節　1988年地方選挙での ヌニェースの勝利の要因とその過程

第1項　88年市長選挙立候補過程での政治的駆け引きとヌニェースの選択

　1988年地方選挙の数ヶ月前には、政権の選挙候補リストの選定交渉は始まっていた。1987年国政選挙でアキーノ政権の与党連合の国民の力党の候補者として出馬したロジェリオ・ガルシア（Rogelio "Bic bic" Garcia）が選挙で敗退したことに鑑みて、市長選挙では選挙に勝てること（Winability）が最も重要な候補者の選定基準と考えられるようになった。そのため、市長選挙でも、アキーノの与党連合の側の候補者の任命を任されていたガルシアは、暫定（OIC）市長として高い行政能力を示し、非常に人気のあったヌニェースをフィリピン民主党—国民の力の候補者に指名したのである[9]。

　当時、最も有望な市長、副市長候補者のペアは、現職市長のロザリータ・ヌニェースと林業関連企業を経営していた下院議員だったアデルバート・ア

ントニーノの妻、ルワルハティ・アントニーノだと考えられていた。ヌニェースは暫定市長としての功績が非常に評判になっており、ルワルハティ・アントニーノの方は夫のアデルバートの資金が豊富で選挙マシーンも持っていたからである。

　88年市長選が近づき、市長、副市長、そして市議の候補者リストが編成される時期になると、アントニーノはヌニェースに対して取引を持ちかけた。アントニーノもヌニェースの人気は知っていたのである。アントニーノが持ちかけた取引とは、ヌニェースが市長選に立候補し、ルワルハティ・アントニーノが副市長に立候補する代わりに、12人の市議候補に関しては、ヌニェースが推薦する者が5人、アントニーノが推薦する者を7人とする、という内容のものだった。その取引を持ちかけられた当初のヌニェースは、それを公平なもので、受け入れられるものであると考えた。しかし、アントニーノに限らず、漁業関係の会社を持ち、有力な富裕層のドミニコ・コンソン（Dominico Congson）もまた、ヌニェースの名前が欲しかったため、彼女に接近して提携関係を結ぼうとしていた。

　ヌニェースは、アントニーノやコンソンとの提携関係の問題を、彼女の支

9　ヌニェースに人気があった理由は、彼女が当時問題となっていたマカール住宅用地の問題とそれに伴うスクウォッターの住む地域の問題に積極的に取り組む姿勢を示し、実際に行動を起こして、KPSなどのPOと比較的良い関係を構築して、解決への道筋をつけたことによるものと考えられる。実際に、オラルテなどとも会い、その要求を聞いていたことは確かである。しかし、オラルテから見ると、全く自分たちの要求を全て聞いてくれたわけではない、という言い分もあった。実際、スモゴイは、この当時の状況を、「現職市長として、彼女は鉄の女（iron lady）としての名声を打ち立てるだけの有能さを示した。彼女は、それまで誰も成しえなかった市内にあるスクウォッター地域の構造物を一掃し、そこに居住していた者たちに永住可能な再定住先を斡旋し、一定の社会的流動性を確保することに成功したからである。ヌニェース以前の市長は、選挙での彼らの票を失うことを恐れ、敢えてスクウォッターの多くいる地域の人々を立ち退かせ、彼らの掘っ立て小屋を一掃するようなことはしなかったのである。それまでの市長は、都市貧困層たちが必要とする基本的な社会的サービスを提供する代わりに、市内に増殖していたスクウォッターを甘やかしていたのである」、と書いている（Sumog-oy, ibid）。また、オラルテの言い分に関しては、1999年以来、ほぼ毎年オラルテが代表を務めるKPSへ聞き取りに言っていた中から出てきた話である。彼に対しては、1999年11月、2000年2月、2004年2月17日、2006年2月24日に聞き取りを行っている。

持グループと話し合った。その結果、確かにルアルハティは、下院議員の夫を持ち、強力な政治マシーンを持つが、アントニーノとの提携を選ぶことは、かつてマルコスを支持した取り巻き（Crony）として、また、富裕層のトラポ（Traditional Politician）の代名詞とも言うべきアントニーノに自分のアイデンティティを売り渡すことになると考え、提携関係を結ばなかった[10]。またヌニェースは、ジェネラルサントス市の富裕層の代表格であるドミニコ・コンソンとの提携関係をも排除するという、一種の賭けに出ることにしたのである。そこには、報道などでの調査で彼女が優位に立っているとの指摘から、選挙に勝利することができるという自信もあった。だが、彼女のその決定は、明らかに不利な条件で選挙を戦うことを意味した。それぞれの候補者たちとの話し合いに時間がかかり、ヌニェースの立候補届出は、その提出期限ぎりぎりとなり、アキーノ大統領からの公認を得ることはできなかった。他方、フィリピン民主党―国民の力から出馬した彼女らは、十分な市議候補を持たなかったため、それ以外のゲスト候補を確保することを余儀なくされてしまったのである。また、アントニーノやコンソンには、豊富な財力があり、その政治マシーンも強力だった。実際、アントニーノなどは、貧困層向けの教育・医療基金を創設し、多くの貧困層が彼の基金から利益を受け、名声を得ていた[11]。

第2項　88年市長選挙での勝利、その政治的支持構造と選挙の過程

　かなり不利な状況にもかかわらず、ヌニェースは市長選挙に勝利することができた。それは、一体何故可能だったのか、そしてどのような過程を辿っていったのだろうか。
　ジェネラルサントス市には、NGOやPOがそれ程多くは存在していな

10　トラポとは、文字通り「伝統的政治家」を意味するものであるが、そこには一定の揶揄や嘲りの意味が含まれている。ピリピノ語では、トラポとは「ボロ雑巾」を意味する言葉であり、それは、一般的な人々が寡頭や地方ボスを馬鹿にする意味合いも含まれている（Abinales and Amoroso 2005: 2）。

11　2005年9月16日、17日、ジェネラルサントス市での、ヌニェース支持派市議5人への聞き取りより。

かった。しかし、1988年選挙においては、これらの NGO や PO がヌニェースに対して自発的かつポピュリスト的支持を与えることに大きな役割を果した。これらの草の根のイニシャティブはその多くが散発的なものでしかなかったことは確かだが、彼らは、ヌニェースのみすぼらしい選挙マシーンを補い、ジェネラルサントス市内のまとまりのないグループをヌニェース支持にまわらせ、支持を最大化することに大きな役割を果したのである。

　ヌニェースの選挙を支持した社会勢力を見ると、そのほとんどが下層から中間層の地域住民の組織や知識人、専門職、教会関係者だった。それらの地域住民組織の中で有力なものの中には、第1に、ラガオ村（Barangay Lagao）の同じ教会に通う住民のコミュニティ、第2に、市内のカルンパン（Calumpang）地区の小さな漁民グループ、第3に、再教育を受けた自警団組織、第4に、都市貧困層の PO、そして第5に、現在、比例代表政党を形成し、当時はまだ、1つの社会運動でしかなかった市民行動党に所属する大学の教員や弁護士などの専門家、教会関係者などがあった。以下は、この順序で、どのような支持を、何故、ヌニェースに与えたのかを叙述することにしたい。

（1）　ヌニェースの政治的支持構造としてのジェネラルサントス市の PO

　ヌニェースを支持した第1の社会勢力であるラガウ村のバリテ地区のキリスト教徒基礎共同体（Gagmay'ng Kristohanong Katilingban: GKK or Basic Christian Community）が形成されたのは、1987年12月である。それは、隣接する40の家族から構成される組織で、ジーザス・ザ・ナザレヌ（Jesus the Nazarene）に奉仕するために形成された。これらの家族が共同体を形成するようになると、彼らは当座のチャペルを作り、定期的に礼拝を行い、彼らのコミュニティ活動について話し合うようになった。そして88年地方選では、彼らは何の報酬も求めることはなく、ヌニェースを支持するようになった。彼らは、彼ら自身の負担をしてでも、あらゆる公約をする他の政治家とは違ってヌニェースが誠実であると訴えて、支持を獲得するべくキャンペーン活動を行った。彼らは彼ら自身の信用を利用し、彼らの住む地域や彼らのことを知っている近隣の地域に、一軒一軒戸別訪問を行った。このグループは、また、票の買収に対しても反対のキャンペーンを行った。彼らは、使い古しの

麻袋でプラカードを作り、そこに「あなたの票を売ってはいけない（Ayaw ibaligya ang boto!: Don't sell your vote）」、「お金で自分の票を変えるな（tao, ayaw padala sa kuwarta: People do not be swayed by money）」、「高潔な者にこそ投票を（Iboto ang maligdong kandidato!: Vote for the upright candidate!）」などというスローガンを書き、目立つ場所に表示した。ヌニェースの支持者やリデルとして彼女に投票をするよう住民に促した者の中には、他にもこのように、教会に通う住民のコミュニティの会長達がいた。

(2) 漁民グループのヌニェース支援

　ヌニェースを支持した第2の社会勢力は、カルンパンの小さな漁民グループである。このグループのメンバーは、ヌニェースが行ったフィリピン民主党―国民の力党の基礎的オリエンテーション・セミナーを受けた者たちであった。このオリエンテーションは、彼らが何故貧困に喘ぐ状況に置かれているかを理解させ、彼ら自身を組織化するよう促した。このような活動は、マルコス政権末期の1985年に69家族から始められ、最終的には500家族を擁するカルンパン協同組合開発基金（Calumpang Cooperative Development Foundation）が組織化されるまでに至った。そして89年には、漁業者連合（fisher folk association）として機能し始めた。何度となく会議を開いてヌニェースを支持することを決定したときのこの組織は、未熟な組織に過ぎなかったが、彼らは、ヌニェースが任命市長を務めた短い期間の施政は満足のいくものだったと考えていたのである。ヌニェースとの取引が決裂し、副市長ではなく市長に立候補することを決めたルワルハティ・アントニーノも彼らにとっては悪い候補者ではなかったが、彼らは一度決定したことをすぐに覆すことを良しとはせず、ヌニェースを支持し続けた。

(3) ヌニェースに再教育された自警団組織、アルサ・マサ

　ヌニェースを支持する第3の社会勢力は、文民の自発的自警団組織のアルサ・マサだった。80年代の半ばには、フィリピン共産党が、砂糖、ココナッツ、そして林業の盛んな地域、スクウォッターの多い地区、学生運動、労働組合などの間にかなりの影響力を持っていたため、1940年代後半から50年

代前半自警団組織にラモン・マグサイサイが反フク団の動員を行ったように、アキーノ政権は共産主義に対する全面戦争を宣言し、軍の支持の下、反共キャンペーンを行う実行部隊を組織化した。このキャンペーンは、米国の強い支援の下、国軍ではなく、自警団を動員し、大衆をも巻き込む形で展開された。自警団を構成する者たちは、その多くが、地域のごろつきや無学の者だったが、軍の下士官や警察官もその中には存在した。これらの自警団は、準軍事的な装備を持って町を警邏し、検問所を設けて共産主義者を探し出すなど、法の垣根を越えて、警察、軍事活動を行っていたのである。また、反共ラジオ放送を行い、反共デモ行進なども行っていた。その残虐性は、農民に対する機銃掃射による一家惨殺事件なども引き起こす程で、国内外の人権団体から強く批判されるようになっていた。

　このような反共自警団の代表的組織がアルサ・マサ（Alsa Masa: Masses Arise）で、共産主義者の拠点でもあったダバオ市で初めて出現したこのアルサ・マサは、ビサヤ地方やメトロ・マニラにまで広がっていった[12]。このアルサ・マサは、ジェネラルサントス市にも存在し、市内の治安の維持を行っていた。この悪名高い自警団組織がヌニェースの支持団体となり、その選挙活動を支持したのである。ヌニェースが彼らの支持を必要とした理由は、当然、彼らの組織の持つ票も重要ではあったものの、それ以上に88年選挙時のジェネラルサントス市の治安の悪さと、対立候補から向けられることが予想される暴力に対する配慮があった。そのために、ヌニェースは、選挙期間中、彼らの手を借りることが必要だったのである[13]。

　しかし、当選後、ヌニェースは、アルサ・マサの再教育プログラムを実施して、市民的自由や民主主義を尊重するように再教育を施している。その際の教育プログラムの中には、フィリピンの構造的問題の分析や共産主義勢力の反乱の根本原因について、人間や社会についてのビジョン、諸政治勢力の状況分析、そしてそれらの変革への過程、といった事が含まれていた。このような教育プログラムは、中道左派（Left-of-Center）のイデオロギーであり、フィリピン民主党―国民の力党のそれと一致するものだった。ただ、ヌニェー

12　反共私兵団がフィリピンに登場したのはこの時が初めてではなく、1940年代後半から

スは、そこから政党色を排していた。したがって、ヌニェースは、魔女狩り集団として、また、反共集団としてのアルサ・マサを、フィリピン民主党

50年代初頭にラモン・マグサイサイがフク団を掃討するためにアメリカの力を借りて行ったものが最初だった。1980年代後半に起こった反共自警団の場合もアメリカの力を借りたもので、大規模な国軍による掃討というよりも、民兵（Para-Military Forces）、または自警団に依存するものだった。だが、80年代に特徴的なことは、それがかなりの規模で一般国民が参加したことにあった。80年代半ばには、フィリピンの共産主義革命勢力、つまり共産党はアジアで最大の規模を誇る勢力になっていた。そして共産党の軍事部門である新人民軍は、多くの州、とりわけサトウキビやココナッツ生産地域、林産物生産地域に拠点を持っていた。また、共産党の合法組織は、スクウォッターが多く住む地域や学生、労働組合などの大規模な組織化に成功していた。この下からの脅威は40年代、50年代のフク団の脅威よりもはるかに大きいものだった。そのため、包括的かつ大規模な対応が必要だとアキーノやその他の保守的勢力は考えたのである。

反共勢力の掃討に最も大きな役割を担ったのが反共自警団（Anti-Communist Vigilantes）だった。自警団は、政府主導の自発的市民組織として形成され、準軍事組織を持ち、構成員は凶悪なトレーニングを施され、ボロ（牛刀）で武装した若者たちが多かった。それらの者の中には、文字も読めない地域のならず者や刑務所に入っていた者もいた。更にそれを率いていたのが、悪名高い犯罪組織にいた者であることもあった。このような自警団は、武装して付近のパトロールや検問、反共ラジオ放送、反共行進などを行い、深刻な人権侵害も引き起こした。この人権侵害についてフィリピン政府は、不幸な逸脱、または高度に制度化され、専門化された軍事的反共作戦と考えた。したがって、このような自警団の現象は、文民政府による支持の下で行われた国軍による「全体的戦略」の一環で、警察、軍がその活動を国法の垣根を越えて行っていたものだった。フィリピンにおける権威主義体制から民主主義への体制移行は、文民政府による暴力的側面をも内包していたのである。

そして、87年以降の政府の共産主義への対応が和平交渉から掃討作戦に転換した時期ともこの自警団現象は時期が重なる。87年国政選挙では、これらの自警団が合法左翼政党の人民党やそれらの同盟である新たな政治へ向けた同盟（ANP）に対して暴力事件を起こした。このような自警団の存在は憲法でも容認されていた。つまり、87年憲法は、戒厳令体制時代にマルコスが作った民間防衛隊（Civilian Home Defense Force: CHDF）を解体することを規定していたが、共産党や新人民軍その他の共産主義勢力への対策のために一種の市民軍のようなものが検討され、その中でアルサ・マサなどが形成されたのである。アキーノ大統領は、このアルサ・マサに対して、ダバオ市で「共産主義との戦いの1つの例として、我々は貴方たちを尊敬する」、と述べた。この組織は、非武装の建前になっていたが、実際には国軍によって指導され、民間防衛隊に類似する組織となった。そしてこれらの組織は、地方ボスなどの私兵となり、その中で人権侵害などが多く行われたため、全国メディアや議会、そして国外の人権団体など国際社会でも問題とされた。これらの組織が行った人権侵害の具体的内容は、共産主義勢力やその支持者が多くいると考えられていた地域での拷問や、農地を耕作中の農民への襲撃、機銃掃射などがあった。1987年末には200と見積もられていたこれらの自警団組織は、アメリカの国務省によれば、89年初頭には640程存在すると見積もられた（Siliman 1994: 122, Hedman and Sidel 2000: 51-56）。

―国民の力党のイデオロギーに染めることで、効果的なピース・メーカーに変容させたのである。彼らは、ヌニェースが選挙で当選した後、夜間の見回りを行い、警察組織の目となり、耳となる働きで市内の治安を支えた。1990年当時のジェネラルサントス市の犯罪率は、全国平均が10万人の人口に対して22件であるのに対して9.8件と、全国平均を大きく下回っており、彼らの活動の効果は、窃盗や不法賭博、組織犯罪、共産主義的反乱を抑止することに大きく貢献した（RECOM 11 1990）。このような一種の軍民関係の改善は、明らかにヌニェースが行った集中的なイデオロギー的再教育の成果であった。しかし、一方で忘れてはいけないことは、ヌニェース自身、共産主義者に対しては、非常に強い嫌悪感を持っていたことである。彼女は、中道左派的イデオロギーを持ち、人民党や共産党などともフィリピン社会に対する見方はそれ程違うものではない。しかし、彼女は、人民党や共産党がその社会的ビジョンの実現のための手段として暴力を用いることを非常に嫌悪していた。これは、共産主義者を嫌悪していたアルサ・マサとも合い通じるものがあったし、何よりもアキーノ政権自体が促進したものであり、フィリピン民主党―国民の力党に属していた彼女にとっては、アルサ・マサは、非常に親近感があっただろう。つまり、イデオロギー的適合性があった、ということである[14]。彼らは、自分達の居住する地域で、公に、または目立たない形でヌニェースを支援したが、その数は4000人から7000人に上ったと考えられており、ヌニェースの政治的支持構造の中で大きな位置を占めていた（Clamor 1993: 12）。選挙期間中、ヌニェースは彼らをボディー・ガードとして演説会などに同行させていた。だが、ヌニェースの選挙参謀によれば、彼らを選挙キャンペーンに導入することは、当初から意図していたことではなく、イデオロギー的に賛同し得ることから、自然な成り行きの中でそうなったことである、と言う[15]。

13　Benjamin Sumog-oyからの2004年2月15日、2005年9月15日、2006年2月21日に行った聞き取りより。
14　2006年2月25日に行ったヌニェースからの聞き取りより。
15　Benjamin Sumog-oyに対する2004年2月15日、2005年9月15日、2006年2月21日に行った聞き取りより。

第 4 章　ジェネラルサントス市における民主的政治のダイナミクス

（4）　都市貧困層の住民組織 KPS

　ヌニェースを支持して活発にキャンペーン活動を展開した PO が存在した一方、彼女とは一定の距離を置く組織もあった。その最大の組織が KPS である。

　KPS は、都市貧困層の自助努力による土地取得と住宅建設を支援する PO で、1988 年 8 月に行った環境天然資源省とヌニェース市長、そして KPS の 3 者会議以降のヌニェース市長の対応への不満を持っていたことは確かであるが、それ以前の 88 年市長選挙では、間接的にヌニェースを支持していたということができる。

　KPS は、市内の都市貧困層の PO をまとめあげ、代表のロドリゴ・オラルテ（Rodrigo "Boy" Olarte）を市議会議員に立候補させていたと同時に、元任命市長で人民党のドミナドール・ラガレ市議候補を支持していた[16]。しかし、基本的にこれはヌニェースにとってそれ程大きな問題ではなかった。ラガレは市長候補ではなかったし、オラルテも市会議員候補でしかなかったために彼女と直接対立することはなかったのである。KPS はラガレを支持してはいたものの、直接ラガレとヌニェースが対立する構図でもなかったため、都市貧困層の票はヌニェースに流れた。ヌニェースが任命副市長から任命市長に昇格した後、老朽化した公設市場 B の改築を進める際に示したリーダーシップなどの実績は、彼女の有能さを示していたし、88 年選挙での彼女の選挙戦術や政策は、より貧困層を重視する政策だったためである。KPS の運動は、既に全国的に知れ渡ったもので、彼女もその問題に関しては認識していた。そして実際、彼女が当選した後には、都市貧困層委員会を創設し、KPS 代表のオラルテを議長として迎え、KPS を貧困層の土地取得と住宅建設の実施機関とした。このことは、実質的にヌニェースが都市貧困層の問題をそれなりに重視し、KPS もそれを支えたことを意味する。KPS にとって最も重要なことは、都市貧困層の問題に対して市政府が関心を示し、その中

16　KPS の政治参加は、PO が政治に関与することの重要性を認識したことを意味する。それは即ち、国家資源への直接的アクセスを求めるものである。また、ヌニェースを支援することは、即ち、彼らの意思を行政に反映させるために重要な手段を提供するものだった。

で彼等の利益が反映されることであり、ヌニェースが彼等の問題を理解したということは、選挙戦術が未熟でオラルテが88年市議選挙に当選できなかったにもかかわらず、政治へ参画する道が開けたことを意味した。つまり、国家資源へのアクセスが可能となり、都市貧困層の利益を増進したことを意味したのである。具体的にそれを示すのが、貧困層が土地を取得する時に、市がその保証人となったことである。都市貧困層は貧しいため、土地を月賦で購入してもそれを支払わないのではないか、という懐疑の目を向けられがちだが、市が保証人となることで、土地の所有者は彼らを信用したのである。また、それはKPSも同様だった。共産主義者というレッテルを貼られたKPSも、市の委員会に参画することで、一定の信用を勝ち取ることができた。KPSのような組織は、フィリピン全体でも例外的存在で、都市貧困層をまとめ上げ、彼等の集団的利益、つまり居住権を行政の中に反映させた意義は大きかった（Starke 1996）。

(5) 大学の教員や弁護士などの専門家、教会関係者、そして実業家

　ヌニェースを支えた第5の社会勢力には、社会民主主義的イデオロギーを持つ市内に住む有力な弁護士や大学の教員などの専門家、そして教会関係者などがいた。そこにはジェネラルサントス市内にある国立大学の教員を務め、KPSに属していたが、内部での対立から後に、そこから飛び出し、自分達のPOを作り上げてNGOへと育てていった者もあった。また、国立フィリピン大学ディリマン校を卒業した弁護士で学生時代から反マルコスの学生運動に関わっていた者で、法律的側面からこれらの運動を支援する者、カトリック教会の神父で、自分の教会が所有するラジオ局DXCPでヌニェースの選挙キャンペーンをほとんど自由に行わせた者もあった。更に、中国系フィリピン人女性でジェネラルサントス市内で事業を営む女性企業家もいた。これらの人々は、教会の神父を除いては、基本的に社会民主主義的な思想に親近感を持つ者たちだった。また、教会の神父も、貧困層の生活を改善したいと考えている点では、他の社会民主主義的な思想を持つ者たちと共通点を持っていた。これらの知識人や専門家、神父達は、一貫して88年選挙以降ヌニェースに対する側面からの支援を提供してきただけでなく、ブ

レーンとしての役割も担っていた。更に、非伝統的かつ貧困層の利益をより重視する市長を擁立しようとする活動の中心的グループとして動いていた。ヌニェースは1988年以降2001年まで市長選に出馬し続けたが、それは、ヌニェース自身が出馬を意図してこれらの支持者達に自分の支援を依頼したわけではなく、これらの支持グループが、自分達の候補者の選定作業を行っていく過程で、ヌニェースを彼らの候補者として選出した後に、彼らからヌニェースに対して立候補を要請する形が取られていた[17]。つまり、フィリピンでは当然である、政治家自身が戦略的に、P-C関係を利用したり、お金の力で政治マシーンを形成し、支持を獲得していくという形態とは全く異なった政治的支持構造が存在したのである。

(6) 88年選挙戦時の各候補者の政治的支持構造

88年の市長選挙では、6人の候補者が出馬したものの、実質的には、3人の候補者の争いとなった。1人は漁業関係の大物で国家の力党（Lakas ng Bangsa: Lakas）に所属するドミニコ・コンソンだった。2人目は、同様に国家の力党と夫の個人政党「達成者の独立的運動」（Achiever's Independent Movement: AIM）に属し、現在のサランガニ州のキアンバで林業を営む大物で現職の下院議員のアデルバート・アントニーノの妻、ルワルハティ・アントニーノである。そして3人目が、貧しい農民の父と学校にも通っていない洋裁を生業としていた母の間に生まれたにもかかわらず、様々な奨学金を受け、常に優秀な成績で小学校から大学まで卒業して小学校の校長になり、大学の助教授から任命市長にまで登りつめた、フィリピン民主党―国民の力党に属するヌニェースだった。コンソンとアントニーノの政治的支持構造のあり方は、基本的にフィリピンにおける伝統的な政治的支持構造としてのP-C関係やジェームズ・スコットの言うところの政治マシーンによるものであると考えてよい。コンソンはジェネラルサントス市の漁業関係者を自分の支持者に獲得することができただけでなく、富裕層に属する者で、お金に

17　Benjamin Sumog-oyに対する2004年2月15日、2005年9月15日、2006年2月21日に行った聞き取りより。

ものを言わせることもできた。

　ルワルハティ・アントニーノの場合は、その夫のアデルバート・アントニーノが林業界の大物で、南コタバト州の第1下院議員選挙区から下院議員に当選していたが、基本的に彼の企業があるのは、ジェネラルサントス市の外であり、自分の営む企業に働く者たちからの支持を集めることはできなかった。そのため、アントニーノ医療基金（Antonino Medical Foundation）という慈善団体基金を創設し、それで住民に無料の医療を提供し、奨学金を拠出して人気や正当性を獲得し、さらに、いわゆる政治マシーンを形成して市内の隅々にまで彼らの個人的リデルのネットワークを張り巡らせ、お金にものを言わせて支持を獲得していった。図6は、アントニーノの政治マシーンの構造を示したものである。アントニーノの政治マシーンは、堅固に制度化されたもので、村3つを1つにまとめた地域レベル（District Level）とし、その下に村レベル（Barangay Level）、更にその下に、地区レベル（Purok Level）、そして最小単位として投票所レベル（Precinct Level）となっており、末端のレベルに多くの投票監視員を雇っていた。それぞれのレベルに1人のリデルと1人の助手がおり、そのレベルの仕事の全てを統括していた。このように制度化されたマシーンは、ジェネラルサントス市の中では彼しか持っておらず、非常に強い組織力を持っていた[18]。

　彼らの票の動員方法は、選挙直前になってから買収を行うという、いわゆる直接的買収ではなく、選挙期間のはるか以前から、毎月賃金のように支払いを行い、選挙直前にはそれが毎週行われる、という間接的買収であった。また、このマシーンは、選挙を重

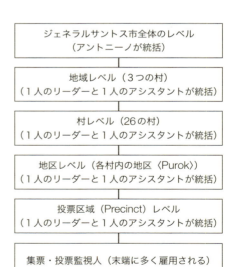

図6　アントニーノ家の政治的支持構造

出典：調査に基づき、筆者作成

第4章　ジェネラルサントス市における民主的政治のダイナミクス

ねるごとにより堅固になってきていると言う。このようなアントニーノのマシーンは、ジェネラルサントス市の選挙にかかる費用をかなり引き上げたと言われている。しかし、このような政治マシーンも88年レベルでは、その制度化のレベルは相対的に低く、下院選挙に当選する程のアントニーノ家の政治マシーンでも、ジェネラルサントス市に基盤を持つヌニェースには勝てなかったのである[19]。

　ヌニェースが1988年選挙に出馬した時の政治的支持構造は、アントニーノやコンソンとは全く異なるものだった。88年選挙から一貫してヌニェースを支持してきた当時市の職員だった者は、88年選挙時のヌニェースの選挙組織について、ヌニェースの政治的支持構造はいわゆる政治マシーンではなく、POや知識人、専門家、企業家達の緩やかな同盟であった、と述べた。

---

[18] アントニーノのリデルを長年務め、現在は村の評議員となっている方からの聞き取りより。2000年2月以来、毎年ジェネラルサントス市を訪れている筆者は、しばしば彼と接触している。とりわけこの聞き取りに関しては、2005年9月の聞き取りで聞いた話である。彼は、アントニーノから村長に立候補をすることを勧められたが、それを固辞し、評議員を現在も務めている。しかし、アントニーノ家との関係は良好で、彼の村にある小学校の給水タンク建設プロジェクトに対して、アントニーノの長女で下院の議席を引き継いだダーリン・アントニーノ (Darlene M. Antonino) は、いわゆるポーク・バレル資金から資金を拠出した。また、ダーリン・アントニーノは、下院議員選挙では、プロ・ボクシングの5階級のタイトルを奪い、その世界でも伝説的なチャンピオンで、フィリピンの中でも最大の英雄の1人、マニー・パッキアオ（Manny Pacquiao）をも破っている。パッキアオは、私がジェネラルサントス市に調査を行った際に、タイトルマッチに勝って凱旋し、市民に温かく迎えられ、彼の実家の外で、お祝いにお菓子その他のものを詰めた福袋の様なものを配っていた。そこには、多くの住民が並び、行列は50メートル程もあった。つまり、それ程高い人気を誇っていたのである。だが、アントニーノは彼の挑戦を退けており、いかにアントニーノの政治マシーンが強力であるかが分かった。

[19] 地元の有名私立大学の経済学部を卒業した後、銀行に勤め、その後アントニーノのリデルをして村の評議員を2期と市議も務めたが、アントニーノから排除され、その後ヌニェースを支持する側にまわった男性に対する2005年2月23日に行ったインタビューより。また、彼によれば、アントニーノの政党「達成者の独立的運動」から出馬する候補者たちは、自分では選挙運動をそれ程行わないと言う。ただ、アントニーノのリデルが、候補者たちをリデルの前で紹介し、候補者たちは、そのリデルたちの前で挨拶だけをして、後は結果を待つだけだと言う。このような状況は、同日行った、アントニーノ派の市議で国立ミンダナオ大学ダジャンガス校の教授の候補者や、元下院議員の娘で初めて立候補し、最高得票を獲得して当時市議を務めていた女性からも同じ内容を聞いた。

そして、実際の選挙要員について見ると、1つの村に1人のキャンペーン要員しかおらず、市全体で800人のリデルを集め、彼らが700人の投票監視員をリクルートすることがやっとだったと言う。彼らは選挙以前にフィリピン民主党―国民の力党の掲げる社会民主主義的イデオロギーをヌニェースによって教え込まれた者たちで、その中には、カルンパン協同組合開発基金の者たちや元アルサ・マサのメンバー、教会を中心とした住民組織の者達が含まれていた。当時のジェネラルサントス市でも約800の投票所があり、投票監視員の数もキャンペーン要員も全く不十分だったのである[20]。
　このような支持勢力から見てもわかる通り、ヌニェースの持つ政治的支持構造は、P-C関係や政治マシーンといった、フィリピンの地方政治の常識とは異なり、大きな意味を持つものだった。何故ならば、ヌニェースは、フィリピンの地方政治では当然のこととなっている「3つのG」、つまり、銃（Guns）とならず者（Goons）、そしてお金（Gold）に頼らず、政治マシーンも持たずに選挙戦を戦い抜いてそれに勝利したことになるからである。彼女のこのような政治的支持構造は、「理念的派閥」と呼ぶことができるだろう。フィリピンの政治的支持構造についての認識の基礎を作り上げたカール・ランデは、「派閥」という用語を政党との関わりの中で論じ、定義している。「政党」という用語は、政策や理念に基づいて組織化された集団であり、それに基づいていないものは、実質的には政党ではなく、派閥でしかない、と言う。ヌニェースも、フィリピン民主党―国民の力というアキノ政権を支持する与党連合を支持し、そこから一定の協力を引き出したことは確かであるが、そのフィリピン民主党―国民の力ですら、本来の政党という意味からかけ離れたものであるだけでなく、ヌニェースの場合を見ると、その政治的支持構造は理念や政策に基づいて「組織化」されているわけではなかった。そういう意味では、派閥の域を出るものではなかったのである。しかし、そのような派閥であっても、そこで支持が生まれた理由は、従来の派閥の紐帯だったP-C関係や政治マシーンが含む何らかの賄賂や職の斡旋、プロジェ

20　Benjamin Sumog-oyに対する2004年2月15日、2005年9月15日、2006年2月21日に行った聞き取りより

クト供与などといったものとは異なり、ヌニェースの持つ政策や理念、彼女の能力、それらに基づいた彼女の政治活動だったことは大きな意味を持つ。買収でもなく、脅しでもなく、ましてや自分を支持しない者を殺害するといった悪しき政治文化とは異なり、本来の民主的政治のあるべき姿に近い形になっていた、ということができるからである。

第3項　1988年選挙の過程と民衆のヌニェース支持

　この選挙戦でのヌニェースは、資金の裏づけもなく、政治家としての経験もそれ程なかったため、洗練された選挙戦術を持ってはいなかった。そして何よりもフィリピンの選挙で最も重要な要素となる、政治マシーンを持ってはいなかった。そのため、彼女の武器は、地元の国立大学の助教授であることから来る専門的知性とカリスマ、そして一般的に理想主義者である、というイメージだった。実際、彼女の学者的なシンプルな姿と彼女の雄弁さは市民を魅了するに足るものだった、と言う[21]。

　ヌニェースの選挙戦術は、他の候補者との差異、つまり貧困層の味方であるというイメージを強調し、お金によって動かされることのない、人々の善意と支持に依存するものとなった。それを支えたのが、現職としてのヌニェースの実績だった。特に、公設市場Bの建設プロジェクトは、一時的にそこから追い出されることになる市場の商人たちの強い反対でなかなか実施には至っていなかったが、それをヌニェースは強行し、それが市民の人気を博していた。市民たちは、彼女のことを地方政府の中で改革を実行するに足る能力を持つと判断したのである。また、ヌニェースは選挙期間中、自分が貧困層の味方であることを強調して、他の2人との違いを強調する戦術を取った。例えば、選挙戦出馬表明の集会では、通常、壇上に設けられた椅子に、地域の有力者たちが候補者への支持を明示するために座っているところ、ヌニェースの集会では農民や漁民、労働者、そして都市貧困層のような周辺化された人々の代表を壇上に座らせた。また、ヌニェースが会議などを開催す

---

[21] Benjamin Sumog-oyに対する2004年2月15日、2005年9月15日、2006年2月21日に行った聞き取りより。

ると、招かれるのは貧困層のみで、富裕層は度外視された。また、その集会では、ヌニェースがそれらの社会階層のリーダー達から公認された。この中には、例えばカルンパンの漁民の組織も含まれていた。

　ヌニェースの貧困層の味方という姿勢は、選挙対策組織によるただのプロパガンダ戦略だけではなかった。彼らは、選挙の最初の段階から資金不足に悩まされ、ヌニェース本人が4万8000ペソを支出し、集会などで配給される食事を給仕した。彼女は、本来、そのお金をクリスマス時に自分の子供達のために使うことを考えていたと言う。また、ヌニェースを支持する者たちは、それぞれ1万ペソを出資することになっていた。ヌニェースの支持基盤は結局70万ペソを集めることができた。このような献金は何人かの企業家達から集まったものだが、彼らはその金を夜中に届けることが通常だった。それは、企業家達の一種の投資であり、誰にも知られることなく有望な候補者全てに対して献金しておくことで、新しい市長が自分の事業に対して害を及ぼさないよう計らったのである[22]。

　しかし、このような資金の慢性的不足状況は、遂に、選挙戦半ばにしての資金の枯渇という状況を生み、支持を訴えるための自動車によるキャンペーンのためのガソリン代も、そこからマイクで支持を訴えるための音響設備の費用もなくなった。そこで、ヌニェースたちは、教会所有のラジオ局であるDXCPを通じて選挙戦での支持を訴えた。DXCPを所有する教会の神父は、対立候補のアントニーノが市内にある5つのラジオ局で金に物を言わせて放送時間を買っていたことに鑑み、DXCPでは、アントニーノに対して一定時間のみを許容するだけだったものの、ヌニェースたちに対して、ほとんど何時でも自由にそのラジオ局の使用を許して、側面から支持を行っていた。実際、その神父は、アントニーノの政策に対して反対で、むしろヌニェースの政策を支持していた[23]。ヌニェース陣営の支援への訴えは、全く成果がな

22　(Clamor 1993) のモノグラフの情報をもとに、自分でも聞き取りを行った。
23　この神父は、フィリピンで唯一、教会法の博士号を取得しており、長くロシアでその活動を行っていた。そして、アントニーノのような完全な自由主義的経済政策には反対の立場を筆者に語った。2000年2月ジェネラルサントス市郊外にあるミンダナオ国立大学教員宅での聞き取りより。

第 4 章　ジェネラルサントス市における民主的政治のダイナミクス

かったわけではなかった。個々の住民達だけでなく、多くの村から支援があり、支持者達は、彼女・彼らにできる形で支援を行った。カモテや干し魚、ビーフン、コーヒーなどを届けたのである。また、いわゆる中間層の中にもヌニェースを支持する者があり、彼らはヌニェースに対して資金を提供した。わずか1日で2万ペソを彼らから集めることができたこともあった。ヌニェース陣営のDXCPラジオの利用は、これらの支援者達に対する感謝の意を表すことにも利用された。そして、そのような過程が更なる民衆からの支持を獲得することにつながっていった[24]。貧困層の味方というイメージは、彼らのキャンペーンの一環の行進にも明確に表現されていた。コンソンやアントニーノのキャンペーン要員や支持者たちが自動車や大型トラックなどに乗り込んで行進するのに対して、ヌニェースのキャンペーン要員や支持者たちは、徒歩か、自転車、バイクに乗って行進を行わなくてはならなかった。そのため、バイクや自転車などに乗っている者たちは、「ヌニェースの子供たち」と呼ばれ、彼女の支持者と考えられるようにまでなった。投票日の直前には、約200人の子供達が彼ら自身を組織化して、ヌニェースのチラシ（leaflet）を配布するようになった。人々からのこの自発的支援は、それがキャンペーン期間を過ぎても行われる程だったため、ヌニェースの候補者としての資格剥奪が危ぶまれる程だった[25]。

　ジェネラルサントス市における88年1月18日の市長選挙は、比較的平和的に行われ、ヌニェースが勝利した。投票結果は、ヌニェースが2万5499票、ドミニコ・コンソンが1万7814票、そしてルワルハティ・アントニーノが1万1715票となっていた。この結果に対して、コンソンとアントニーノは共同でヌニェースを票の買収と恐喝で批判、抗議した。また、ヌニェースが教員出身だったこともあり、選挙監視員として働く教員なども批判の対象になったと言う。マニラでも、コンソンやアントニーノが所属する国民の力党は、選挙管理委員会に対して、ヌニェースの選挙違反を暴くような多くの宣

24　Benjamin Sumog-oyへの2004年2月15日、2005年9月15日、2006年2月21日に行った聞き取りより。
25　Benjamin Sumog-oyへの2004年2月15日、2005年9月15日、2006年2月21日に行った聞き取りより。

誓供述書を提出し、多くの証言をさせた。しかし、これらの証言や宣誓供述書に関する信憑性を選挙管理委員会は認めず、結局ヌニェースが市長職に就くことになったのである。88年市長選挙においてヌニェースが勝利することができた理由の1つは、POが選挙でヌニェースを支持したことがある。POのヌニェースに対する自発的支持の表明は、彼らが選挙におけるリデルの役割を果たし、市民からの支持を勝ち取ることに貢献した。これはまた、86年革命でフィリピン全体に広がった革命的雰囲気の反映でもあったと言えよう。しかしながら、ヌニェースはマニラからフィリピン全土に広がった革命的雰囲気の風に乗るだけの能力と政治哲学を持っていたことも否定すべきものではない。それがなければ、ヌニェースを支持したPOなども彼女を支持することはなかったと言えよう。しかし、POの中には、KPSのように、彼らの主張を実現するため、政治に参加することの重要性、つまり国家資源にアクセスすることの重要性を認識し、彼女に対して一定の支援を与えた組織も存在した。

　88年選挙においてヌニェースが勝利したことの意義は、第1に、お金や政治マシーンがいつも勝利するとは限らないことを示し、それがジェネラルサントス市のより貧しい人々を力づけるものであったということである。彼女の限られた資源やみすぼらしい選挙組織にも関わらず、彼女が選挙に勝利したことは、貧困層や富裕層出身でもない者の弱みを強みに変えることができることをも示したと言える。ヌニェースは金やそれに基づく政治マシーン、暴力的威嚇、政治的暗殺などの力に頼ることなく、POやその他の散り散りになった自発的諸組織を1つにまとめあげることに成功した。彼女が貧しい農民とお針子の間に生まれたことや中間層の専門家であるという立場は、彼女の対立候補たちと彼女を区別し、大衆からの支持獲得に有利に働いた。当時の彼女は、貧困層やそれ程富裕ではない階層の人々にとっては、彼らが探していた現実的な政治的オルターナティブだったのである。

第4章　ジェネラルサントス市における民主的政治のダイナミクス

第5節　第1期ヌニェース市政の業績（1988–1991）

第1項　第1期ヌニェース市政の業績

　ヌニェースが市長職を務めたほとんどの期間、彼女の人気はかなり高かっただけでなく、その市政は高い評価を受けた。1990年の内務地方自治省の調査によれば、115の州、市の中で、基本的サービス提供において、第11地域（Region）の中でジェネラルサントス市は最も満足度の高い地域であり、全国で見ても8番目に良い業績を示している地域となっていた（*The Southern Review*: 19 October 1990）。また、急速な都市化から創出される需要を満たすための制度的革新もこの時期に行われた（Clamor 1993: 97）。その中には、インフラプロジェクトの迅速な実施や基本的サービスの迅速な提供のための政府とNGOとの協力関係の強化、外国や国内の投資家の便宜を図るために、許認可やその書類作成を一括して行う許認可発行センター（One-Stop Licensing and Documentation Center）、貧困の緩和や効率的経済的配分、継続的な経済発展を担う市経済運営室（City Economic Management Office）、都市住宅開発プロジェクトの開発や市政府の土地保有の効果的管理を担う市住宅土地管理室（City Housing and Land Management Office）の創設などがあった。また、重要な委員会として、オラルテが参画した都市貧困層委員会（Urban Poor Council）が設けられた。ヌニェースが市長の時代、このような制度改革は2段階に分けて行われたが、これらの再編は、概して市職員達によって歓迎されるものだった。何故なら、再編後も誰も市からその職を失うことはなく、収入は増え、市職員に応募する者にも多くの職がもたらされたからである。2度の再編は市職員の参加の下に行われるものではなかったが、それ自体は、当時、彼らの仕事を失わせるものではなかったため、彼らにとっても何も問題ではなかった[26]。

　ヌニェースが市長であった88年から91年までには、ジェネラルサントス市は「ブーム・シティー」と呼ばれ始めた。彼女は市長になると、包括的開

発計画策定のために、市内のあらゆるセクターから意見の聴取を行うためのワークショップを行った。その中で提起される全ての意見を開発計画の中に反映させることはできなかったが、彼らに対して、市の出す計画が彼らの作った計画であり、支持するに値するものである、ということを一定程度信じさせることはできた。彼女は、計画が策定されると、スペイン植民地時代末期からフィリピンで始まり、自分たちの社会的、政治的権威の正当性を確保するためのエリートの慈善活動組織であるライオンズ・クラブやロータリー・クラブの集会にも積極的に参加して、彼らに対してその計画の内容を説明した。当初、ジェネラルサントス市がブーム・シティーであるというのは誇張でしかなかったが、彼女のそのような動きはジェネラルサントス市がどこに向かおうとしているのか、ということについての明確な示唆を与えるものとなった。また、彼女は、成長のエンジンとなるべき国内外の投資家や企業を誘致するために、かなりの予算を費やして、ジェネラルサントス市に関する情報や市の優遇措置などに関する小冊子を作った。その中には、ジェネラルサントス市の社会・経済的指標や教育施設、航空、運輸等のインフラ状況に関する資料、その他を詳細に示した市のプロフィールやその住民に関する情報が記載されていただけでなく、市が提供することのできる投資機会などを提示していた。これを補完するために、コンピュータ化されたストーリー・ボード（Story Board）や社会・経済的データのグラフィック・プレゼンテーションが用いられるようになった[27]。ヌニェース市政によるこのような努力はすぐに実を結び、1988年から1990年にかけて、ジェネラルサントス市における投資は1億6300万ペソから6億3100万ペソと、約4倍近くまで増大した（Clamor 1993: 98）。更に、ジェネラルサントス市は、元農業省長官のソニー・ドミンゲス（Sonny Dominguez）の弟であるポール・ドミンゲス（Paul

---

26　ジェネラルサントス市の公務員労組創設以来の経験についてまとめられた未出版の文書の草稿で、Benjamin Sumog-oy によってまとめられたものを参照。彼は、公務員労組の依頼でこの文書を執筆している（Sumog-oy 2004）。

27　これは、*Comprehensive Opportunities for a Moving Economy at General Santos City*（COME at Gen. Santos）と呼ばれる小冊子である。この時期、フィリピンの行政全般の中に、まだコンピュータによる文書や資料作成などはそれ程普及してはいなかったことを考えると、これは画期的なことだったと言えるものである。

Dominguez）が仲介したこともあり（Clamor 1993: End Note No.30）、フィリピン援助プログラム（Philippine Assistance Program）による開発援助の5つの対象の中に入り、アメリカ国際開発庁（United States Agency for International Development: USAID）から推定7600万ドルの援助を受容した（Notre Dom Business Resource Center or BRC <c> September 1991: 18, 24, and 25）。そのためヌニェースは、多くの市長たちの羨望の的となった（Clamor 1993: 98）。しかし、既存のフィリピンのインフラは、新たな企業や住民の必要を満たすには不十分であった（Miller August 1989）。例えば、テレコミュニケーション施設は不適切であり、また、ミンダナオのエネルギー危機が深刻で、それがこれ以上続くと、閉鎖せざるを得ないような状況であった（*The Manila Chronicle,* 25-31 January 1991）。

第2項　ヌニェース市政におけるNGO・POの市行政への参画

　ヌニェースが市長になって以来もたらされた変化の中で最も大きなものは、政府と民間セクターとの間の強い協調関係の構築だった。このような政策決定過程への住民の参加は、既にドミナドール・ラガレが任命市長になったときに始まっていたが、その手法は非常に開放的であった一方、非常に緩やかなものだった。それをより組織的に行ったのが、ヌニェース市政だった。ヌニェースは、市議会でNGOの参画をより組織化するために、市開発評議会（City Development Council）、市災害調整委員会（City Disaster Coordinating Council）、麻薬被害防止対策委員会（City Drug Abuse Prevention and Control Council）、反汚職評議会（Anti-Graft Board）、治安委員会（Peace and Order Council）、市生態系開発委員会（City Ecological Development Council）、市栄養委員会（City Nutrition Council）、そして都市貧困層委員会（Urban Poor Council）などの諸委員会を創設した[28]。治安委員会と栄養委員会は、その模範的なパフォーマンスで表彰されている。ヌニェース市政時代、その他にも、市警察、市消防局、市土木課（engineer's office）、市資産評価課（assessor's office）、市会計課（treasurer's office）などが同様に表彰されている（*The Southern Review,* 1-7 September 1990）。

　ジェネラルサントス市の多くの都市貧困層にとって、都市貧困層委員会を設置したヌニェース市政は、彼らの問題を解決するために大きな意味を持つことになった。都市貧困層委員会には、ホーム・シーカーズ・アソシエー

ション (Home Seekers Association) の代表も入り、都市貧困層の問題を議論するフォーラムの役割を果すことになったからである。委員会には直接的に彼らのための政策を実施する権限はなかったものの、それに代わりに戦闘的な都市貧困層の住民組織である KPS が都市貧困層委員会の実施機関として承認され、その KPS の代表であるオラルテが都市貧困層委員会の委員長 (president) となったからである。実際、KPS の革新的な土地取得における自助努力プログラムは、ヌニェース市長が都市貧困層委員会創設を後押しする一因となっていた。都市貧困層委員会が採用した貧困層の自助努力による土地取得手法において、KPS は、家を持たない都市貧困層一家の土地取得やそのための地主との交渉を代行することで支援した。これにより、これらの都市貧困層住民は、不動産仲介人や土地投機筋、開発業者など、彼らが土地を取得するに当って中間に入る者たちから保護されることになった。しかし、KPS は、都市貧困層委員会に入ってヌニェース政権の政策実施を支えた重要な PO だった一方、ヌニェース政権の施策の全てを支持していたわけではなく、その施策に反対することもあった。それはまた、KPS が行政と適切な距離を取る健全な PO であったことの証ということができるだろう。

　KPS は、特に都市貧困層委員会において彼らが果した重要な役割のために、市内における都市貧困層の声を代弁する組織になっていた。そして、土地なし層の人々がジェネラルサントス市の「進歩の配当」を受け取ることができるようにした、と言えるだろう。しかしながら、KPS の戦闘性のために悪い影響を受けた者もいた。KPS の中に、中間層に属さない者の土地を「収奪する者」がいたためである。また、他の者は、KPS が不法占拠のプロたちを擁護する組織であると考えるようになっただけでなく、オラルテに対

28　*Comprehensive Opportunities for a Moving Economy at Gen. Santos City*, Vol. No.1 (unpublished). ヌニェースの行ったこのような制度の構築は、1987年憲法に規定されているものであったが、フィリピンの地方政府が実際にそのような制度を構築して運営を行うようになったのは、1991年地方政府法が施行されてからのことだった。ヌニェースは同法の施行以前にこのような制度を設けて運営を始めていたということであり、それは、彼女がこの問題をどれだけ重視していたのか、ということを浮き彫りにするものと言えるだろう。筆者の調査したコタバト市では、1992年頃になってやっとこのような活動が始まったということだった。

第 4 章　ジェネラルサントス市における民主的政治のダイナミクス

して、その政治的野心を疑う者も出てきていた。KPS の活動への苦情は、カルンパン協同組合開発基金の議長から提出されたものだが、それに対してヌニェースは、KPS の彼女に対する協力が得られなくなるかも知れないことを考慮して、何の対応も取らず、ただ、1992 年選挙が終わるまで待つようにいった、と言う。ここに、ヌニェースの政治的支持基盤の中での対立の萌芽が見られたのである。

　ヌニェースの市長在任中でもう 1 つ大きなことは、彼女がミンダナオ地域知事、市町長、NGO 連合 (Confederation of Mindanao Governors, City and Municipality Mayors and Non-Government Organizations) の会長に就任したことである。この組織は、ミンダナオが高度に中央集権化されたフィリピンの中央政府の中で発展が遅滞していることに鑑み、その十全な発展を達成するために組織されたもので、1990 年にミンダナオ地域州知事、市町長連盟 (League of Mindanao Governors and Mayors) として始まったものである。1991 年 9 月、ヌニェースがこの組織の会長に就任してからは、各州知事や市町長の反対を押し切って NGO の正式な参加を認め、名称変更を行ったものである。彼女が会長に就任する以前は、NGO たちはオブザーバーとしての参加のみが認められていたに過ぎなかった。これは、当時、未だに市民権を得られていなかった NGO や PO を積極的に行政の中に参画させて、貧困層などの利害を行政の中に反映しようと試みたものであり、それを他の首長などの反対を押し切ってまで強行したその姿勢は、彼女が貧困層などの周辺化された人々のことを重視する信念をもっていたためであると言えよう。

　ヌニェースが選挙に当選したことで、ジェネラルサントス市の中でも、その政治や行政の中で周辺に追いやられていた NGO や PO が政策決定過程に参加することができるようになった。彼女の市政では、民間セクターがガバナンスに参加できるようになっただけでなく、それが制度化すらされた。そしてその結果は肯定的なもので、KPS などの PO もそれを肯定的に評価していた。KPS の事例は、NGO や PO が市政府と緊密に協調することで、NGO や PO が必ずしも政治に吸収され、その主張や独自性 (autonomy) を失うわけではない、ということをも示していた。しかし、KPS の成功の裏に、それ程組織化がうまく行われておらず、戦闘的でもない貧しい人々がい

195

たことも忘れてはならない。地域の社会には対立する利害が存在し、それを調整することのできるスキルが市長には要求されるのである。原則と現実的な配慮のバランスが重要であると言えるだろう。しかし、この当時のヌニェースは、それを比較的うまくこなしていたと言うことができる[29]。

第6節 92年選挙におけるヌニェースの敗北

　不幸にも、彼女はその任期が終わりに近づくにつれて、その政治的考え方を変えるようになってしまい、1992年市長選では、ヌニェースはKPSのオラルテを副市長候補として選挙に臨んだが、その選挙で彼女はアントニーノに敗れてしまった。当時ヌニェース市政下で市役所に勤務していて、選挙対策本部長ではなかったものの、彼らの選挙対策には中核的メンバーとして参加していたベンジャミン・スモゴイは、その理由について幾つかの要因を挙げている。その要因の第1は、彼女がその理念に固執しなかったことである。92年選挙で彼女は、サロンガとピメンテル（Salonga and Pimentel）を正副大統領候補者として戦ったフィリピン民主党―国民の力党とリベラル党の連合からラモスを大統領候補として立てた国民の力―全国キリスト教徒民主主義者連合に党籍を変更し、次に、マルコスの取り巻きとして悪名を馳せていたエデュアルド・コファンコ（Eduardo Cojuangco）の民族主義者連合

　29　私がジェネラルサントス市で行ってきた1999年以来の調査では、ヌニェースの支持派でもアントニーノの支持派でもないいわゆる浮動票に当たる人々も存在した。それは、貧困層のみならず、行政に携わる者の中にもいたことは確かである。そのような人々に言わせると、彼女が1988年に当選してから行った施策は非常にうまくいっていたと言う。

(Nationalist People's Coalition: NPC)に移り、更にラモスの国民の力―全国キリスト教徒民主主義者連合に舞い戻るという迷走状態に陥ってしまった。スモゴイによれば、ヌニェースの党籍変更には、それなりの理由があった。第1に、彼女は国政レベルの主要な政治家の同盟者でなければ優先的にプロジェクトを分配してもらうなどのパトロネージュを受けられないために地域における開発プロジェクトの実施ができないし、彼女の支持者を増やしていくこともできないことを強く認識していたこと、第2に、何よりも市長選で勝利するために必要な資金を調達することができない、ということであった。当時、コファンコは自分を支持する者に対しては、かなり気前よく資金を拠出する、という噂があったし、現在ではそれはほぼ事実として受け止められていると言えるだろう。しかし、ヌニェースのこの迷走、とりわけコファンコの政党に一時的にではあれ、移籍しようとしたことは、彼女が「政治的浮気者(Political Butterfly)」であるという印象を人々に与え、貧困層からの支持が大きく薄れてしまっただけでなく、彼女を支持していた中核的メンバーの間でもそれは大きな問題となったのである[30]。第3に、アデルバー

30　1992年2月27日、ジェネラルサントス市の設立記念日、彼女は、公にマルコスの取り巻きだったエドゥアルド・コファンコを1992年大統領選で支持することを宣言した。そのため、市内の政治家の支持率の調査でもその人気は急落した。そのため、彼女は与党の大統領候補者のラモスに支持を与えることに決めた。また、彼女が結局ラモスを支持することに決定した理由は、もしラモスを支持しないのならば、ヌニェースにかかっていた汚職の裁判を復活させること、またはヌニェースの再選ではなく、ロジェリオ・ガルシアの市長選出馬を支持するとの脅しが来たためだと言われている。また、フィリピン全体のNGOコミュニティが、当時、サロンガとピメンテルを正副大統領候補として当初支持していたが、選挙で勝てる可能性を考慮して現実的判断を下し、ラモスを支持したことも事実である。しかし、この時、ヌニェースの大きな支持母体となりつつあった、市職員労組を中核として形成された、ジェンサン救済運動(Save Gensan Movement)は、政治的実験として、92年に発足した市民行動党とともに、サロンガとピメンテルを支持しようとしていたし、実際に支持し、市内では大勝した。しかし、ヌニェースに関する限り、いかなる理由であろうとも、短期間に支持政党を何度も簡単に変更したことは、「ご都合主義の政治」を露呈したことに他ならず、それが92年の市長選挙で、アデルバート・アントニーノに彼女が大きく負けたことの理由であったことは否定できない(*The Philippine Daily Inquirer*, 26 January 1992, Eaton, Kent May 2003, Clamor 1993: 101 and 102)。また、2005年9月、2006年2月に行ったBenjamin Sumog-oyへの聞き取りより。なお、「ジェンサン」とは、ジェネラルサントスの略称である。

ト陣営は、ルアルハティではなく、夫のアントニーノ自ら市長選に出馬し、地域のマスコミだけでなく、全国的マスコミを金の力で動員し、ヌニェースが汚職を行っていると裁判所に告発し、キャンペーンを展開したことである。そして、その間に起きた1つの事件が、ヌニェースに対するマスコミや市民の見方に致命的打撃を与えたと言う。それは、ヌニェース陣営の選挙キャンペーン集会で手榴弾が爆発し、5人が死亡、52人が怪我をしたという事件だった。両陣営は、当然自陣営がやったものであることを否定したものの、当時のラジオ、テレビ、そして新聞の全てのメディアがアントニーノ陣営を支持し、ヌニェースを攻撃した。スモゴイによれば、それはアントニーノが全てマスコミをコントロールし、ヌニェースが、市民からの同情票を獲得するために自作自演の事件をでっち上げたものだという論調を流させたのだ、と言う。そしてそのことは、市民の彼女への支持を失わせただけでなく、彼女の数少ない武器であったマスコミによる自分に対する支持拡大のためのプロパガンダを不可能にし、ヌニェース陣営の投票監視人をわずか2人残して家に帰らせた、と言う[31]。このことについては、現在（インタビュー当時）ジェネラルサントス市の副支配人（Assistant City Administrator）で、マルコス期を含めて4期市議を務め、かつてはアントニーノと親密な関係にあったガルシア・ゴンザレス（Garcia Gonzalez）も、同様なことを語った。「豊かでない階層出身の者が非合法的手段で民衆からの支持を勝ち取ろうと自作自演の事件をでっち上げた、と富裕層出身の候補者が一端強く主張した時、人々はそれを信じてしまうものだ」、と言うのである[32]。実際、この事件の真相は明らかにはなっていないし、犯人も逮捕されてはいない。また、1992年には、大統領選挙も同時に行われることになっていたが、他にも国民の力─全国キリスト教徒民主主義者連合の3ヶ所の集会などで手榴弾が投げ込まれる事件が発生していた。しかし、明らかにこの事件で利益を得たのはアントニーノ陣営であることだけは確かである。第4の要因は、ヌニェース自身が、質素な女性から華美な雰囲気をまとう女性に変貌し、それが彼女の中核的支持

31　2005年9月、2006年、2月に行ったBenjamin Sumog-oyへの聞き取りより。
32　2005年9月、2006年、2月に行ったガルシア・ゴンザレスへの聞き取りより。

者や一般の支持者からの人気を失わせたことである。任命副市長から出発して任命市長、そして88年選挙での当選後の市長としての実績は、彼女に一種の自信を植え付けた一方、選挙において民衆が好む「近づきやすさ（Approachable）」、という彼女の武器を奪ってしまったのである。第5に、アントニーノの政治マシーンは88年選挙の時期よりもはるかに強力に組織化されていたことである。88年の市長選で思いがけず、ひどい敗北を喫したアントニーノ陣営は、そのマシーンを強化していたのである。

第7節　アントニーノ市政とジェネラルサントス市職員労組の戦い

第1項　アントニーノ市政とジェネラルサントス市職員労組の戦い

　1992年市長選挙でヌニェースが落選したことは、単に彼女が市長の座から滑り落ちることを意味しただけでなく、その政策やプロジェクトの終わりをも意味した。市長に当選したアデルバート・アントニーノは市行政を再編し、特に、ヌニェースが作った組織を解体したのである。

　アントニーノが市長になってからは市行政の雰囲気が変わり、職員達の雰囲気も変わった。アントニーノはそれ以前の市長とは全く異なるタイプだったのである。前の市長たちは皆政治家だった。ヌニェースも教育畑の研究者出身だったが、彼女は基本的に厳しい態度で職員達に臨まず、職員達は彼女に順応することができたのである。しかし、アントニーノは厳しい態度で職員達に臨んだ。ここがヌニェースとの違いであり、公務員労組の展開する運動の1つの大きな文脈となっていった[33]。彼は民間企業を経営する企業家の雰囲気で行政の中に入ってきて、職員の英語の文法や発音にまで口を出してきた。また、彼の行政に対する見識は確かなもので、それがかえって職員達

を萎縮させたのである。具体的にアントニーノが市の職員達と対立する切っ掛けとなった問題は2つあった。第1に、市行政構造の再編と新しい職員配置に関する対立、第2に、それまであった市職員村を廃止して、ファティマ村に新しく60ヘクタールの土地を確保することで職員村を移設することに関して、である。行政内の反アントニーノ派は、この問題を利用してアントニーノと対立して行政内部でシンパを増やし、その上市民の支持をも勝ち取ることができたのである。アントニーノと対立し、そこで一定の譲歩を勝ち取ることができたことは、それが本当に正しかったのかどうかという点も含めて、現在でも職員達の間で話しの種になる、と言う。

第1の組織の再編と職員の再配置の問題に関して、労組側は、アントニーノが再編問題を口実にヌニェースの同盟者達を行政の中から追い出そうとしている、と考えていた。そのため、アントニーノが再編によって組織の上層部を簡素化し、より経済的かつ効率的にする、という意図を信じることはなかった。そして、市の行政組織はヌニェースが再編したばかりであり、それは組織の見直しの結果である、と主張したのである。この点については、労組は、実際の目的はそれ以外、つまりヌニェースの同盟者達を組織から追放することが目的ではないか、と述べた。この主張は職員の多くから支持されたばかりではなく、市民からも支持された。実際に、フィリピンの政治的常識としては、これはあり得ることだったし、むしろそれが当たり前にすらなっていたことは確かであろう。第2の公務員住宅用地の再分配問題に関しては、1992年の条例で、市職員は375平方メートルの住宅用地を提供されることになっていたし、アントニーノが市長になったときには既にその土地

---

33 ジェネラルサントス市職員労働組合に関する記述については、特に注を付して断らない限り、スモゴイの記述に基づいている (Sumog-oy 2004)。

Benjamin Sumog-oy によると、それまでの市長たちの個性は、次の通りになる。基本的にジェネラルサントス市は中間層出身や野党系の市長が生まれやすい土壌にある。マルコス期に20年間市長職にあったアントニン・アチャロンでも強さを政治的には前面に押し出すものの、市の職員達に対しては、彼の辞書に NO という文字が存在しないかと思われるほど職員達の言うことには何でも「OK」した。ヌニェースは、政治的経験はそれ程なかったものの、大学の助教授という強い学術的背景を持っていたことが幸いしたことと、それ程市の職員達に対して苦言を呈するようなこともなかった。

をあてがわれていた。アントニーノの再分配の主張では、公務員住宅用地の周辺に都市貧困層に150平方メートルの土地をあてがうことになっていたが、市職員だけ375平方メートルで都市貧困層には150平方メートルでは道義的に不公正である、ということだった。これに対して、労組側は、もし都市貧困層に150平方メートルしかあてがわれないのならば、それこそが人間らしい生活を営むのには不十分なものであり、それ自体を修正すべきであるし、一度決定された契約を一方的に破棄することは、法規定にも反すると主張した。アントニーノと市職員達のこのような対立は、市の職員達を一連の抵抗運動へと駆り立てることになった。

　ジェネラルサントス市の職員たちの抵抗運動は、92年8月21日に始まった。テレビやラジオ出演、小規模な会議の後、最初の反アントニーノ市長の集会が市役所前のリサール記念公園で市の職員の少なくとも85%が参加して行われた。それは意図したわけではなかったが、ニノイ・アキーノの亡くなった日付だった。そこでは痛烈なアントニーノ批判が展開され、それがラジオで中継され、多くの市民がそれを聴くことになった。更にその集会には、独自の集会の後でKPSなども参加していた。KPSは、その後も市職員労組の集会には、オラルテなどの代表を送り、側面からの支援を続けた。その集会は、ほぼ1日おきに繰り返される情け容赦のない抵抗運動の始まりを告げるものだった。集会、祈祷集会、ポスターの張り出し、そしてビラ配りなどが勤務時間の前後に行われた。そのため、警官隊などが役所の前に来ることもあった。そして時にはDXCPのディレクターのアントニオ・マグバヌア（Antonio Magbanua）神父が警官隊の中に入ってミサを執り行うこともあった。ポスターや黒いリボンが市庁舎や議場をほとんど毎日飾った。また、たった1人で市長室や議場にこもってポスターを貼り、抗議する者も出た。庁舎のあちこちにポスターが貼られたため、議会は、ポスターを貼る場所を指定する決議を行った。

　更に職員達は、アントニーノが市長になる以前に決定されていた職員住宅用の土地に掘っ立て小屋を建てて所有権を誇示するため、93年10月10日の夜明けに、職員住宅用地に向けて、それぞれが掘っ立て小屋を作るために必要となる資材と道具を持ち、行進した。彼らは、1988年にKPSが行った抗

議の手法を真似たのである。彼らは警察官たちの立つそばを通り、「この土地は私の土地だ。神がこの土地を私に与えたもうたのだ」と歌った。彼らの住宅予定地に着くと、彼らは警察に遮られながらも、掘っ立て小屋を作る作業を続け、夜までその作業を続けた。彼らは、警察が放水する中でその作業を続けた。消防隊から消防車を奪い、彼らの作る掘っ立て小屋を取り壊そうとする者たちをはねつけた。女性職員は警察に逮捕、連行された。このようにして作られた彼らの掘っ立て小屋は、翌日には警察によって取り壊された。しかし、この活動で彼らは最低限の成果を得ていた。つまり、職員の団結を強化し、市民の共感を得ることができたのである。彼らのこの活動は、新聞やテレビなどで完全に好意的に報道された。このことは、更に市民の共感を得ることに役立った。この闘争は、アントニーノの在任期間中継続されたが、運動は次第に弱まっていくことがあった。その時には、労組の中核となるリーダー達は、血の血判状をしたためて団結を促した。労組はまた、アントニーノをリコールで辞任させようと模索した。彼らのこの動きは成功しなかったものの、アントニーノを守勢に回らせ、アントニーノの打ち出した市の組織再編と市の職員住宅予定地の再分配の問題は、その対応の速度が落ちた。12人の労組リーダーである市職員に対する行政規律委員会の審問は開催されなかった。しかし、何人かのリーダー達は、爆弾テロや市庁舎への放火の嫌疑で警察や国家捜査局（National Bureau of Investigation: NBI）によって逮捕された。また、労組リーダーやそのメンバーが犯罪や行政訴訟の対象とされることもあった。例えば、94年の後半に起こった、市庁舎の不審火騒ぎなどがその例である。94年後半、ジェネラルサントス市はアチャロン・スポーツ・コンプレックス（Acharon Sports Complex）で、南ミンダナオ地域の体育大会（Southern Mindanao Regional Athletic Association: SMRAA）を主催したが、その開会式の聖火点灯と同時刻、市庁舎の屋根の上に建て増しされた部分の至る所で突然火の手が上がり出した。この事件は、多くのマスコミがそれを報道しただけでなく、何人かの市職員労組のメンバーが警察だけでなく、国家捜査局によって取り調べられることとなった。だが、この事件の容疑者として逮捕された者は未だにいないし、消防もこの火事の原因を特定してはいない。もし、この家事が意図的に行われたものだとするならば、こ

の事件の犯人は、完全犯罪を行ったことになる。彼らは、不法なビラを撒いたことや不法な集会、市長に対する不服従、逮捕への抵抗など、様々な嫌疑で逮捕されていき、訴追を受けた労組リーダーやメンバーは全部で18人に上った。このような逮捕に対して弁護を引き受けたのが、フィリピン大学卒業後、マルコス政権による被害者達を弁護し、反マルコス運動を展開、ジェネラルサントス市に移住してきてからはヌニェースを側面から支援してきた、人権派のサミー・マトゥーノグ弁護士（Atty. Sammy Matunog）だった。

しかし、労組のリーダーやメンバー達はただ訴追を受けただけでなく、逆に市長を様々な嫌疑で訴え返した。これは、法的闘争でアントニーノ市長の神経を逆なでし、苦しめただけでなく、それ以外の闘争にも影響を与え、アントニーノの攻撃を一定程度無力化することができたのである。実際、アントニーノが訴えた職員達は裁判で勝訴を勝ち取ることができた。そしてそれはマスコミに影響を与え、市民の見方をより労組に有利にもって行くことができたのである。市職員労組のこの運動は、彼らの運動が既存の社会構造からの解放を目指す社会運動の主流を成したことを示すものであった[34]。

彼らの運動は、それには止まらず、市庁舎前のリサール記念公園で1000人規模の集会を全国の労働組合組織や都市貧困層の組織、農民組合組織、マスコミなどを集めて行うこともあった。さらに、彼らは、国政レベルの有力政治家たちに対して、陳情のための恣意行動を展開した。93年には、下院議長のホセ・デベネシアがまだ新しくなっていないブアヤン空港に到着したとき、約300人の市労組のメンバーは、自分達の主張を訴えるために空港前でピケを張って、デベネシアに彼らの用意した書面を手渡した。デベネシアは彼らの主張を聞き、その書面を受け取ってすぐにサランガニ州に向かうヘリコプターに向かった。

ジェネラルサントス市の創立記念日に、当時副大統領だったジョセフ・エストラーダ（Joseph E. Estrada）がゲストとして迎えられたが、労組のメンバー達は、自分達の主張を国政レベルの政治家や全国的マスコミに知らしめるため、彼らの主張を書いた横断幕やTシャツを着て市民と軍がともに参加するパレードの中に紛れ込んだ。そしてジェネラルサントス市内にある自由公園（Freedom Park）に人々が集結し、エストラーダが壇上で紹介されて挨拶

をしようとした瞬間、彼らはその横断幕を広げ、それまでは上から別のシャツを着て隠していた彼らのTシャツをあらわにしてエストラーダの立つ壇上に程近い所まで近づき、自分達の主張をぶつけた。横断幕には、マーティン・ルーサー・キングが中心となって展開されたアメリカの公民権運動のスローガンである、「もう恐れはしない（Fear No More）」という文字が躍っていた。また、「もう沢山だ、やり過ぎだ、ストライキだ（Tama na!, Sobra na!,

---

34 　92年から95年までの期間は、ジェネラルサントス市の職員労組にとって、職員がコミュニティやセクターにおける利害を追求するためにデモやピケに自発的に参加し、その職をかけて戦ったという意味で、輝かしい日々だったことは確かだが、労組の組織的、そして資金的制度を考慮すると、それは悪夢の時代でもあった。何故ならば、取り立てて言う程のシステムが確立してはいなかったからである。組織的にきちんとしたシステムが存在したわけではないが、労組のメンバー達は、この時期、自発的に、説明責任を求めることもなく、進んで運営費を支出していたため、問題が起こりはしなかった。市の職員達がこのような態度を示した理由は、たとえそれが労組リーダーのポケットに消えることになろうとも、月額20ペソの組合費で自分達の仕事や住居が保証されるのならば、それはそれで良いと考えたからである。それ程の戦いを、当時のジェネラルサントス市職員労組は展開していたのである。
　しかし、そのような組織上の、そして資金管理における不備は、労組に対して幾つかの問題をもたらした。労組がアントニーノ市長を訴えたとき、裁判所は財務証明書（financial statement）を要求して、その訴訟の主体たりえることの確認を求めた。そのとき、労組の役員達は慌てた。何故ならば、それまで労組の財務を記載する様式は存在せず、全ての業務を細かく記録してはいなかったからである。
　裁判所は、財務証明書を持つことを、訴訟を起こすこと、訴訟相手に訴訟を起こされること、つまり、法人格として認める要件としていたのである。結局、労組のリーダーの1人が2、3日かけてそれを洗い出し、それに監査を受けて、裁判所の財務証明書提出期限日に間に合わせた。しかし、ジェネラルサントス市の職員労組は、この経験を活かせず、それ以後も同様の問題を抱え続けた。つまり、組合費など、全ての活動に関する費用の詳細な記録を行うことがなかったのである。
　そのような問題は、公的には問題にはならなかったが、労組内部での対立を生んだ。ゼニー・エトゥールマ（Zeny Eturma）が適切な資金管理を導入しようと提案したことを、ウルディング・レブシアス（Ulding Rebucias）がそれを個人的な攻撃であると受け取って否定したのである。彼がそれ程までに強く反対した理由に関しては、それは想像力を働かせるしかない（Sumog-oy 2004）。
　その問題に対しては、何の対策も講じられることはなく、しばらくその問題に関しては忘れ去られていた。しかし、当時労組の中核をなし、現在（調査当時）はサランガニ州の会計士をしているボウイ・マガロナ（Boy Magallona）が不満をぶつけたとき、また再燃した。しかし、それも忘れ去られることになった。それは、当時の労組の組合員達がその問題を市民に晒すことはできないと考えたためでもあった（Sumog-oy 2004）。

Welga na!)」などのスローガンも使われた。このスローガンは、マルコスが戒厳令を敷いていた1975年10月24日に、マニラのトンド地区にあるラ・トンデーニャ社の労働者たちが戒厳令下で最初の抵抗運動を展開した時に使われたスローガンとして知られているものだった（Franco 2000: 204, Sumog-oy 2004）。民主化後のフィリピンで、かつ遠くミンダナオの地にも、かつての社会運動の名残が強く残っていることがわかるが、これは、民主化以前と民主化後での、運動に携わってきた者たちの連続性として受け止めるべきであろう。

　エストラダは、パレード全体が反対運動の雰囲気に包まれていくのを感じて演壇から自分の席に引き上げ、唖然として何の動きも見せないで座っていた。聴衆は驚いて労組メンバー達の運動を見守っていた一方、パレードのメンバーの中にいた何人かの市の重職を務める者たちは、急いでその場から走り去った。労組のメンバーと自分達が仲間とは思われたくなかったからである。労組は、その後、創立記念日を台なしにしたという理由でひどく批判されたが、労組のメンバー達にとっては、全ての機会に彼らの主張を展開して理解を得たかった、のだと言う。

　元副大統領で、当時大統領府官房長官（Malacañang's Executive Secretary）だったテオフィスト・ギンゴナ（Teofisto Guingona）は、市がチャーター・シティー（Chartered City）となった記念日にゲストとして招かれたが、その時も労組は彼らの主張を訴えた。その時にも市民と軍のパレードが行われ、そこでも労組のメンバー達は横断幕などを広げ、公設市場で職務中に撃たれて死んだロジャー・ダディヴァス（Roger Dadivas）の名を出して、「ロジャーに正義を（Justice for Roger!）」、「職員全てに正義を（Justice for all Employees!）」と書いて訴えた。このような掛け声も、「アキーノに正義を、みんなに正義を」とニノイ・アキーノが暗殺された時にマニラなどで民衆が叫んだ掛け声を借用したものだった。また、彼らは、ギンゴナに対して、彼らの主張を展開した資料を受け取って欲しいと言って手渡そうとした。舞台の演壇に立つギンゴナに対して下から資料を持って約5分間、ギンゴナに受け取ってもらえるよう、あらゆる手段で説得した。しかし、ギンゴナは、それを受け取ることはなく、労組のメンバーはそこから怒りとともに立ち去ったと言う。労

組のメンバーは、ロジャー・ダディヴァスの死は決してアントニーノによるものとは考えていなかったものの、労組のメンバーはそれを少なくとも戦術的に利用して労組の主張に共感を持たれるよう努力した、と言う。労組は、デベネシアに対しても同様の直訴を行っていた。そして、これらの運動は、労組のメンバーに、デベネシアとギンゴナという2人の有力な政治家の性質を知る機会を与えることになった。彼らは、ギンゴナは進歩的でナショナリストであるというイメージで売っているものの、実際はそれが偽りであり、彼らの主張に耳を傾けることはなかったと言う一方、デベネシアは、彼の持つ典型的な伝統的政治家のイメージとは裏腹に、彼らのために時間を取ってその主張を聴き、それに対して好意的に動いたと言う。デベネシアが、労組の主張をオンブスマンや内務地方政府省に通したからである。労組のメンバーはその時、進歩的であることを喧伝する者よりも、かえってデベネシアのような「トラポ」の方が信頼に足ることを知ったと言う。ラモス政権も、いわゆるエリート層の国政レベルから地方レベルにまで広がるパトロネージのネットワークはフィリピン政治のみならず、行政においても問題であると考え、その是正が必要と考えていた。だが、大統領選挙で何とか当選は果たしたものの、当時のラモス政権の政権基盤はそれ程強くはなかった。そのため彼は、戦略的にNGOやPOとの協調関係を構築しようとしていた。デベネシアは、ラモスの腹心であり、ラモスが最も信頼していた者で、後に彼が後継者として次期大統領候補に指名した程だった。そのため、ラモスの腹心のデベネシアは、ジェネラルサントス市の労組の戦いに耳を傾けたのであろう。

　アメリカ国際開発庁の行う援助でサランガニ州のグランとジェネラルサントス市の間を結ぶ道路ネットワークが完成し、その開通式に当時大統領だったフィデル・ラモスがジェネラルサントス市を訪れることになったときには、市職員労組は、彼らの主張を展開する最上の機会であると考え、これまでと同様、デモなどを行って大統領に対して自分達の主張をぶつけようとした。しかし、彼らはそれを思い留まることになった。マラカニアンが彼らに対して特使を派遣して、その問題を認知したからである。ラモスの訪問の2日前、当時ミンダナオに関する大統領補佐だったポール・ドミンゲス（Paul

Dominguez) と労組の代表は、元下院議員のジェームズ・チョンビアン (James. L. Chiongbian) の自宅で会談を持った。そこで両者は、様々な妥協を互いに行った。ドミンゲスにとって最も重要な関心は、ラモスの訪問中に労組がデモやその他のいかなる問題も起こさず、つつがなくその訪問を終わらせることであり、労組にとっては、彼らの窮状を大統領に理解してもらうことであった。これは結局、内務地方自政府省が労組の訴えを取り上げ、この問題に対する公聴会を開催することで決着した。しかし、その公聴会は、労組側の問題で延期されることになった。出席することになっていた労組のメンバーが極度の緊張から体調を崩したためである。その後、様々な政治的出来事に忙殺されたために、結局、公聴会は開催されることはなかった。

　アキリノ・ピメンテル上院議員は、当時何の公職にも就いていなかったものの、労組が主要な運動主体となっていたジェンサン救済運動 (The Save Gensan Movement) に要請されて、同市を訪問した。彼の訪問は、ジェネラルサントス市の労組にとっては大きな意味を持っていた。何故ならば、彼が反マルコス運動のキャンペーンで衝撃的な役割を担ったことや、彼が新地方政府法を著し、それがフィリピン全体の地方におけるガバナンスで大きな変化を引き起こしたことを彼らが知っていたためである。現在でも、彼はフィリピン全体で尊敬を集める政治的リーダーの１人であり続けている（Sumogoy 2004）。ジェンサン救済運動は、ピメンテルをフォーラムに招待して、新たな地方政府法が都市と辺境の開発のためにどのような役割を担うことができるのか、また地方自治を民主化するためにどのような役割を担うことができるのかを考える機会を設けた。しかし、このフォーラムにピメンテルを招待した本当の理由は、アントニーノ市政が展開する行政に対して批判的な労組の主張に対してピメンテルからの支援を受けたいと考えていたこと、そしてありとあらゆる人に対して、フィリピンの中で最も強力な人物の内の１人を労組が味方につけたことを示したいと考えたことである。彼らはこれによって、あらゆる社会勢力の幹部や中間層から支持が得られることを期待したのである。ジェンサン救済運動は、第一義的には、ピメンテルの訪問を、労組やその同盟者達の士気の高揚や敵対勢力、つまりアントニーノ陣営の士気を弱体化させるといった心理的影響を与える手段の１つとして認識し、展

開していた。ピメンテルのジェネラルサントス市への訪問のタイミングはこれ以上ない程絶好なものだった。何故ならば、その訪問が、労組によるアントニーノのリコール運動が開始されて市庁舎が大勢の人で埋め尽くされることになった2、3日後だったためである。アントニーノが市行政に復帰してリコール運動のトラウマから解放される前にピメンテルが訪問したことは、アントニーノにとっては背筋が寒くなる経験だったに違いない、と彼らは考えていた。

第2項　労組の戦いを支援した2人の弁護士

　このようなジェネラルサントス市の職員労組のアントニーノに対する戦いには、2人の弁護士が労組側の味方について貢献した。彼らの労組の戦いに対する貢献は非常に大きかったと言う。その弁護士とは、ともに戒厳令時代の国家安全保障に関する裁判に取り組んでいた人権派の弁護士で、エドウィン・トーレス（Atty. Edwin Torres）とサミュエル・マトゥーノッグ（Atty. Samuel Matunog）だった。彼らは他の弁護士が断固として断る中、労組の裁判を快く引き受け、最善を尽くして戦った。国立フィリピン大学を卒業して司法試験に合格すると、彼らは戒厳令下のフィリピンで人身保護令が停止された中で反マルコスの運動にそれぞれ別々に身を投じた。マトゥーノッグはマルコスの頭痛の種となった抵抗する法律家連合（Protestant Lawyers League）に所属し、トーレスはマルコスの時代に最大の勢力を誇った全国労働者連合（National Federation of Laborers）に所属していた。また、彼らは、戒厳令時代に軍が行った虐待の犠牲者やその家族に対して法律的助言を与えてもいた。更にマトゥーノッグは、92年大統領選挙でホビト・サロンガとアキリノ・ピメンテルの大統領、副大統領候補を支持し、運動もしていた。彼は、92年選挙後に、サロンガに使用しなかった何百万ペソもの選挙運動資金を返却し、サロンガから賞賛された経験も持っていた。

　彼らは、進歩的な運動に身を投じ続けたが、家族の未来のために何も残していないことに気づき、その運動から一時身を引き、法律家として自分たちの生活を守る私人としてマニラからジェネラルサントス市に移り住んで来たのである。トーレスは、同様に運動から身を引き、ドール・フィリピ

（DOLE Philippines）の顧問弁護士として働いていた。その後、彼ら二人は、ジェネラルサントス市でトーレス・マトゥーノッグ法律事務所を開設したが、それは市内のエリート層と中間層の間ではすぐに有名な存在となった。彼らはライオンズ・クラブに入会し、商工会議所の顧問弁護士にもなっていた。また、彼らは商工会議所が強い影響力を持つ消費者団体のメンバーにもなっていた。しかし、体に染み付いた「アクティビズム」は拭い去ることはできず、結局また市内の進歩的運動に身を投じるようになったのである。最初、彼らは、戦闘的都市貧困層のPOであったKPSに合流した。トーレス弁護士は、次に社会民主主義的組織であるBISIGのメンバーになり、その後市民行動党のジェネラルサントス支部の議長と、FDCのメンバーになった[35]。マトゥーノッグ弁護士もこのFDCの活動には参加した。

　公務員労組の組合員がアントニーノ市政と対立した時、2人の弁護士は、市行政機構の再編や職員住宅用地の問題など、ほとんどの重要な案件で労組の顧問として彼らに助言を与えていた。彼らはまた、労組に対して、その闘争に関する戦略の立て方やプロパガンダの方法なども助言していた。そして、労組が選挙戦で自分達の候補者を立てて戦うことを決断した時、2人の弁護士は、候補者の法的要件を満たす手続きを補助し、彼ら自身労組の候補者のプロパガンダ戦に参加して戦ったのである。

第3項　マスコミの報道とプロパガンダ合戦

　メディアの報道は、92年から95年の期間、継続的に公務員労組の問題を取り上げ、労組の動向を伝えた。これは、労組のプロパガンダに大きく貢献することになった。その中には、好意的なメディアもあったし、批判的なメディアの報道もあった。好意的なメディアとしては、地元のラジオ局のDXCP、DXRE、DXMDがあり、新聞では、ミンダナオ・ブリテン（Mindanao Bulletin）、サザン・リビュー（Southern Review）があり、批判的メディアの中には、サランガニ・ジャーナル（Sarangani Journal）、地元のラジオ局のDXDX、

---

[35] BISIGとの関係ができたことは、ジェネラルサントス市の労組が国際的ネットワークの構築を進める手がかりとなったと言う。

DXGSがあった。DXCPは、カトリック教会の所有するラジオ局で、そのディレクターを務めていたアントニオ・マグバヌア神父は、彼の担当する5分間の論説の時間で、アントニーノ市政の市職員労組に対する対応を徹底的に批判し、その同じ論説が1日10回、1週間放送され続けるということが長期間続いた。彼はその他にも、警察や国家捜査局が市職員労組のリーダーを逮捕、拘留した後、90日間の職務停止処分を受けた時などは、彼のラジオ局でサロンガとピメンテルが大統領候補になった時に展開した、貧困層が1ペソの募金で彼らの選挙運動を支えたペソ・ペソキャンペーン同様、市職員労組のメンバーに対する募金で彼らを支援すべきとの呼びかけを行った。更に、市職員労組の行う集会で祈りを捧げるなど、一貫して彼らを擁護する行動を取った。彼は、88年市長選挙時から一貫してヌニェースを支持し続けており、この行動もある意味では当然のことであった。またそれは、彼の最も重視する価値観が、貧困層にこそ尽くすべき、というものであることの反映でもあった。好意的なものであれ、批判的なものであれ、このようなマスコミによる報道は、ジェネラルサントス市の職員労組の活動を市民だけでなく、国民全体にまで伝えることになった。それは、職員労組のリーダーの思惑通りと言えるものだった。彼らは、市民からの支持と理解を最も大きな武器としていたからである。

第4項　活性化するジェネラルサントス市職員労組（92-95年）

　1992年から95年にかけて、市の職員達は、驚くべき変化を見せた。伝統的に保守的である公務員たちが、自己の利害よりも集団的な利害を優先し、集会やデモ行進などに参加したのである[36]。それ以前のジェネラルサントス市の職員達は、会議を開催するのも難しい程ばらばらであったが、この時期には、会議はほとんど毎日行われた。また、仕事が始まる前、昼休み、職務の終了後には、デモが行われ、ピケが引かれた。更に、夜更けや夜明けまでそのような活動が行われることもあった。そして、それらに対する職員達の参加率はかなりのものであったと言う。そして、組合費の徴収率も高く、自発的に活動費を拠出し、労組が市政府を相手取った訴訟に対しては、職員たちは自発的に裁判費用を寄付してきた。労組の組織構造は強力で、すぐにで

第 4 章　ジェネラルサントス市における民主的政治のダイナミクス

もメンバーをデモ行進やピケに参加させることができた。そして、労組のプロ

36　スモゴイは、「市長と市職員の一般的関係のあり方とその変質」について以下のように記述している。これは、ジェネラルサントス市の職員労組のみならず、フィリピン全体の、公務員と政治家、または地方ボスたちの関係を浮き彫りにするものであり、参考になる。これを見る限り、フィリピンにおける公務員と地方ボスとの関係も変質してきたことが理解できる。そのため、以下に示しておく。
　「市の職員は必ずしも政治的に中立ではなかった。実際、彼等のたいていは、市で働く前は政治的な抵抗勢力の範疇に入る人々だった。アントニオ・アチャロン（Antonio C. Acharon）市長とそれ以前の時代は、彼らは市長の政治的リーダーや支持者として活動していたが、彼等の市長に対する貢献によって行政の中に入ってきたのである。アチャロン市長時代は、公務員に関する規則は、厳格に適用されなかったために、政府の官僚組織を専門職化するには不適切だった。それには理由があった。戒厳令期やそれ以前の寡頭たちは強力で、実際に政府の全てを支配していたのである。首長は制限されることのない権力を行使し得る支配エリートの大物の中から来るか、または、例えばマルコスのような大統領に近い者がなっていた。彼等の抑制の効かない権力のために、彼らはほとんど何でもすることができた。そのため、資格のない者たちを雇用することもできたし、有能で効率的ではあるが、政治的に言うことを聞かない者を免職することもできた。当時は、職員達の利益を守るために労働組合を結成するということは、職員達の想像の中ですら存在し得なかった。その結果、彼等の雇用を保障する唯一の手段は、現職の市長に対する支持を公言することで忠誠を誓うことのみであった。そうすることで、彼等の政治的ボスが首長職にある限り、彼らはその職を保障されたのである。しかしながら、そのシステムは、自分が忠誠を誓う首長が永久にその職にいるわけではなかったので、最終的な意味で職員達の雇用を保障するものではなかった。選挙でその首長が敗れると、職員達もそれに伴ってその職を辞することになった。そして、それは公的サービスをもその過程で犠牲にするものであった。ヌニェース時代でさえ、職員のリクルートは、政治家に対する忠誠を示すことで確保されていた。恐らく、これは、フィリピンの政治システムに生来備わるものと言えるかも知れない。何故ならば、自分の知っている者や自分を助けてくれた者、そして親族などを任命することは、政治的なプラグマティズム、または政治的方便に合致するのである。そのために、いわゆるこのようなパラカサン・システム（palakasan system）は、ヌニェース時代にも継続していたのである。しかし、彼女の時代は、EDSA 以前のもののように最悪のものではなかった。1986 年のいわゆる EDSA 革命によってもたらされた民主的空間は公務員委員会（Civil Service Commission）をより積極的にし、公務員法のより厳格な適用を行うことができるようになってきたからである。政治家による非合法的な雇用の停止は、公務員委員会によって覆されるようになってきた。したがって、職員の免職を狙って行われる政府組織の再編は行き詰まり、非合法化されたのである。アキーノ政権下で大統領令第 180 号が発布され、公務員達は労働組合を結成する権利が認められ、彼等の不満を解決するための集団行動権などの権利と特典が規定された。また、人事院（the personnel selection board）が、国家、地方の公務員の両方の資格要件を決定するために設置された。首長の任命権限は未だに維持されているものの、人事院は、任命過程に介入する権限を留保している。また、その任命権限

パガンダ用の配布物は20分以内に全ての職員に行き渡った。これは、労組の組織的インフラが強力だっただけでなく、職員達の意識が高かったことにもよる。この時には、メディアも全面的に労組の運動を支持し、労組の主張を市民に伝える橋渡し役をした。このメディアの支援がなければ、労組の運動は一般市民に理解されることはなかったであろう。この時期のジェネラルサントス市の公務員労組の活動のような例は、現在まで、フィリピン全土でも未だに見られるものではなく、地方政府の労働組合活動の歴史の中でも最も衝撃的な事例である。そのため、ジェネラルサントス市の事例は国内や国際的な会議で紹介される程であり、フィリピン中の労組がこの事例を模範としているものである。また、ジェネラルサントス市の職員労組は、初めて、彼ら自身のそれぞれの闘争を展開するに当って、一般市民の支援を受けるようなパートナーシップを結ぶことに成功した。多くの反対運動において労組は、様々な社会勢力と連携した。実際、ジェネラルサントス市の都市貧困層対策室（office of the urban poor organization）の事務所は、職員達の会議場となり、政治的教育活動の場となっていた。また、この時期は、職員間の同志

は、人事院によって推薦された者のリストの中から任命することが規定され、もし無資格の者を任命した時には、人事院はそれに対して介入して適切な措置を取る権限を留保している。更に、職員労組や職員の団体は、彼等の主張を展開することのできる法的地位を持ち、法廷やその他で首長などの規定違反の行為を正す権利を持っている。1986年のEDSA革命は政治システムを変容させただけでなく、次第に公務員の持つ政治文化をも変容させてきたと言えるだろう。以前は、市の職員達はロボットのように、彼等の仕事に関わることや現職の首長に好ましいこと以外は、政治的意見を持たなかった。しかし、86年以降、民主主義的雰囲気が広がり、人々は彼等の民主主義的権利の意識を高めていった。そして、たとえ政治的ボスと対立することがあろうとも、彼等の持つ権利と特典を利用するだけの勇気を持つようになってきた。しかし、公務員達の専門化は十分ではない。政治家と職員との政治的パートナーシップ（派閥）は消えないのである。アントニーノやアチャロンの支持者が片方におり、他方にヌニェースの支持者がいるという政治的分裂状態は存在するし、存続する。互いに大っぴらにそれぞれのボスのためのキャンペーンを行っている。現在の職員の中にもアントニーノやアチャロンの支持者とヌニェースの支持者が分裂して存在しているのである」。

　このような考え方は、確かに存在するものである。テレンス・ジョージは、フィリピン国家の3つの特徴として、第1に、中央よりも地方の方でエリート支配が強いこと、第2に、地方官僚は、軍や私兵による物理的抑圧を恐れていること、第3に、中央より地方の方が、寡頭制支配の構造は安定していること、を挙げている（George 1998: 247）。

意識が最も強い時期だった。彼らは様々な問題に対して一枚岩になって活動し、問題や必要があるときには、いつでもお互いに手を差し伸べる準備ができていた。この時期の労組の話は、どのように職員達が彼等の持つ関心を拡大していったかを物語るもので一杯であり、互いに助け合うよう心掛けていた。結局、この時期は、市職員労組の輝かしい時代であり、個人的利害を失う危機を孕むことにも関わらず、集団的利益を優先した時期であった[37]。

第8節　ジェンサン救済運動の形成と95年選挙でのヌニェースの勝利

第1項　ジェネラルサントス市労組活動の進歩的運動への変質

　市職員労組の組織化は、88年選挙以降に始まり、92年に初めて選挙で労組書記長を選出したが、執行部は様々な運動の経験者で占められ、社会運動

---

[37] 92年から95年にかけては、ジェネラルサントス市の市職員労組は、第3代、第4代の委員長を迎えることになった。そして、南コタバト州、サランガニ州、ジェネラルサントス市地域（SOCKSARGEN）に含まれる地域の地方政府で労組の組織化を行った。このようなことを行った理由は、ジェネラルサントス市職員労組の存亡の危機にあるこの時期、同盟関係を広げることで、少しでも有利な立場に立つことができると考えたからである。ジェネラルサントスの市職員労組によって組織化されたこれらの地方政府における職員労組は、現在でも存続し、地方政治における社会運動の一翼を担っている。

　ジェネラルサントス市の職員労組が展開した運動は、彼らを地域（Region）のみならず、国家レベルで有名にし、彼等の展開した運動は、他の公務員労組がなかなか敢えて行うことのできるものではないものである一方、モデルとなるものとして扱われた。実際、彼等の展開した運動は、労組の地域（Region）、全国レベルでの総会や国際的会議で報告される程のものだった。しかし、現在（2004年）まで、彼等の展開した様な衝撃的かつ劇的な運動を展開することのできた労組は未だ存在しない（Sumog-oy 2004）。

形成の素地は既にあった（Sumog-oy 2004）。最初の書記長は、学生運動を指導した経験を持ち、民族民主戦線の合法組織新愛国同盟とも交流があると言われていた。当時の副書記長は、市内の村のキリスト教徒基礎共同体の中心的存在だった。キリスト教徒基礎共同体は、マルコスの戒厳令体制下で解放の神学を信奉し、国民解放運動（National Liberation Movement: NLM）の影響下にあった「国民的解放のためのキリスト教徒（Christian for National Liberation: CNL）」の影響を強く受けていたと言われるが、ジェネラルサントスでも同様だった。実際、ミンダナオ自体、マルコス政権時代には、ある意味では、マニラ以上に反マルコス色の強い地域だった。このようなジェネラルサントス市職員労組のメンバーの背景を見ると、マルコス政権時代に展開された、反マルコス運動の影響が非常に強く残っていたことが分かる。だが、それは当時と全く同じものではなかった。マルコス政権時代やそれ以前には、官僚たちは政治家のただの手足であり、主要なアクターとして主体的に運動を展開できる組織ではなかったからである。この点で、ジェネラルサントス市職員労組の運動は、フィリピン全体でも類を見ない、全く新しい運動として誕生したと言えるものだった。だが、当初の市職員労組は、社会運動ではなく、市職員の権利擁護運動として誕生した。

ジェネラルサントス市の公務員労組による政治教育は、第1期ヌニェース市政時代に始まった。92年の初めての選挙によって労組委員長を選出したとき、その執行部は様々なレベルでの運動経験を持つ者で占められていた。ジェネラルサントス市公務員労組が最初に選挙で選出した労組委員長であるマニュエル・サレス・ジュニア（Manuel Sales Jr.）は、学生時代、多くの衝撃的で劇的なピケなどの学生運動を指導した経験を持ち、警察官との格闘も経験していた。彼は、民族民主戦線の合法的組織である新愛国同盟とも交流があると伝えられている。サレス時代の副委員長だったウルダリコ・レブシアス（Uldarico Rebucias）は、市内のコーネル村（Barangay Conel）のキリスト教徒基礎共同体で中心的に活動している者であった。この組織は、少なくともジェネラルサントス市で展開されていたものについては、政権を奪取し、社会改革を行うためには、非暴力的手段のみではなく、暴力的手段をも許容するという考え方を持っていた。

また、ジェネラルサントス市職員の上位幹部レベルや課長レベルは、フィリピン民主党―国民の力党に属する草の根の社会民主主義者たちで占められていた。ヌニェースが任命市長に就任した87年から最初に当選した88年以後、92年までの期間に、彼らを市行政の中に招き入れたからである。フィリピン民主党―国民の力党は、社会構造を変容させるために暴力を用いることを良しとはしていなかったが、フィリピン社会が準封建的、準植民地的、そして準資本主義的状況にあるという考え方については、同様の分析を行っていた。また、彼らの持つ非暴力的手段による社会変革という考え方については、そこに含まれていた軍人たちをも含めてそのほとんどが納得していた。そのような考え方が主流をなしていたのがこの政党だったのである。

　このような方針の下で、現（当時）労組委員長レスティチュート・ファクリブ・ジュニア（Restituto Facurib Jr.）は、ジェネラルサントス市の公務員労組を進歩的組織に変容させることに大きく貢献したフィリピン民主党―国民の力党のメンバーであった。また、91年には、BISIGは、地方政府内部に彼等の同志を募り始めていた。市職員の幹部の中には、彼らにリクルートされる者がいたが、彼らは後に、市職員労組を進歩的組織に変容させることに影響力を行使していた。BISIGは、市職員の中にいた彼等の同志を通して職員労組の中核的グループの者達に政治教育を施していったのである。その内容は、フィリピンについての分析やガバナンス、社会運動、社会主義、組織開発、地方政府法など多岐に渡るものだった。

第2項　ジェネラルサントス市職員労組の選挙政治への介入

　ジェネラルサントス市職員労組は、公式的に選挙への介入、特に既存のマシーン政治を変革するための対抗的選挙介入をする決定をしてはいなかった。しかし、必要に迫られて、また影響力のあるリーダーが選挙に介入することを決定していたために、否応なしに介入することになったのである。後に労組で影響力のあるリーダーになった者は、BISIGの中の公務員グループとして参加していた。BISIGは、92年選挙で、本格的な選挙マシーンを構築し、独自の候補者を立てて選挙政治に介入することを決定していた。だが、他の左派系のNGOやPO、そして政治運動などと同様、BISIGも、国

政レベルの政治に基本的には主眼を置いた活動を展開していた。つまり、国政レベルの選挙に候補者を立てようとしたのである。

　そのような状況の下、BISIG は、ジェネラルサントス市長選でも候補者を立てようと考えていた。ジェネラルサントス市での BISIG の活動は、「街頭の議会」で社会運動を展開するだけでなく、行政内部に入って、政府の労組に内部改革を行うよう圧力をかけることで、地方政府を改革するだけでなく、市長候補を擁立しようと考えていた。その戦略を実践するために BISIG は、行政内外の諸勢力を調整するため、ジェネラルサントス市内で会議を開いた。そして BISIG やその他のジェネラルサントス市にある社会変革を考える諸勢力は、改革主義的人間を市長選に擁立することを決めた。

　このような社会変革を望む勢力を見ると、それは、決してヌニェースの政治的子分ではなかった。彼らには、彼ら自身の独自の戦略と戦術があり、彼ら自身で候補者を擁立しようと考えていたのである。また、実際にそれらの諸勢力は、結局、ジェネラルサントス市長候補擁立を断念し、市長選に中立的立場を維持することを決定した。また、彼等の中には、選挙後、アントニーノ陣営に合流した者もいた。

　このような諸勢力が市長選挙で中立の立場を守り、候補擁立を断念したことには、ヌニェースの優柔不断さが背景にはあった。92年市長選挙立候補に際してヌニェースは、ラモス陣営からコファンコ陣営に鞍替えし、またラモス陣営に戻るという優柔不断さを見せたのである。彼女は、アントニーノの持つ資金力を恐れて、当時は無限とも言えるような資金を供与すると言われていたコファンコの資金力に魅力を感じていたのである。だが、アキーノ政権の支持者で、暫定国民議会の議員、そしてダバオ市の任命市長だったサップ・レスピシオ（Sap Respicio）がヌニェースと会談し、ヌニェースはコファンコの政党への移籍を諦めてラモス陣営に戻った。このような彼女の優柔不断さは、後に労組のリーダーとなる者たちの彼女への支持と擁立を諦めさせたのである。

　結局、BISIG やその他の諸勢力は、当時の改革派と言われた大統領候補者のホビト・サロンガと副大統領候補者のアキリノ・ピメンテルを国政レベルで支持し、ジェネラルサントス市内では、副市長候補として KPS のオラル

テを支持し、市議では8人の候補者達を支持した。つまり、市長候補以外の副市長、市議候補を支持したのである。その中の2人は、市の職員でもあった。このように労組が応援した者たちは、地方選では無残な敗退を喫したものの、サロンガとピメンテルに関しては、フィリピン全土のほとんどでは大きく敗退していたものの、ジェネラルサントス市では最多得票を取らせることに成功した。これは、市職員労組の組織力や選挙運動能力の高さを一定程度示すものと言える。

　この選挙では、市の職員が、国政レベル、市レベルの選挙対策本部長の役割を担っていた。市の職員達は、伝統的な政治（TRAPO or Traditional Politics）とは対照的に、真のオルターナティブ政治（GUAPO or Genuine Alternative Politics）に取り組んでおり、投票の監視や選挙キャンペーンの方法やその運営方法についてのセミナーなども行っていた。その目的は、人々に、最低限の民主主義で唯一参加が可能な、意味のある選挙への参加を促すためだった。更に、それらを訴えるために、都市貧困層の住む村を行進して歩くなどという活動も行った。諸社会勢力とともに、選挙へ介入した目的は、彼らを選挙というものに慣れさせることや選挙キャンペーンで必要となるスキルを習得させるためであった。「我々が、選挙が社会を改革するために必要な手段と信じる限り、市民や官僚機構は、選挙において我々自身の持つ選挙における課題を実現させるために、選挙のスキルを獲得しなければならない」のである。ヌニェースは、結局、市職員労組からの支援を失ったこともあり、この選挙では惨敗を喫した。そして、アントニーノが選挙で勝ち、ヌニェースから政権を奪った。この結果は、ジェネラルサントス市職員労組のメンバーに、選挙での政治家とのパートナーシップの重要性を教訓として与えたと言う。

　当選を果たしたアントニーノは、市の行政機構の再編を行い、職員住宅用地の変更を敢行しようとした。だが、アントニーノは、当時のジェネラルサントス市の職員たちに対する認識を誤っていた。当時のジェネラルサントス市職員たちは、アントニーノのその決定を素直に受け入れることはなかったのである。市の職員たちは、アントニーノの方針に断固として反対した。市の職員たちは、まだ86年のピープル・パワー革命で新たに得た自由を謳歌

していただけでなく、89年にヌニェースが行った機構の再編で市の職員達はヌニェースを支持する者が増えていた。過去にアントニオ・アチャロン市長を支持していた者たちですら、何人かの忠誠派を除いては、彼等の雇用の保障を強化しただけでなく、給与を引き上げたヌニェースを支持していた。例えば、職員の給与は月500ペソから4000ペソに引き上げられた。もちろん、これはヌニェースにのみその原因を見出すべきではない。給与の増加は、アキーノ大統領によって行われた改革で制度化されたものの1つだった。これ以前には、市の職員の給与は、中央政府、政府系企業、銀行その他の民間企業などの中で最低水準だった。そのため、地方政府職員たちは、「2級市民」として見なされていたのである。しかし、今や地方政府は最も良い雇用条件を提示する数少ない職種の1つとなったのである。民間企業は5ヶ月以下の契約を中心とした契的雇用を推し進めたWTOやIMF、世界銀行などの主導した構造調整プログラムに沿った形の雇用形態となっていたからである。これらもまた、アントニーノが市長になった時に市の官僚機構の中に見られた肯定的な変化であったが、彼はこれを考慮に入れようとはしなかった。ベン・スモゴイの評価によれば、アントニーノの言う行政機構再編の内容は、明らかに理にかなったものだっただけでなく、公正と正義を実践するためには必要なものだった。例えば、彼が市行政は「トップ・ヘビー」であると言うことは、そのスタッフの配置のパターンから見て間違ってはおらず、市の公務員住宅用地問題についても、1人当たり365平方メートルの土地を供与するというのも、その周辺に再定住が予定されていた都市貧困層が取得する土地が1人当たり150平方メートルであることを考慮すると、間違っているとは言い難いものだった。しかし、アントニーノは自分の論理を使って、事態をコントロールすることに失敗しただけでなく、職員たちに自分の論理の正しさを納得させることができなかった。

　このような事態になった大きな理由は、それまでの政治的常識への市職員たちの認識か大きく影響していた。アントニーノは、彼の持つカードを明確に示し、職員たちに、彼が政治的「復讐」のために組織再編や職員住宅用地の問題を利用するつもりはないと言ったが、それを信じる市職員労組のメンバーはいなかった。市の行政機構は、彼と極度に敵対関係にあったヌニェー

スを支持する者たちばかりで満たされていたため、アントニーノが自分たちを追い出そうとしているのではないかと考える者は非常に多く、アントニーノの言うことなど信じる者はほとんどいなかった[38]。

第3項　ジェンサン救済運動の形成と95年選挙でのヌニェースの勝利

　アントニーノの92年から95年の在任期間の中頃、市職員労組は、マグブヌア神父やミセス・アゼラ・シュウ（Mrs. Azela Chiew）は出席しなかったが、KPSや市内のPOの39.2グループ、そしてフィリピン民主党―国民の力党のリーダーなどの同盟者達を集め、アントニーノ市政の現状を分析し、その行動方針を立案し始めた。このような動きが基になり、ジェネラルサントス市に、アントニーノを市長の座から追い落とす政治的組織となった多分野の諸団体の連合として、ジェンサン救済運動（Save Gensan Movement）が結成されることになった。このジェンサン救済運動の話し合いの中で、選挙が間近になってきたことに鑑み、選挙に向けた運動の展開が必要との合意がなされた。ジェンサン救済運動の中には、当初、政治家は参加していなかったが、後に政治家たちも参加し始めた。ジェンサン救済運動への参加の際に行われるセミナーは、アントニーノ市長とも関係があった警察の地域指令官（Regional Police Commander）が行ったため、それは劇的なものとなった。彼がそのセミナーで行ったスピーチは、痛烈にアントニーノを批判するものだっただけでなく、警察の地域指令官がこの運動に参加しているという事実自体、この運動にある種の権威を与える結果となったのである。マルコス政権期に国軍が警察活動に大きな役割を果たし、エリート政治家は政治の表舞台から追いやられていた。だが、1990年代のフィリピンは、文民政治家が政治の表舞台に復権し、軍や警察をコントロールするようになり、軍も新たな役割を演じるよう方向転換を迫られた。また、警察軍（Philippine Constaburary: PC）が廃止され、内務地方政府省管轄下のフィリピン国家警察（Philiippine

---

38　しかし、アントニーノが言っていたことは、間違いではなかった。と言うのも、アントニーノは、ヌニェースを徹頭徹尾支持して彼と戦ったベン・スモゴイを、空きができた時に村担当課長（Barangay Affair's Office）として戻したからである。

National Police: PNP）となったことで、国軍から警察機能がなくなり、国軍は共産主義やムスリムの反乱対策、また南沙諸島での中国人漁民の拿捕などの限定的役割に追いやられた。そして、1990年警察法（Police Act）と1991年地方政府法は、市町長と州知事に対して、地域の警察の人事に対する裁量権を与えている。そして国政では、下院議会に任命委員会（Committee on Appointment）が復活し、政治家が、警察や軍に対する公式、非公式の影響力を行使できるようになった（Hedman and Sidel 2000: 57）。つまり、アントニーノの夫人のルワルハティは下院議員であり、アデルバートは自身も市長であるため、彼は警察に対して大きな影響力を行使できる存在だったのである。そのため、選挙直前に警察の地域司令官が市長に対して反旗を翻したことには、非常に大きな意味があったのである。

　そのため、この運動にはすぐに多くの治安関係の中間層、つまり軍人や警察官などが集まるようになった。また、それはすぐに一般的な人々の間にも広がり、その人気の拡大へとつながったのである。しかし、アントニーノはこの地域司令官を他の地域に転任させることに成功した。その地域司令官の息子が不法な麻薬をジェネラルサントス市からイスランに運搬したことがマスコミによって暴露されたことが、それを可能にさせたのである。しかし、それでもジェンサン救済運動の人気は衰えず、求心力は依然として高いまま維持された。

　このような中で、一時はジェネラルサントス市職員労組の決定過程は、このジェンサン救済運動の決定過程に包摂された時期もあった。だが、それは後に問題視され、激しい議論が展開された後、結局ジェンサン救済運動の決定はジェネラルサントス市職員労組の決定に自動的になるわけではないことが確認された。

　ジェンサン救済運動のセミナーが行われた後には、運動の大衆的ネットワークはより大きく、そして幅広く拡大していったが、そのような運動体の中にあって、ジェネラルサントス市職員労組は、この運動の主要な運動主体であり続けた[39]。市職員労組にとっては、この運動組織の政治勢力としての拡大に介入することで、彼ら自身の戦いにおける同盟者達を諸部門やコミュニティの間に作り上げることができたのである。実際、市職員労組は、村の

選挙に立候補予定の彼等の同盟者の村長や評議員、その他のリーダーたちに対して、選挙キャンペーンの運営方法や戦術、投票監視などのトレーニングを施した。そして何人かは、潜在的な同盟者の掘り起こしのため、実際に村の選挙で彼らを支援した。その頃には、職員住宅用地の問題は、アントニーノによってそれまであった市の職員住宅に関する条例が撤回されていた。そのため、市労組のメンバーは、選挙期間以前のキャンペーンの計画を立て、継続的な組織の拡大とプロパガンダで反アントニーノ勢力の形成、拡大のための動員を図った。

　これらの仕事に市の職員たちは積極的に関与した。彼らは、ラジオのインタビューに応え、また公的問題を扱うラジオ番組で徹底的にアントニーノを批判したのである。彼らは毎日のように反アントニーノの意思を示す行進を行った。また、市の職員たちはアントニーノの採ろうとした税制に対しても反対の意向を示した。そして、税制に反対するための住民投票実施に向けて署名活動を行い、アントニーノの起草した条例案を撤回させようとした。この運動は成功することはなかったが、市民の関心を引きつけ、その税に関する条例を主導したアントニーノ自体に対しても反対するように市民を誘導することに一定程度成功した。ベン・スモゴイによれば、アントニーノの税制に関する条例は、実際、時代遅れになった税制を是正するものであり、それ程悪いものではなかった。しかし、市職員労組を正当化するためにそれが必要だったのである。そして、実際、ジェンサン救済運動は実際にそれを廃案に持ち込むことに成功した。そして、この問題は、アントニーノがヌニェースに敗れた95年の市長選のキャンペーンで大きな争点となった。

　ジェンサン救済運動は、アントニーノ市長とその副市長、そして何人かの

39　ジェネラルサントス市の市職員労組の展開した運動は、アントニーノ市長が95年地方選挙でヌニェースに敗れた主な理由と考えられている。ジェネラルサントス市職員労組の展開した直接、間接の抵抗政治的選挙への介入は、多くの部門や個人から賞賛と非難を受けた。既存の法律によれば、公務員が抵抗政治に直接、間接に関わることは禁じられているからである。しかし、ジェネラルサントス市職員労組の組織の歴史の中で、この運動が重要な位置を占めているという事実は変わらない。そして、その運動によって、彼らは危険な問題に対して足を踏み入れるだけの能力とそこにある危機に対して適応するだけの勇気を示したのである (Sumog-oy 2004)。

市議に対するリコール運動をも主導した。このリコール運動を主導した市職員労組のリーダーで、市職員労組の委員長であるファクリブ（Facurib）は刑事、そして行政訴訟で訴えられることになった。この運動は成功することはなかったが、アントニーノ市長自身にショックを与え、当時現職市長だったアントニーノの「罪」を一般市民に対して衝撃的に伝える効果を持つことになったのである。

　選挙のキャンペーン期間が近づいたときには、ジェンサン救済運動は別の会議を開催し、市職員労組の全国ネットワークへの代表もこれに参加した。そしてその会議の結論は、彼ら自身の候補者を擁立して選挙戦を戦うというもので、候補者は、必ず、進歩的な理念を持って市の行政機構を刷新する能力を持ち、アントニーノに対して勝算がある者でなければならない、というものであった[40]。最初その候補者として名前が挙がったのは、アゼラ・シュウ夫人だった。だが、彼女はその申し出をすぐに断った。彼女は、ピープル・パワー革命の後に、市長や副市長、議員がアキーノによって任命された時にも似たような申し出があったものの、政府の役職を一切引き受けることはなかった。次に名前が挙がったのは、アントニオ・マグバヌア神父だったが、彼はそれをエイプリール・フールの冗談だと思う程で、全くその申し出を受ける気はなかった。そして、ついに彼らはヌニェースの名前を挙げることになったのである。92年市長選の敗北の後、教育文化スポーツ省の副大臣となってマニラに居住していたヌニェースも当初はこれを断ったが、ジェンサン救済運動のメンバーたちは、それが本気で断ったのではなく、権力欲に取り付かれているわけではないことを示したいがために断ったのだ、ということを知っており、彼女を口説き続けた。結局、ヌニェースは彼等の再三の説

---

[40] ジェンサン救済運動の候補者選定過程は、他の地域における候補者選定過程とは大きく異なっていたことが分かる。それは、一般的にこの時期の左派的NGOやPOなどの非伝統的な社会における政治勢力の候補者選定基準は、候補者自体の資質をそれ程考慮せず、単にそれまでの実績や貢献度などによって選定していた。しかし、その結果は、思わしくなく、結局政治の場においてその勢力を拡大できなかったと言われている。それに反して、ジェンサン救済運動の場合、候補者のいわゆる「勝算」や個人の資質にまで考慮が及んでいるところを見ると、より実践的に政治を捉え、それに適した候補者選定が行われていたと言えるだろう。

得に応じてその候補者指名を了承し、ラモスの国民の力─全国キリスト教徒民主主義者連合から、彼等の代表として95年選挙に出馬することを決定した[41]。その会議では、当初KPSのオラルテと市の課長職にあったベン・スモゴイも市議候補として擁立される予定だったが、結局それはオラルテだけに留めることに再度の会議で決定した。そして、スモゴイはヌニェースの選挙対策本部長として活動するために市の職を辞することが決定された。この過程を見ると、当時のBISIGが地方では、未だにそれ程の大きな力をつけていなかったことも垣間見える。当時、大統領のラモスは、NGOやPOコミュニティとの戦略的協調関係を結んでいたが、95年頃には、法案を通する為もあって、辺境地域開発資金を拡大して下院イニシャティブ・アロケーション（CIA）制度を設け、ポーク・バレルを拡大していた。そして、それに対しては、NGOやPOコミュニティからの批判が高まり始めていた。しかし、未だ地方では、ラモスの政党と協調関係を維持していたわけで、そこにBISIGやNGO、POコミュニティの勢力の脆弱さとそこから来る現実的対応が伺える。

　95年選挙には、市の職員の多くの者は、公然と、また密かに選挙運動に参加することになった。市職員労組は、職員各々に、ジェンサン救済運動の横断幕やポスターを作り、自分の家やフェンスに貼ること、そして親戚、家族、友人、隣人から50票の投票を確保することを通達した。また、多くの者はその戦略にしたがって行動した。

　また、彼女の陣営は、88年と92年選挙時にはなかった本格的選挙マシーンをこの時初めて構築することに成功した。彼女は、市の職員労組を中心に7821人を選挙要員として動員し、全ての投票所に監視員を置き、300人の機動部隊を選対本部に用意したのである[42]。そして、それらを運営する事務の全てを統括していたのが選挙対策本部長だった。その中には、KPSの他、72の都市貧困層のPOも含まれていた。彼らがヌニェースを支持した理由は、彼らもジェンサン救済運動に参加していたので当然ではあるが、もう1つ、ヌニェースが失った近づき易さを取り戻していたことも大きかった。ヌ

41　ヌニェースの自宅での聞き取りの際に彼女から渡された履歴書参照。2006年2月。

ニェース自身、92年選挙での敗退の経験から、何が選挙民の心を動かし、選挙運動を行う者たちの心を捉えるかを学んでいたのである。そして、この選挙マシーン形成の背景には、BISIG の影響が見られる。つまり、92年に BISIG は初めて選挙マシーンを形成して、選挙に候補者を立てて戦ったが、それがジェネラルサントス市では、95年になって一定の成果を出し始めたのである。図7は、彼女の政治的支持構造を図式化したものがである。

図7を見ても分かる通り、彼女の政治的支持構造は、1988年選挙時に彼女を支持した社会勢力に加えて、ジェネラルサントス市職員労働組合が参加したことが1つの大きな変化だった。彼女の政治的支持構造は、NGO や

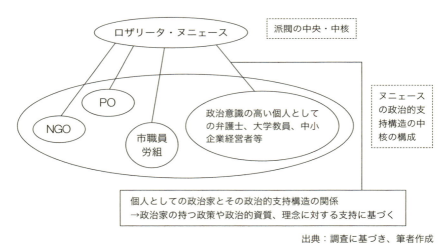

出典：調査に基づき、筆者作成

図7　ヌニェースの理念的派閥の構造と諸アクター間の関係

42　機動部隊とは、何か選挙関連の暴力的脅しを対立陣営から仕掛けられた際には、その現場にすぐに向かい、それに対応することができるよう、選挙対策本部に置かれていたものだった。フィリピンの選挙では、そのような暴力に訴える「伝統的政治」が一般的になっていたことや、92年選挙時に手榴弾が爆発して5人が死亡した事件があったことを考慮して、ヌニェース陣営はそのような事態に備えていたのである。だが、一方で、彼らは武器などを使うことは良しとはしていないため、できるだけ多くの人員を派遣することで、数にものを言わせることでそれに対応しようとしていたのである。Benjamin Sumog-oy への2005年9月、2006年、2月に行った Benjamin Sumog-oy への聞き取りより。

PO、専門家の個人、そしてジェネラルサントス市職員労組が連合してジェンサン救済運動を形成したもので、それによって選挙運動を展開したのである。このような政治的支持構造は、いわゆる政治マシーンとは全く異なり、「理念的派閥」と呼ぶべきもので、理念や政策が重視されていたことや、それらの主体間の関係は、決して明確な指揮系統が存在するものではなく、緩やかな連合体になっていたことが特徴だった[43]。また、ジェンサン救済運動の中での市職員労組の役割に見られるように、この時期、市の職員労組は、既存の社会構造からの解放を目指す社会運動を牽引していたことが、彼らの運動から確認することができる。これは、フィリピンの地方政治研究の中では、全く報告のない新しい現象である。このような連合体とそこに集まってきた協力者たちに運動資金を提供するため、ヌニェースは、少なくとも2500万ペソの資金を用意したと言われている。その中には、ラモスから提供された500万ペソの援助もあった[44]。それ以外は、彼女の資産を抵当に入れた借り入れや支持者からの献金で賄っていた。現在、彼女の住む屋敷は銀行の抵

---

[43] ヌニェースの政治的支持構造は理念的色彩が強い一方、未だに政党の地方支部の様にはなっておらず、派閥の域を出ない。ランデがP–C関係を、またスコットが政治マシーン派閥を政党との関係で規定したように、私もヌニェースの政治的支持構造を同様に規定する。理念的派閥は、ただ単に短期的、物質的な報酬で動くのではなく、政策や理念で動く人々の緩やかな同盟関係、またはネットワークとも言えるが、それは、決して政策や理念に基づいて良く組織化された政党の地方支部のように、たとえ地方支部内での対立があったとしても、それが即分裂を意味するものではないという意味での堅固な一体性を示すのではなく、派閥内での様々な競合、例えば地位争いなどが即分裂を意味するような脆弱な結びつきを示すものである。また、NGOやPOの連合体とだけ言ってしまうことにも同意できない。何故ならば、ジェネラルサントス市の職員労働組合という異なる団体が存在し、それが最も主要な役割を演じていたためである。ジェネラルサントス市職員労組に関しては、社会勢力と呼ぶことが相応しいのか、それとも国家機構と呼ぶことが相応しいのか、という議論も残っているだろう。

[44] Benjamin Sumog-oyへの聞き取りより。2006年2月。ラモス政権時には、一定の改革イニシャティブが進んだと言われるが、それは、彼が下院議員らに対していわゆるポーク・バレル（Countryside Development Funds and Congressional Initiative Allocation）をかなりばら撒いていたためだった。また、彼は、毎年国家予算の20％が汚職に消えていたと述べている。ヌニェースに渡った金もここから捻出されていたと考えるべきであろう。この額は決して小さな額ではなったが、それはヌニェースの選挙費用の全てを賄える程の金額ではなく、集票方法の本質が金による買収ではなかったことは強調しておく必要がある（Abinales and Amoroso 2005: 258）。

当に入っている。

　また、市職員労組やジェンサン救済運動が盛んに反アントニーノ運動を展開し、彼等の市長候補者としてヌニェースを擁立するという情報をマスコミに流し続けたことは、アントニーノの印象を悪くすることに貢献した。92年選挙時にアントニーノは、ヌニェースを汚職の嫌疑で訴え、マスコミにヌニェースの汚職の疑いを流していたが、その訴訟の全てで敗訴していた。それもあり、市民はヌニェースに対する悪いイメージを既に払拭しており、逆にアントニーノに対して悪いイメージを持つようになったのである[45]。

　結局、ヌニェースは、この選挙戦に僅差で勝利することができた。そして、市職員住宅の問題は裁判所の調停を通じて解決され、行政機構の再編問題に関しても、アントニーノの出した案を廃棄し、彼女が新たな再編案を作って実施することで解決された。そして、市の行政機構や市職員労組は、一定程度の勢力の拡大を見ることになったのである。

45　2005年9月、2006年、2月に行ったBenjamin Sumog-oyへの聞き取りより。

第4章　ジェネラルサントス市における民主的政治のダイナミクス

第9節　その後のヌニェース市政とその政治的支持構造の崩壊、そしてその要因

　95年選挙で当選したヌニェースの展開した行政そのものは、以前と変わらぬ評価に価するものだった。その行政手腕は、市を確かに成長軌道に乗せ、内外からの新規投資獲得にも成功し、大型機就航が可能になるようブアヤン空港拡張も決定した。港湾施設も同様に拡充の目途をつけた。NGO などとの協力も以前同様だった[46]。そして、何よりも、ジェネラルサントス市は発

46　アントニーノ自身は現在のジェネラルサントス市の空港を拡張し、大型の航空機でも就航できるようになったのは、自分自身の功績であると主張していたが、その拡張計画はヌニェース時代に既に決定されていたものであり、アントニーノの努力の成果というわけではなかった。また、筆者は、1999年から2000年にかけて、ジェネラルサントス市の市開発評議会の現状を調査していた。ジェネラルサントス市は、制度的には非常に参加型の開発過程を持っていた。つまり、年4回の開発評議会を開催し、その中で、市内のNGOやPO、大学の学長等から意見を聴取して、それを開発過程に反映させることができる制度だった。だが、筆者が調査を実施した当時市長は既にアントニーノに代わっていたが、その時に開発評議会にメンバーになっていたNGOやPOへの聞き取り調査では、ヌニェース時代とは対照的に、その活動は非常に停滞していた。以下に、私が1999年から2000年にかけて行ったインタビュー調査から、当時のジェネラルサントス市の市開発評議会の現状と問題点を挙げておく。
　当時のインタビュー調査によって得られた情報から見えたジェネラルサントス市の市開発評議会の現状は非常に停滞していた。村の計画策定過程において市が村とともに開発投資計画を規定通りに熱心に技術支援を行っていたとも言い難かった。それは、以下の3つから判断できた。それは第1に、市の職員が村のワークショップに参加しないことが多いことや、第2に、市の職員で村に技術支援を提供する職務についていた職員にインタビューしたとき、アントニーノ市長は村を重視せず、その職員をその役職からはずしたことである。その裏には、現市長に反対する勢力にこの職員がくみしていたことが影響した、と彼は述べた。そして第3に、私自身が評議会に参加したとき、その参加率は25％であり、欠席者がかなり多かったことである。私自身が市の開発評議会を傍聴した後、出席率が悪い理由などを調査するために、開発評議会を構成するすべての団体に対して聞き取り調査を行ったが、そこから幾つかの欠席の理由が浮き彫りになった。
　市の開発評議会の構成員である村長やNGO、POが評議会に参加しない理由は、第1に、市長が当該村にプロジェクトをまわさないから、というものであった。インタビューを行った村の9件からそのような不満を聞くことができた。私の住んでいた

展を続けており、人口も大きく伸びていった。その基礎を作ることにおけるヌニェースの役割は決して小さくはなかった。だが、問題もあった。特に、彼女を支えた政治的支持構造自体が、その活動を停滞させ、汚職をし始めたのである。

第1項　ジェネラルサントス市職員労組の諸問題

アントニーノがまだ市政を担当していた92年から95年にかけては、ジェネラルサントス市職員労組には、問題がなかったわけではなかった。労組の資金管理のずさんさから問題が起こっていたのである。しかし、市民の目に

村は、アントニーノ市長の対抗勢力、つまりヌニェース元市長と親戚関係にあり、その村にはプロジェクトをまわさない、ということを聞いた。また、その他の村で、親戚関係や政治的支持がどうなっているか聞くことはできなかったが、同様にプロジェクトをまわさない、ということを聞くことができた。第2には、民間代表（Private Sector Representative）へのインタビューから得た欠席の理由である。それは2つあり、1つは、市当局が評議会やその分野別委員会をいつ開催するかを知らせるのに、かなり直前になってからしか通知していないために、欠席することもあると言う。その代表は、病院の院長で、共同組合や小規模金融を行っているNGOの代表であった。そのような業務を行うため、確かにかなり忙しいようである。同様な話は、ノートルダム大学ジェネラルサントス校の中にある経済情報のデータベースを作成するNGOからも聞かれた。さらに、ノートルダム大学マルベル校の学長で、ストリートチルドレンの保護や刑務所から出所してきた者達にシェルターを提供しているNGOの代表も同様のことを述べた。市当局の運営上の問題点と言える。2つ目は、貧困層が自分達を組織化して自力で土地を取得して、家屋を建てる活動をして、フィリピン最大の全国ネットのテレビ局ABS－CBNからその活動を表彰されたKPSが組織化した、新たなPOから得られたものである。そのPOの代表の女性は、アントニーノ市長は私達のことを全く考えていないから参加しないのだ、と言う。また、彼女らは、前市長の下では、かなり活発な参加者だったと言う。一種の諦めである。彼女によれば、彼女らが土地を取得しようとしている村に市長は病院を建設しようとしているため、彼女らの活動は邪魔だと考えているようである。また、彼女はプライマリー・ヘルスケアの方がより私達の健康のためには重要なのに、市長は大きな病院を立てようとしている、という不満を述べた。一種の政治的な問題である。ここには、アントニーノ市長が地方ボス的存在であることがうかがわれた。

ジェネラルサントス市は、ヌニェース市長時代の1997年に、米国国際援助庁から「統治と地域民主主義」のための援助を受けていた。このプロジェクトは、ヌニェース市長の下では比較的よい方向に地域を導く機能を果たしていたかも知れない。だが、当時の地方ボスとしての市長の下では、その援助は全く意味を持っていなかった。良い統治とは程遠い統治の現実である。このような中で、市の職員、つまり地方官僚はそれに対して対抗する有効な手段を持ち得なかった。

その問題をさらすことはできないという判断から、そのような問題は表に出てくることはなかった。だが、それでもなお、その問題は再び95年市長選挙以後に行われた市職員労組の委員長選挙で再燃することになった。92年から95年の労組のアントニーノに対する戦いと95年の市長選挙の中で中核的役割を担ったファクリブが労組の委員長選挙に立候補した時にもその問題が持ち出された。対立候補のウルディン・レブシアス（Ulding Rebucias）がその問題を持ち出してファクリブを攻撃したのである。結局、選挙では、ファクリブがレブシアスを破り、当選することになった。しかし、その票差は僅差だったと言う。だが、その後間もなくファクリブは亡くなり、再び労組のリーダーとして返り咲くことはなかった[47]。そのため、彼の死後、労組は再び選挙で1996年から98年までの任期を務める第5代委員長を選出することになった。この選挙は白熱した。レブシアスに対抗して、労組のリーダーだったマヌエル・サラス・ジュニア（Manuel Sales Jr.）の妻であるマロウ・サラス（Malou Sales）が出馬して対抗したからである。レブシアス、サラスの両者とも、伝えられるところによれば、新愛国同盟と同盟関係を持っ

47　スモゴイはファクリブを高く評価して、「ファクリブは、誰かに影響を受けてすぐにその考え方を変えたりするような人間ではなかった。彼が参加してきた労組の戦いで、彼は刑事事件や行政裁判に訴えられていた。その中で、恐怖と絶望が労組のメンバーを支配したこともあった。そして、デモやピケにメンバー達が参加することは、時とともに少なくなってきていた。しかし、ファクリブのリーダーシップはそのような時でも、少なからず労組のメンバーをその活動に参加させ、労組の活力を回復してきた」、と叙述している（Sumog-oy 2004）。
　　実際、彼の委員長時代は、多くの改革が行われた。ファクリブが委員長に就任すると、彼はすぐに労組の問題点の改善に取り組んだ。会計報告書や会報を作り、全ての会議や活動に関して記録を残すようにし、会計監査も行った。そして、組合員に対して労組の活動を公にして、もし労組メンバーがそれに対して不審を持ったときは、自由に調べられるようにした。また、労組内部の運営機構を整備して、労組の活動に支障をきたさないよう、また、労組の制度的継続性を保つよう努めた。このような改革を行った後、ファクリブは組合運営費を20ペソから50ペソに増額した。その主な目的は、組織の強化やそのメンバーに対して継続的で意味のある福利厚生プログラムを実施することを可能にするためだった。より効率的な運営費の徴収のため、給料からの源泉徴収を行うよう協定を結んだ。そして、労組は、効率的で常に最新の情報を提供するために専従職員を雇うこととした。調査当時、労組は4人の専従職員を持つまでになっていた。2001年9月21日、労組は再び組合運営費を更に引き上げ、50ペソから100ペソとした。それは、メンバーから出ていた意見を取り入れ、より包括的な

ていると言われていたが、その新愛国同盟があからさまにマロウ・サラスを支持したからである。結局、レブシアスはサラスに勝利したが、その得票差は12票であった。レブシアスが勝利することができた要因は、第1に、職員達が大衆的リーダーをより望んでいたということ、第2に、活動家で新愛国同盟が支持する者に対してかなり保守的である官僚機構の中にいる者達が離れていったこと、第3に、マロウ・サラスは委員長選挙の時に不必要にヌニェースを攻撃して、彼女の支持者達をうんざりさせていたことがある。当時のヌニェースは、95年選挙で勝利したばかりで、組合員達は未だにその勝利に酔っていたのである。また、第4に、女性であるマウロ・サラスに対する左派系の新愛国同盟の公然とした支持は、当時未だ保守的だった市の官僚たちを困惑させたことがあった。そして第6に、レブシアスの組合運動における武勇伝は労組のメンバー達には消せない記憶として残っており、支持者も多くいたことである。しかし、この当時には、92年から95年にかけての反アントニーノ運動に中核となって参加していた者たちは分裂し始めており、サラスが選挙戦略に失敗することがなければ、この選挙の結果は逆になっていたかも知れないと言われている。

　このような過程を経て労組の委員長となったレブシアスの任期中は、取り立てて成果はなく、むしろ、この時期には多くの問題を抱えることとなった。この時期、労組の中で汚職のスキャンダルが起こり、政府機能を私物化したとの批判があったからである。ある労組のリーダーは、親戚や友人のために政府のポストを確保するためにロビー活動に励み、労組に関する仕事をなおざりにした。また労組の役員達の多くは、ヌニェースが市長に返り咲いたことで彼らが官僚組織の中で行使する権力に満足したため、活動を停滞させた。このような中で、労組の資金の管理に関しても内部で問題が起こり、労

福利厚生サービスを提供できるようにするためであった。
　調査当時、ジェネラルサントス市職員労組は、最も豊かで効率的に運営されている公務員労組の1つとなっていた。2004年10月現在で、総資産は510万ペソにまで伸びていた。2005年6月29日現在では、労組は、26万ペソあまりを退職するメンバーに、病気の家族の埋葬などをするメンバーに対して89万2200ペソあまりを、メンバーやその扶養家族の入院費などに8万5000ペソを、そしてメンバーの様々な訴訟に対して2万6500ペソ余りを支出していた（Sumog-oy 2004）。

組が組織として弱体化し始めたのである。

　このような状況の下、職員の参加を拡大する努力として、会議や集会を開催することもなく、その中で現状を分析することもなかった。そして、そのような状況に対して労組のリーダー達は、何も対応策を取ることもなかったのである。更に、労組の資金に関して汚職の問題が起こっただけでなく、市の行政機能を阻害するような問題まで引き起こすことになった。実際、労組のリーダー層は、メディアに取り上げられる程の汚職の温床となった。ヌニェース市政の第2期の時代、労組はその清廉さを失い、多くの人々を落胆させた。機会主義者達の行政への参入を妨げられず、彼らは行政機構内でより良い地位を手に入れるべく、何人かの労組のリーダーとともに駆けずり回った。

　95年市長選挙後のヌニェースの市長就任式の時、労組の委員長に就任していたレブシアスは、反アントニーノ・キャンペーンの時と同様、アントニーノに対して厳しい批判を展開していた。その時、ヌニェースは、レブシアスのそのような態度を厳しく叱責した。だが、彼は、その場ではヌニェースに従ったものの、それを軽く考えていたと言われる。それは、勝利の後の状況を制御できない労組の乱れを予感させるものとなったと言う。しかし、ヌニェースにしても、自分の政治的支持構造の母体となっていた市職員労組のこのような問題に対して、それを抑制するだけの指導力を発揮したわけではなかった。彼女にとっての政治とは、彼女の統治行為のみであり、それ以外のことは何ら関心を示さなかったのである。

　このように、ジェンサン救済運動を牽引したジェネラルサントス市職員労組の内部にも内部的対立の火種や汚職は存在したのである。ジェネラルサントス市職員労組のこのような問題は、ヌニェースの1998年選挙における敗退に大きな影響を与えたと言われる。そして、それからの労組やヌニェースには、もう二度と返り咲く機会は回っては来なかった。98年市長選挙では、アントニーノが再び市長に当選したのである。また、その後、彼は労組の主張をうまくかわすようになり、対立を回避するようになっただけでなく、労組自体を政権内に吸収する戦略に転換し、それに成功した。つまり、それまでヌニェース支持者のリーダーが中核をなしていた労組で、彼らが何もしな

い間、アントニーノに組していた者が市職員労組のリーダーシップをうまく取り込むようになったのである[48]。

第2項　ジェンサン救済運動に参加したその他の社会勢力の問題

　ジェンサン救済運動もまた、その活動は不活発になり、分裂していった。そして、その会議は、彼等の大衆基盤の中にいる者たちの行政内での職のロビー活動の場となった。そのような中で、行政内で職を得ることができた者たちは、政治的に不活発となり、親戚達をより多く雇用させるためのロビー活動に励んだ。彼らは、ガバナンスを改革する政策を考えるのではなく、誰がより多くのパイを獲得するかについて関心を示すようになったのである。ジェンサン救済運動のリーダー達は、職を求めてロビー活動を行う者たちの格好のターゲットとなり、嘲りの対象となった。実際、7881人の村のリーダーやキャンペーン要員たちが職を求めてロビー活動を行ったが、その内雇用された者はごく少数だった。そして、それも次の選挙において大きな影響を与える要因となったのである。

　ジェンサン救済運動とともに、その他の進歩的勢力も分裂した。そのリーダーの1人で公職を獲得した者は、急に羽振りがよくなったことで批判された。その他の者は、行政機構内部での仕事にストレスを貯め、不活発になった。

　このような状況に対して、ヌニェースは、彼女の政治的支持構造を維持す

---

[48] 98年の労組選挙には、レブシアスはもう選挙に出馬しなかった。そして、レブシアスが96年から98年の期間、委員長にあった時代に副委員長だったフェルディナンド・パレハ（Ferdinand Pareja）が労組の委員長となった。パレハはヌニェースによって政治的に任命された人物であったが、結局、最後にはアントニーノ側に寝返った人物であり、労組に対する忠誠は疑わしいと考えられていた。過去において労組側がその主張を展開しようとした時、それを相殺するような行動を取ってきたからである。
　パレハが労組の委員長の時代、彼は職員のために何もしなかったためにひどく職員達から批判を受けていた。パレハは、当時市長だったアントニーノとかなり近い関係にあり、中央政府がガイドラインを出していた10%の俸給の増加を実現することさえできなかった。パレハは、高まる職員達の彼に対する偏見を払拭するために俸給の増加を要求して市庁舎前でピケを張ったが、職員達はそれを、パレハが自分達の福利のために行ったと思う者はいなかった。アントニーノは結局10%の俸給の増加を認めたが、それはパレハの労組委員長の任期が終わった後のことだった。つまり、パレハは、取り立てて言う程の成果もなく、その任期を終えたのである（Sumog-oy 2004）。

るために何の努力もすることはなかった。彼女によれば、「彼女の政治は彼女の統治行為である」と言う[49]。そして、市内にあるマグサイサイ公園の売却に関する汚職問題が起こり、彼女の政治、つまり統治行為すら問題視されるようになったのである。ヌニェースは、1998年選挙直前に、市内にある海岸沿いのマグサイサイ公園の一部を退役軍人たちのNGO組織に払い下げることに合意し、合意書に調印した。しかし、それをアントニーノが暴き、それが不法なものであると主張して、マスコミを巻き込んだため、スキャンダルに発展した。それが98年選挙における直接的敗因となったのである。

第3項　ジェンサン救済運動崩壊の要因と民主的政治家

　この時期のジェネラルサントス市職員労組の失敗についてのスモゴイの分析によれば、その要因は4つであった。第1に、自己評価を行うこともなく、労組の運動の結果得られた成果を維持発展させるために何の対策も取ることがなかったことである。つまり、95年の選挙における勝利は労組とその同盟者達が勝利へ向けての客観的、主体的状況を作り出すことに成功したことがあったが、それを維持するための方策は取られることがなかったということである。第2の要因は、直ちにヌニェース市政から一定の距離を置き、その統治や政策を監視する役割を果すべきだったことである。ヌニェースを強く支持する余り、労組自体がその勝利に酔い、士気が下がり、規律も乱れていったと言うのである。第3に、機会主義者達が行政内部に入り込むことに対して反対すべきだったことである。第2期ヌニェース市政では、市政内部に選挙での応援の報酬を求めてきた者がいたが、ヌニェースはそれなりに論功行賞を行ってしまった。それは、ヌニェース市政が掲げていた政策と理念、そしてそのクリーンさを失わせてしまったのである。そして第4の要因は、より透明性の高い、効率的行政機構にするために改革を続ける努力をすべき

49　このような彼女の考え方は、2006年2月に彼女の自宅で聞き取りを行った際にも聴くことができた。つまり、筆者が、「支持者をどのように取りまとめてきましたか」という質問を投げかけた時、彼女は、「政策などを考えることは得意であるし、好きでもあるが、支持者を取りまとめるようなことは、スモゴイのような他の人に任せることが多かった」と語ったのである。

だったことである。このような努力を怠ったため、市民からの共感を得られなくなってしまったのだと言うのである。

ヌニェースを市長の座に就けたのはジェンサン救済運動であり、その運動の中核はジェネラルサントス市職員労組だった。その中核的勢力がこのような分裂や汚職を引き起こすような状態に陥ったため、必然的にジェンサン救済運動の求心力は低下していったのである。

1998年の市長選で、ヌニェースはアントニーノに敗れてしまったが、ここに見るように、それには、彼女の政治的支持構造自体の崩壊が背景にあったことを示している[50]。これは、政策や理念を中心とする社会勢力が、いったん政権を奪取すると、程度の差はあれ、それまでの寡頭や地方ボスと同様の汚職体質を露呈してしまったことを意味している。これは、まさにフィリ

---

50 1998年市長選挙で落選したヌニェースは、ラモス大統領に請われて教育文化スポーツ省の副大臣としてマニラに行き、ジェネラルサントス市の政治とは彼女自身を切り離した。2001年にも市長選に出馬したが、アントニーノの政治的子分で、彼の政治マシーンを利用して出馬した、アントニオ・アチャロンの弟でもあるペドロ・アチャロン・ジュニア（Pedro Achalon Jr.）に大差で敗れて再度落選した。市民行動党のジェネラルサントス支部の幹事長で元アルサ・マサに所属していた方に2003年に聞き取りをしたところ、彼女の政治生命はもう終わりだろうと述べていた。その後、彼女は、2003年から2005年にかけては、農地改革省の副大臣にも就任して国政に従事するようになっていた。2006年2月に彼女の自宅で聞き取りを行ったところ、今でももし支持者たちが自分を推してくれるのならば、もう1度市長選に出馬する意向はある、と述べていた。彼女にとっては、中央政府の仕事は窮屈なのだと言う。また、彼女の夫は癌に苦しんでいたため、その傍らにいることも多くなってきている、と述べていた。彼女の支持者たちの中で最も彼女を支えてきたベンジャミン・スモゴイは、98年選挙でヌニェースが落選した後、市の課長職を辞して、FDCのジェネラルサントス支部を組織化し、その他のPOを組織化する仕事に従事していた。2001年にヌニェース市長候補の下で市議会議員選挙に立候補したが、落選している。その後は、NGOの組織化を行いながら、かつてのヌニェース支持派だった村で仕事をしていた。オラルテは、1998年選挙時には、市議会議員選挙で当選したが、2001年の選挙では落選してしまった。しかし、KPSは着実にその能力を高めていっており、第11地域（Region 11）の地域開発評議会のメンバーにもなった。更に貧困層の組織化の仕事を確実に大きなものにしてきている。私はジェネラルサントス市に訪問するときは、必ずKPSを尋ねるが、KPSの事務所は次第に大きくなっていた。KPSが実際に行っている事業について話を聞くと、諸外国のODAやNGOなどの支援を着実に受け入れ、事業を拡大するとともに、人員を拡充していた。最後に聞き取りを行った時、オラルテは、既に政治的地位に関してはもうそれ程関心を持ってはいないと述べていた。また、実際、そのような可能性ももうないだろうと考えていた。

ピンに根深く残る政治文化のなせる業なのかも知れない。寡頭や地方ボスに対して、一般市民もその他のNGOやPOも非常に饒舌な批判を展開する一方、自分がその立場に立つとやはり同様の行動を取ってしてしまったのである。これこそが、まさにフィリピン政治の大きな問題なのかも知れない。

　寡頭や地方ボスは、自己の利益を追求するために国家資源の獲得を目指して選挙を戦い、それを利用して実際に蓄財してきた。他方、一般的な貧困層や「普通の」フィリピン人たちは、そこで買収されることで、少しでもその分け前にあずかることに一生懸命になってきたのである。これがフィリピンの一般的政治文化とも言えるだろう。そのような負の連鎖の中にあって、それを断ち切ろうとして、寡頭や地方ボスから国家資源の配分権を奪い、より公正な配分を行うために政治権力を握ろうとするNGOやPO、そして公務員労組なども、一度その権力を手にすると、それまでに染み付いた伝統的な政治文化のために同様のことをやってしまうことがあるのである。寡頭や地方ボスから権力を奪取しない限り、貧困層をはじめとする一般民衆には国家資源の公正な配分が確保されることは不確実性を拭えないことは確かであるが、このような貧困層や一般民衆の持つ伝統的な政治文化の修正を伴わない進歩的な社会勢力による権力の奪取も、同様の問題を引き起こす可能性が十分あるのである。また、民主的政治家にとって汚職などの問題は、それまで支持者や「普通の」フィリピン人たちが期待を込めていた分、反動が大きく、一気にその人気を失い、二度と立ち上がれなくなる可能性もあるのである。

第4項　ジェネラルサントス市の現在の政治状況

　ヌニェースが市長を退任した後のジェネラルサントス市の政治は、アデルバート・アントニーノが市長を務めた後、ペドロ・アチャロン・ジュニア（Pedro Acharon Jr.）が市政を担った。彼は、アントニーノの政治的子分を言われる存在で、選挙では、アントニーノの政治マシーンを駆使して当選を果たしたと言われる。その後、彼は3期連続で市長を務めた。更に、その後は、下院議員を務めていたアデルバート・アントニーノの娘、ダーリン・アントニーノ＝カストーディオ（Darlene Antonino-Custodio）が1期市長を務めた。つまり、98年のアデルバート・アントニーノ以降、2013年の選挙まで、お

よそ16年間、アントニーノの政治マシーンによる支配がジェネラルサントス市では続いたことになる。だが、頑強と思われたアントニーノの政治マシーンは、2013年選挙で、ジェネラルサントス市の市議を1期務めていたロンネル・チュア・リベラ（Ronnel Chua Rivera）によって破られることになった。

　アチャロンに関しては、彼の父親と兄は、88年以前にジェネラルサントス市の市長を務めていた。兄の方は、マルコス政権期にナショナリスタ党と新社会運動に所属し、20年近くもジェネラルサントス市の市長を務めていた。彼は、明らかにマルコスのリデルであり、政治的子分だっただけでなく、労働運動のリーダーを暗殺した疑いで刑務所に収監され、市長選には、刑務所から立候補した程の、いわゆる伝統的地方ボスだった。だが、ペドロ・アチャロン・ジュニアは、このような存在ではない。と言うのも、彼はアントニーノの政治的子分であり、アントニーノの政治マシーンを利用することで、市長選に勝利することができたと言われている一方で、そのガバナンスは、非常に高く評価されていた。彼は、1992年から1998年まで市議会議員を務め、後にアントニーノ時代の副市長となり、アントニーノが病気のために市長を辞職した際に市長となったが、市議時代には、フィリピンで最も優秀な市議として表彰され、市長になってからもジェネラルサントス市をフィリピンでも有名な良い自治体として認識されるまでに導いた。私が現地調査に行っていた時の彼の評判は大変よく、アントニーノに対して批判的な市内の開発NGOやPOでも、彼を批判することはなかった。むしろ、彼をNGOやPOの理解者として認識していた。また、比較的汚職もないと言われている。

　このようなアチャロンの市長像は、それなりのガバナンス論の指摘する地方政治権力のあり方と一致するものと言えるだろう。マシーン政治に基づいて選挙戦を戦う以上、一定の恣意的権力行使は存在するであろう。もし、それがないとするならば、政治マシーンを作るために多額の投資をしてまで出馬しても、投資を回収することができないからである。だが、一方で経済、社会的開発ではそれなりの成果を出しているのである。

結章

ジェネラルサントス市の民主的政治のダイナミクスが持つ意義

第1節　民主化以降のフィリピンの国家・政治・社会構造変容と民主的政治

　これまで、フィリピンの地方政治では、パトロン—クライアント関係や物質的かつ短期的利益に基づく政治マシーンなしでの当選は不可能と言われてきた。地方政治権力は、国政レベルの政治家である寡頭や地方ボスたちが国家資源を利用して蓄積した私的財産と国家資源そのものを利用することによって、エリートの地位や権力を維持するための慈善事業を展開し、政治マシーンを形成して買収や暴力を背景とした脅し、挙句の果てには邪魔な者を殺害するなどして排除するなどを行ってきた。このような、間違っても近代的政治の形とは言えないような状況にフィリピン政治はあったのである。このような政治状況は、アメリカの植民地時代に導入された民主主義的制度によって助長されてきた側面があった。発展途上国では希少資源を独占的に支配する国家にアクセスして私的資源を蓄積し、それを拡大していくためには、選挙で当選して政治権力を獲得することが必要になるからである。そしてそれは、フィリピンでも同様だった。そのため、選挙における集票活動は、これまで農村社会に特徴的な社会関係であったP-C関係派閥を利用したものから始まり、産業化や都市化によって社会構造自体が一定程度変容するに伴って登場することになった政治マシーンに依存することになった。アメリカ植民地期に始まった民主主義によって誕生したナショナリスタ党や第2次大戦以後に誕生したリベラル党の2つの政党が戦後に2大政党制を形作ったが、双方とも、その政治的支持構造のあり方はこのようなP-C関係や政治マシーンを形成してきたのであり、相互に党籍変更を繰り返し、大統領を輩出する政党へと議員が移っていったことも、このような政治的支持構造を維持するために必要だったのである。

　これらの選挙における集票のあり方は、ともに希少資源の独占的支配権を社会における富裕層にのみ可能にさせてきた。実際、このような地方における政治構造の上位に位置する国政レベルの政治家たちは、大多数が富裕層出

身であるか、彼らから支持を受けて富裕層の持つ P-C 関係の連鎖や政治マシーンを利用することによって当選を果たした者たちがほとんどであった。そのため、フィリピン社会は、大きく、持てる者と持たざる者に分断され、それが基本的には、継続してきたと言えよう。また、公選職が蓄財の手段として利用されてきたことにより、国政レベル、地方レベルを問わず、汚職が蔓延し、国家資源を浪費してきただけでなく、効果・効率的なガバナンスが行われることはなく、国家、そして国民全体としての発展が著しく阻害されてきたのである。

　他方、富裕層やそのような階層と P-C 関係、またはそのような政治家の政治マシーンに関与する政治的子分たちが独占する政治構造の中で、そこに否応なく巻き込まれてきたフィリピンの中間層から下層にかけての人々も、それに順応して、寡頭や地方ボスたちが選挙における勝利を確実なものにするために提供する金や就職先、物資の提供、許認可発行など、僅かな物質的誘因を求めて票を売ることに慣れてきたのである。このようなフィリピン全体に及ぶ政治文化がアメリカによる植民地化以来100年以上もフィリピンを蝕んできたのである。

　フェルディナンド・マルコス政権は、このような政治構造を上から変革すると宣言し、議会を停止して権威主義体制を打ち立てたが、彼が行った「変革」は、寡頭や地方ボス、そして、彼らの抱えていた私兵団などの問題を一定程度解消したことは確かだったが、クローニー・キャピタリズムの問題を引き起こし、彼とその取り巻きのみが利益を独占するようなものでしかなく、マルコスを至高のカシケに仕立て上げただけであった。その後、彼の政権下でも一定程度の民主化が行われたが、それも本質的には全く違いのないものだった。

　このようなフィリピンの政治構造の中でも、それを変革しようとしてきた勢力がなかったわけではない。小作農たちを中心とした共産主義的勢力や社会民主主義的考え方を持つ勢力も存在し、それらは労働組合や漁業組合、都市貧困層組織などを形成して、社会運動を行ってきたことは確かである。しかし、共産主義勢力などは、アメリカの圧力の下、はっきりと抑圧されてきただけでなく、その他の運動に関しても同様に抑圧されてきたため、政治構

造の変革は行われることはなかった。これらの勢力が国政の場で議席を占め、地方の首長職を握ることなどはほとんどなかったのである。

　アキーノ政権期以降は、フィリピンを取り巻く環境は大きく変化した。その最も大きな変化は、アキーノ政権の中頃に起こることになる冷戦の終結であろう。アメリカは、冷戦的思考から、フィリピンに左派的勢力が拡大することを極端に嫌ってきたが、冷戦が終結してからは、比較的そのような懸念を持つ必要がなくなったのである。このような国際環境の変化の下、政治構造は、政党を見た場合には二大政党制から脆弱な多党制へと変容したものの、P-C関係、政治マシーン派閥という、マルコス体制以前の政治的支持構造が復活し、寡頭制民主主義へと回帰した。アキーノ政権期以降のフィリピンの民主主義が非民主主義（Iliberal Democracy）、または名目的民主主義（Nominal Democracy）などと言われるゆえんである。

　しかし、社会構造を見た場合、フィリピンは明らかにマルコス政権当時やそれ以前の時代とは大きく変容した。NGOやPOなどの社会勢力が著しく増殖したからである。このような社会勢力は、既存の政治構造やその政策を変革することに関心を持ち、一定程度政府や政治家たちに影響を与えるような存在になり始めている。実際に、アキーノ、ラモス両政権期には、政府はNGOやPOを開発計画の策定や実施、モニタリングなどに参画することを許容してきたからである。

　このような社会における変化は、未だに政治構造全体の変革にはつながっていないが、地方においては、そのような変化は起こり始めていることも確かである。寡頭や地方ボスなどの伝統的支配層や富裕層に属さず、彼等の支援も受けず、そして政治マシーンに頼ることなく、地方の政治権力を掌握する者が登場し始めているからである。ジェネラルサントス市の市長だったロザリータ・ヌニェースはその端緒となる事例であった。彼女がフィリピンの伝統的政治的支持構造と政治文化に基づく集票を行わず、地方の政治権力を獲得したことは、フィリピン政治史の中では大きな変化を意味するものだった。そして、これまでの先行研究は、そのような民主的地方政治権力については、ほとんど語ることはなかったのである。

第2節 ヌニェースの政治的支持構造の特徴とその意義及び民主的政治権力誕生、発展、衰退の要因

第1項　ヌニェースの政治的支持構造の特徴

　1986年以降のフィリピンの全国レベルでの国家・政治・社会構造の変容は、地方政治にもそれなりに大きな影響を与えた。それまでは当選を果たすことができなかった民主的地方政治家に当選の機会を与えることになったからである。

　ヌニェースが2度の市長選挙で勝利したことは、大きな意味を持っていた。その政治的支持構造がこれまでのフィリピンの政治的支持構造のあり方とは、明確に異なるものだったからである。

　ヌニェースの政治的支持構造の特徴は、神父、弁護士、大学教員、警察官などの専門家、NGO、PO、元反共自警団、そして何よりも市職員労組が中心となって緩やかな同盟、または理念的派閥を形成し、それが政治マシーンに代わる政治的支持構造となったことだった。それらを結び付けたのは社会民主主義的理念だった。

　ヌニェースの政治的支持構造の特徴を、これまでのフィリピン政治研究が研究してきたP-C関係派閥や政治マシーン派閥といった伝統的政治的支持構造と対比して見てみると、少なくとも、6つの特徴がある。

　先ず、最初の特徴は伝統的政治的支持構造との類似性である。ヌニェースは、彼女の正統性を確保するため、また選挙資金の援助を得るために、フィリピンのエリート中心の全国政党に所属し、国政レベルの政治家たちとも一定の関係を持っていた。基本的に、フィリピンの政党はエリート政党としての特徴を持つが、ヌニェース自身、そこに所属していたことは確かである。ヌニェースの2度の勝利は、1期目は、アキノ大統領を支援していた与党のフィリピン民主党―国民の力の地方支部長を務めていたガルシア、また、2期目はラモスが大統領に立候補するために結成した新党の国民の力―全国キリスト教徒民主主義者連合から支援を受けていた。だが、両党とも、基本

的にはアキーノを支持した政党の流れを汲んでおり、ラモスは、アキーノが後継者に指名した大統領候補だった。これらの政党は、基本的には、彼女の政治的支持構造を構成する者たちが、より中間層や下層の人々の利害を反映し得る改革派と考えていた政党で、NGOやPOの多くが支持を表明していた政党だった。そのため、いわゆる「寡頭の政治的子分」の「地方ボス」とは、その性格が全く異なっていた。また、地方ボスと呼ばれる政治家たちは、基本的に政治を蓄財の手段として用いるという側面がその主要な特徴として挙げられるが、彼女の場合は、エリート中心の政党に所属することで、そこから私的な利益を追求するというような特徴は見られなかったからである。

次の特徴からは、伝統的政治的支持構造との相違点になる。2つ目の特徴は、彼女の政治的支持構造はP-C関係派閥のように、農村地域社会の社会・文化的文脈の中から形成された派閥ではなかったことである。彼女の政治的支持構造は、高度都市化市という都市部で誕生したものであり、P-C関係でヌニェースの政治的支持構造を説明することは全くできない。また、その政治的支持構造の中では、P-C関係派閥のように、有力一族などの「家族」という存在は、中心的な機能を担っていなかったというよりもほぼ全く存在していなかった。これは、これまでのフィリピンの地方政治権力の政治的支持構造についての論考の中では全く見られないものである。

3つ目に、ヌニェースの派閥は都市部で形成された派閥だったが、決してエリート政治家が政治権力獲得を目指して政治的選択として主体的に形成した政治マシーンではなかったことである。とりわけ彼女の2期目は、ヌニェース自身が彼女の派閥を形成したわけではなく、政治的支持構造としての派閥の側が、ヌニェースを擁立していた。また、ヌニェースは中間層の出身で、政治マシーンを形成して買収を行う程の資金力はなかった。更に、中間層出身ということは、地域のポリティカル・エコノミーに対する支配力も持っていなかったということでもある。

4つ目に、ヌニェースの政治的支持構造が、一定の政策や理念を持ち、選挙民からの支持獲得は、それらの政策や理念を訴え、それに同意してもらうという形だったことである。

それと関連することが、5つ目の特徴である。ヌニェースの政治的支持構

造には、政治マシーン派閥が不可避的にその属性として持つ3つのG、つまり、買収や脅し、政治的暗殺などの手段がなかった。それらを全く用いないで彼女は選挙に勝利していたのである。これは、ヌニェースの政治的支持構造が政治マシーン派閥とは全く質的に異なるものであることを示している。ヌニェースが2期目の当選を果たした後、小さな汚職事件が発覚することになったが、それは、選挙後のことであり、選挙戦時の問題ではなかった。

　6つ目の特徴としては、彼女の政治的支持構造は、その制度化のレベルが低く、緩やかな同盟、または理念的派閥と呼んでもよいものだったことである。そのため、その派閥を構成する個人やNGO、PO、公務員労働組合などの組織の間には、明確な命令系統やヒエラルキーは存在しなかった。また、そのような低い制度化のレベルのために、ヌニェースの支持者が選挙後に分裂する結果を生んだだけでなく、彼ら自身がヌニェースに対して論功行賞を求め、汚職を行うことも抑止できなかった。しかし、とりわけ市職員労組がヌニェースの政治的支持構造の中に入っていたことは他の研究では全く指摘されたことがなく、ヌニェースの政治的支持構造の1つの大きな特徴となっている。

　このような特徴を持つヌニェースの政治的支持構造は、「民主的な地方政治権力」と呼ぶべきものだった。

第2項　ジェネラルサントスの民主的政治権力がフィリピンのガバナンス研究に持つ意義

　フィリピン地方政治権力研究における、ジェネラルサントス市での民主的政治権力とその政治的支持構造の持つ意義には6つある。

　先ず、ジェネラルサントス市の民主的政治権力形成と理念的派閥という新たな政治的支持構造の形成は、1986年以降のフィリピンの国家・政治・社会構造変容の反映である、ということである。フィリピンがアキーノ政権期以降民主化され、国家の諸制度が民主的になり、地方分権化が一定程度進展する過程で、またその中でNGOやPOなどの新たな社会勢力が増殖し始めた時期に、ジェネラルサントス市の民主的政治権力は誕生した。フィリピン全体の構造変容がジェネラルサントス市の民主的地方政治権力形成にも大き

な影響を及ぼしていたことが理解できるのである。

　次に、国家資源中心主義的アプローチとの関わりにおける意義である。ヌニェースのような民主的地方政治権力と国家資源との関わりは、国家資源の配分権をめぐるエリート層中心の伝統的政治勢力と中間層以下の階層の民主的政治勢力の競合、として捉えることができるだろう。伝統的支配層はP-C関係派閥や政治マシーン派閥を形成することで、国家資源の配分権を握り、彼らに有利に国家資源の配分を行い、その権力を維持、発展させるだけでなく、蓄財を行ってきた。ヌニェースのような民主的政治家も、民主化後の国家の諸制度の枠組みの中でその活動を展開している点で、「ゲームのルールは国家が規定する」という、国家資源中心主義的アプローチの枠組みの範囲内にある。だが、民主的政治勢力は、国家資源の配分権をエリート層と一定の協力関係を取り結びながらも他方で彼らと競合することで、その配分権へのより良いアクセスを確保し、彼らの利害をより政治に反映させようとしている点で異なる側面を持つのである。ヌニェースの2度の市長選当選は、国家資源の配分権をエリート層との競合で勝ち取ろうとした事例と言える。

　3つ目に、ジェネラルサントス市の事例は、2つの意味で、フィリピン地方政治の政治的発展の萌芽形態を示しているということである。先ず、ジェネラルサントス市でP-C関係に基づく派閥や支持マシーン派閥ではない理念的派閥が形成されて民主的政治権力が誕生したことは、フィリピンの政治が近代的政治に一歩踏み出したことを意味するものである。政治マシーン派閥の概念を定式化したジェームズ・スコットは、フィリピンのような発展途上国における政治的正統性に関しても重要な議論を展開している。その中に登場する正統性はカリスマ的正統性及び移行期社会の正統性、政策・理念的正統性の3つである。この中で政治マシーン派閥が最も繁栄し易いのは、移行期社会、と考えている。そして、その移行期を経て社会が成熟すると、政策や理念の提示とそれに基づく説得によって正統性は確保されるようになる、と考えている。つまり、民主的正統性への移行である。このスコットの出した政治マシーン派閥に関する議論は、国家資源中心主義的アプローチに基づいて修正されたが、政治マシーン概念そのものに関しては、スコットの

議論は現在でもフィリピン政治研究の主流の考え方である。この考え方に基づけば、フィリピンでも、政治における正統性確保の手段は、政治マシーン派閥形成から政策・理念の提示とそれによる説得に移行することになる。ジェネラルサントス市の事例では、ヌニェースの持つ政治的支持構造の支持獲得の手段は、買収や脅しなど、政治マシーン派閥形成による正統性確保とは質的に異なるもので、専ら政策や理念を有権者に訴え、それに同意してもらう形をとっており、より近代的な政策・理念的正統性に近づいていると考えるべきである。だが、彼女の政治的支持構造は、全国政党の地方支部ではなく、地域における緩やかな同盟、または派閥の域を出るものではなく、制度化のレベルが低かった。そのため、近代的正統性への萌芽と考えるべきであろう。もう1つの政治的発展の萌芽は、ヌニェースが2度目に当選した際に、政治的支持構造を形成した理念的派閥の方が、候補者としてヌニェースを選定する過程が見られたことである。これも、近代的政党政治への萌芽として見るべきであろう。

　4つ目の意義は、ヌニェースの政治的支持構造の中で、市職員労組が主要な役割を果したことにある。フィリピン地方政治権力研究だけでなく、政治全般において、官僚たちは、地方ボスや寡頭の下僕でしかなく、主体性を発揮し得ないものと考えられてきた。だが、そのような地方官僚が、彼ら自身を組織化し、マシーン政治家に対抗する力をつけ、一定の自律性を獲得したことをジェネラルサントス市の事例は示している。これは、これまでのフィリピン地方政治研究の中で全く報告されていない新しい現象である。また、それは、官僚たちがマシーン政治家による国家資源の独占を制限しただけでなく、改革派の社会勢力の側に立ち、エリートによる国家資源の独占を排して民主的政治家にそれを渡し、それによって、民衆の国家資源へのアクセスを容易にしたものである。官僚たちが寡頭や地方ボスから一定の自律性を持つに至ったことを指摘した研究は全く存在せず、フィリピン地方政治研究の中では特筆すべきものと言えよう。更に、官僚組織は、フィリピン全土にくまなく存在するまさに全国的組織であることを考えると、ジェネラルサントス市における官僚たちの活動の潜在的可能性の大きさが理解できるだろう。

　5つ目の意義は、民主的政治家による政治権力獲得も、汚職などの問題を

引き起こす可能性が否定できないことである。ジェネラルサントス市の事例では、政策や理念を訴え、有権者を説得することを試みる社会勢力が、いったん政権を奪取すると、程度の差こそあるものの、それまでの寡頭や地方ボスと同様の汚職体質を露呈してしまった。これは、まさにフィリピンに根深く残る政治文化のなせる業なのかも知れない。寡頭や地方ボスに対して、一般市民もその他のNGOやPOも非常に饒舌な批判を展開する一方、いったん自分たちがその立場に立つとやはり同様の行動を取ってしまったのである。寡頭や地方ボスは、自己の利益を追求するために国家資源の獲得を目指して選挙を戦い、いったん当選すると、それを利用して実際に蓄財してきた。他方、一般的な貧困層や普通のフィリピン人たちは、そこで買収されることで、少しでもその分け前にあずかることに懸命になってきたのである。それがフィリピン政治の一般的特徴とも言えるだろう。そのような負の連鎖の中にあって、それを断ち切ろうとして、寡頭や地方ボスから国家資源の配分権を奪い、より公正な配分を行うために政治権力を握ろうとするNGOやPO、そして公務員労組なども、一度その権力を手にすると、それまでに染み付いた伝統的な政治文化のために同様のことをやってしまうことがあるのである。寡頭や地方ボスから権力を奪取しない限り、貧困層を始めとする一般民衆には国家資源の公正な配分がないことは不確実性を拭えない一方、このような貧困層や一般民衆の持つ「伝統的な政治文化」の修正を伴わない進歩的な社会勢力による権力の奪取も、同様の問題を引き起こす可能性が十分あり、「略奪的な寡頭」から「略奪的な民衆」になるだけになってしまう危険性があるのである。ヌニースの政治的支持構造に見られたこのような汚職は、また、新しい政治を求めた彼等の運動の正統性を損なってしまったことを意味するとともに、マシーン政治とそれに伴う汚職などを排して理念や政策中心の政治に転換し、公正な政治を行ってフィリピンの国家的発展を達成し、国民全体が豊かになる道のりが、いかに困難なものかを示している。

　最後の意義は、5つ目の意義と関連するものである。ジェネラルサントス市での民主的政治権力形成は、たとえそれが2度目の当選後に汚職を行い、永続することがなかったとしても、その意義を失うものではないということである。ジェネラルサントス市での事例は、1986年以降のフィリピンにお

ける民主的地方政治権力と政治的支持構造の形として正当に理解しておく必要がある。その理由は3つある。

　1つ目は、理念や政策の選挙における重要性に関係するものである。ジェネラルサントス市でのヌニェースのような民主的地方政治権力に関しては、これまで十分な研究が行われてはこなかったため、フィリピン地方政治、選挙では理念や政策は重要なものではないと考えられてきた側面がある。しかし、「それなりのガバナンス論」が指摘するように、P-C関係、または政治マシーン派閥を擁するエリートの伝統的政治権力ですら、良い政策を展開して地域の経済や社会の発展を一定程度促すことで正統性を高める必要が出始めている。また、その研究の中では、選挙に際して、政治マシーンに頼ることなく当選を果たす政治家が現れ始めているとの指摘もある。つまり、政策や理念を訴える形の選挙、換言すると、P-C関係や政治マシーンによる選挙だけではだめで、そこに有権者に対して理念や政策を訴える民主的正統性の重要性が高まり始めているのである。そのような中で、現実に、理念や政策の提示とそれによる選挙民の説得で地方選挙に臨み、当選を果たしたジェネラルサントス市の事例は、そのような選挙における民主的正統性に関わる研究として重要である。既存の研究は、伝統的政治、つまり、P-C関係や政治マシーンを持つ政治家の肖像、態様とその変容を主に研究し、それらの政治家たちの政策における傾向などを分析することにとどまってきたからである。

　既存のフィリピン地方ガバナンス研究のこの状況にはそれなりの理由もあった。これまでのフィリピン政治研究の中では、民主的政治勢力に関する研究は、単に共産主義者や社会民主主義者のような左派系の組織の運動の研究に埋没し、民主的政治勢力による政治権力獲得やその政治的支持構造のあり方の特徴に関して研究するような適切な学問的関心が寄せられては来なかったのである。実際、そのような政治権力のあり方を論じるにしても、政治権力からずっと排除されてきたため、それ程多くの事例がなかったことも確かであろう。しかし、そのような研究の在り方は、フィリピンの地方政治権力の多様性を理解し、説明することはできない。実際に政策や理念を重視して、3つのGを使わずに選挙を戦う民主的政治勢力が選挙で2度も勝利し

たからである。そのため、新しいタイプの政治権力として民主的政治権力を位置づける必要があるのである。

　2つ目の理由は、1986年以降のフィリピンの国家、政治、社会構造の変化の中で、民主的地方政治権力が誕生する可能性が高まってきたことである。実際、ジェネラルサントス市での民主的地方政治権力誕生には、そのようなマクロレベルの大きな変化の中で誕生した社会勢力が強い影響を与えていた。ジェネラルサントス市の事例は、より普遍的意味を持ち得るもので、フィリピンの他の地域にも十分適用可能性をもち、一定の条件が揃えば、同様の現象が他の地域でも起こり得るものなのである。とりわけ都市部での適用可能性は高いだろう。その理由は、ジェネラルサントス市がフィリピンで有数の都市化の著しい地域だからである。

　この都市化という要因は、二重の意味で民主的政治権力誕生の可能性を示すものである。既存研究のフィリピンの地方政治構造についての認識は、ホルンスタイナーやランデの社会・文化的関係を含むP–C関係に基づく派閥から、スコットやマチャドの選挙に限定された政治マシーン的派閥へ変容して来た。そしてその政治マシーンが最も繁栄し易いのが都市部である。このようなフィリピン地方政治研究の常識で言えば、都市部では、政治的支持獲得の手段として、政治マシーン派閥を擁する伝統的政治家が有利なはずである。ジェネラルサントス市は、フィリピンの他の地域以上に急速な都市化を遂げており、スコットやマチャドが政治的支持のあり方に影響を与えると考えている社会的条件を他の地域以上に急激に整えていた。つまり、その意味ではフィリピン全体を代表する地域なのである。だが、このようにフィリピン全体で典型的な条件を整えており、伝統的政治家が有利な状況にあったジェネラルサントス市でも、民主的政治家が選挙戦で2度も勝利した。ジェネラルサントス市にも、強力な政治マシーンを持った伝統的政治家は存在したが、それに民主的政治家が勝利したのである。これが、都市化した地域における民主的政治権力誕生の可能性を示したという理由の1つである。一見不利な状況にもかかわらず、民主的政治権力が誕生したことを考えると、都市化した地域でも民主的政治権力誕生の可能性はあるのである。実際、アキーノ政権期以降の民主化と新憲法、新地方政府法、それに伴う地方分権化、

そして公務員制度改革などの背景の下で、ジェネラルサントス市ではNGO、PO、教会関係者、元反共自警団、専門家の個人、市職員労働組合などの社会勢力がその政治的支持構造を担って民主的首長、政治家は誕生したが、それらの社会勢力は全てフィリピンの中では珍しい勢力ではない。NGO、PO、教会関係者は既にフィリピン全土に増殖を遂げた社会勢力であることはもちろん、公務員労組も、未だそれ程一般的な勢力とは言い難いものの、公務員制度自体がフィリピン全土に渡って展開されるまさに国家を代表する組織であることに鑑みると、条件さえ整えば、組織の拡大が期待できる勢力である。この公務員労組の政治的支持のあり方は、伝統的政治家とは異なる形で国家資源を利用して、民主的政治家が権力を握ったことをも意味している。

　民主的政治権力誕生の可能性を示す都市化のもう1つの意味は、フィリピンでの都市化自体がNGOやPOなどの社会勢力を誕生させる可能性がある、ということである。フィリピンでの都市化は、スクウォッター問題などの都市的問題を引き起こしがちだが、このような問題の発生自体、民主化以降の諸制度の下では、その解決を要求するNGOやPOを生み出し、それに対して真剣に取り組まない政治家、とりわけ私的利益を蓄積する伝統的政治家を排除しようとする結果を生む可能性がある。実際、ジェネラルサントス市でもスクウォッター問題の発生とその解決を目指すNGO、POが誕生して民主的政治家に対する政治的支持構造の重要な担い手となっていた。1986年の民主化以後のフィリピンでは、都市化に伴って必然的に新たな社会勢力としてNGOやPOが出現することになる可能性があるのである。これは、マルコス体制崩壊後、フィリピンが民主化され、社会勢力が政治に対して公に意見を述べ、関与することのできる「民主的空間」が一定程度存在するためである。少なくとも、これらの条件は、21世紀の現在もほぼ変わらずに存在しており、この現象の普遍性は、1980年代後半以降、90年代に止まらず、21世紀を迎えた現在でも、全くその意義を失わないものと考えられる。

　ジェネラルサントス市での事例を、1986年以降のフィリピンにおける民主的地方政治権力と政治的支持構造の形として正当に理解しておく必要があ

る3つ目の理由は、民主的地方政治権力が、現在のフィリピンで批判的研究が行われている政治マシーン派閥に基づく政治を克服した政治の発展形態と考えることができるからである。3つのGは、近代的政治の在り方としては大きな問題がある。また、そのように形成された地方政治権力は、構造的汚職などを引き起こす可能性が非常に高い。つまり、健全なガバナンスを妨げ、国家資源の効果、効率的かつ合理的配分が行われなくなってしまう可能性が高いのである。それは、「それなりのガバナンス論」でも同様である。P–C関係や政治マシーンに選挙が基づく限り、権力の恣意的行使を排することはできない。それを阻む可能性を、民主的政治権力の形成は持っていると言えよう。ジェネラルサントス市での事例は、後に汚職の問題を引き起こしたことは事実だが、それは、伝統的政治勢力のような構造化された汚職とは言えないものだった。ヌニェースは、当選後に汚職をすることにはなったが、それによって蓄財などをすることはなかったからである。全体的に見て、彼女はジェネラルサントス市を発展軌道に乗せ、人口が著しく増加し、地域も大きく活性化した。また、選挙時の政治的支持獲得の手段も3つのGを使わないものだった。ジェネラルサントス市の民主的地方政治権力の事例は、地方政治の発展形態をよく示した事例の1つと言えるものである。また、何よりも、1986年にフィリピンが民主化して以降、初めてフィリピンに誕生した民主的な地方政治権力であり、フィリピンにおける民主的地方政治権力の端緒としての重要性は、決して失われるものではない。

第3項　民主的政治権力誕生、発展、衰退の要因

　ジェネラルサントス市の事例は、より一般化可能な民主的政治権力の誕生、発展、衰退の要因を見出す手がかりをも提供してくれる。先ず、民主的政治家が地方の権力を握るためには、当然のことながら、伝統的政治家の政治的支持獲得の手段に取り込まれることのない、理念や政策を重視する強力なNGOやPO、公務員労働組合その他の勢力が当該地域に存在することが必要である。これらの社会勢力が、政治的支持構造として、民主的政治家に対して政治的支持獲得や選挙戦略上必要な諸資源獲得に協力することが最も重要な鍵となる。政策の宣伝、支持者の組織化と運動への動員、そして投票

監視活動などのノウハウをもって民主的政治家を支持することが重要となる。そして、第2に、それらの勢力が分裂することなく、結束を固める必要がある。そのためには、様々な改革派の勢力が当初緩やかな連合、もしくは理念的派閥を形成していたものを発展させて、より制度化された組織にまとめあげていくことが重要となる。それは、彼等の統一候補擁立につながり、より多くの票を獲得することに役立つだけでなく、いったん当選した後も、多選の可能性を高め、これらの勢力の発展につながる。第3に、これらの勢力が汚職を行うことのないよう、より堅固な制度化の下、内部での規律の徹底化に努めることである。民主的勢力の中での汚職は、規模に関わらず、大きな打撃を民主的政治家とその政治的支持構造に与え、民主的政治家とその支持勢力の衰退につながる。

第3節　おわりに

　これまでのフィリピン地方政治研究は、P–C関係や政治マシーンのみで政治権力を語ってきた側面がある。実際、フィリピンではそのような伝統的な政治が支配的側面であり続けていることは確かである。そして、そのような状況に対して研究者たちは痛烈な批判を展開してきた。だが、それが全く変化する兆しがないわけではない。「それなりのガバナンス論」はその変化の兆しを示す例の代表であろう。この類型に属する研究に見られる議論の特徴は、エリートによる「略奪的な政治」の良い意味での変化である。この議論の中には、それまでの痛烈な批判を展開する研究とは異なり、「エリートは変わることができる」という1つの希望を見ることができる。P–C関係や政治マシーンのような不正を伴う政治的支持獲得だけではなく、民主的正統

性を獲得することも重要だと認識し始めたことを指摘しているからである。英国国際開発庁は、ガバナンスの仕事は、「何が間違っており、どうすればそれを修正できるか」ということを問うことから、「政治エリートが反応するインセンティブは何か、また、どうすれば彼らが変わるのか」を問うことに変化してきたと述べて、発展途上国のエリート自身の指向や態度を変革することこそが必要だと述べたが（DFID 2007: 68）、「それなりのガバナンス論」の議論は、それに対する手がかりを与えてくれる可能性があるかも知れない。実際、その議論では、地域の経済、社会発展を促進する政策を実施することで、住民の満足度を上げて「政策的支持を取り付ける」という意味での民主的正統性が生まれる可能性も指摘されているからである。

　だが、非エリート層が民主的手段で政治権力を掌握する事例は、それ以上の重要性がある。何故ならば、先ず、フィリピン地方政治権力の完全な形での民主化と「民主的正統性」が実現する地域が現れたことを示すからである。それは、フィリピン政治の近代化の兆しと言えるだろう。次に、エリート層の不公正な国家資源の配分、つまり恣意的権力行使で効果、効率的かつ合理的なガバナンスが阻害され、国家資源が浪費されてきたために貧困状況に置かれてきた階層の人々が、自ら権力を握り、実際に地域の経済や社会の発展に資するガバナンスでその利害を反映させることができるようになったことを示すからである。

　このような民主的地方政治の実践に関しては、フィリピンの既存の強固な権力関係の下では政治の表舞台に表れにくく、事例自体も少数であることは確かであろう。しかし、だからこそ、より研究の価値は高いと言えるだろう[1]。

　いずれにしろ、「それなりのガバナンス論」が指摘する地方政治権力の実態や民主的地方政治権力の事例が指摘する地方政治権力の実態は、フィリピンの地方政治や行政、いわゆる地方におけるガバナンスがそれなりに進化してきていることを示すもので、それは、フィリピン地方政治の明るい兆しと言えるだろう。そのような明るい兆しを見せるフィリピンの地方におけるガバナンスが、更なる発展を遂げて民主的正統性を獲得することが当然のものとなり、汚職などの不正な権力の行使が減少していくのか、それとも停滞、

結章　ジェネラルサントス市の民主的政治のダイナミクスが持つ意義

退行していくのかを検証することが、今後は研究の課題となっていくかも知れない。

1　民主的地方政治権力の登場については、ジェラルド・クラークがソルソゴン州のイロシン町の事例を挙げている（Clark 1988, p.132, 本書第2章127頁）。また私自身ももう1つの事例を確認している。そのため、ジェネラルサントス市の事例はただの例外的エピソードとしてかたづけることはできないと思われる。私が確認した事例は、カマリネス・スール州のサン・フェルナンド町の町長選挙に1998年以降3期連続で当選を果たしたサバス・マブロ（Sabas Mabulo）である。2011年4月から5月にかけて筆者は、カマリネス・スール州のサン・フェルナンド町で予備調査を行った。その調査の結果から見ると、マブロは、筆者の言うところの民主的地方政治権力と考えられる。

マブロは、1998年選挙以来、3期連続で町長職に当選を果たしたものの、決して伝統的政治家一族出身でも経済エリートでもなく、NGOワーカーだった。

あとがき

　本書は、筆者が名古屋大学大学院国際開発研究科に提出した国際開発学博士号の学位請求論文をもとに、論文提出以降のフィリピン地方政治研究の進展を加味した上で、加筆、修正を行って執筆したものである。
　筆者は、この博士論文執筆には長い時間を費やしてしまったが、それについては私の無能さを痛感せざるを得ない。ただ、時間がかかったことについては、他にも理由があった。私は国際開発学の一環としてフィリピンの地方政治やガバナンスを研究してきたが、開発学は単なる学問と言うよりも、実学的側面がある。そのため、国際協力や開発の現場での経験も積みたいと考えていたのである。この理由から、博士後期課程在学中には、日本国際協力センター（JICE）での国際協力の実務や地域開発の現場である地方のシンクタンクで国土交通省のプロジェクトを主管するなどの経験も積んでいたのである。
　このように長い時間をかけて執筆した博士論文だが、長い時間をかけ、国際協力の実務や地域開発プロジェクトの現場を体験した分、フィリピンの政治や行政（ガバナンス）について長い時間をかけて考え、様々な現象を観察することができただけでなく、国際協力の現場や開発の現場を経験することで、開発における政治やガバナンスの重要性を痛感し、その変革に何が必要かを真剣に考える機会になったことは確かである。
　私は、論文執筆に当たって「問い」を立てる際にも、単にフィリピン地方政治の新しく、一般的な傾向、もしくはトレンドとなるような問題を研究対象にするというよりも、より途上国の社会、経済的発展、とりわけ貧困層や普通の人々の社会、経済的状況の改善に資する開発の実践のヒントになる現象を分析したいと考えて問いを立てた部分があった。それが「途上国における民主的地方政治権力の誕生」だったのである。
　開発におけるガバナンスの論議では、政府や制度の役割が強調され、地方分権化が奨励されてきたし、現在でもそれは変わらない。国連開発計画や世界銀行などの途上国の開発に関わる国際機関も、日本のJICAなどを含めた先進国の途上国援助を担う機関も、民主化や地方分権化を奨励している。

だが、途上国の地方の現実は、そのような国際機関や先進国の途上国援助機関の規範的な議論が簡単に実現する程甘くはない。途上国では、地方に行けば行く程、地方ボス、または地域のエリートがパトロン―クライアント関係などを利用して自らの利益だけを追求し、貧困層や普通の人々の利益を省みないガバナンスを行っていることが通常である。その中で地域社会の貧困層や普通の人々は、それに対抗する力を持っていないだけでなく、それに対抗しようという意識すら持っていないことが多い。ただ、現状に適応し、地域のエリートが支配する地域経済、社会の諸資源から少しでもその分け前に預かって生存を維持するための戦略として、「エリートに対する忠誠」を誓っているのである。また、そのようなエリートに対する忠誠を基礎とするパトロン―クライアント関係は、貧困層や普通の人々の間に「パトロンからの寵愛をめぐる競合関係」をも生むため、貧困層や普通の人々の間の水平的協力関係は生まれにくい。つまり、貧困層や普通の人々の社会、経済的状況の改善は進みにくいのである。

　このような状況にある途上国の地方をどうすれば改善できるのかを考えるとき、単に規範的議論を積み重ね、問題を指摘するだけでは不十分であり、状況を変革する道のりを見出す必要がある。そのためにも、実際にこのような地域の現状の変革を行った地域を丹念に調査し、その経験を分析する必要があったのである。また、その際には、地域の開発過程を政治過程として捉える必要があった。開発の過程は、単なる「経済成長のための行政過程」でも「社会開発の行政過程」でもなく、地域の様々なアクターの諸関係の下で政策が決定、実施されるダイナミックな「政治的過程」だからである。そのために、筆者は地方の政治権力の政治過程の分析を中心に行ったのである。

　私が分析したジェネラルサントス市の事例は、1986年にフィリピンが再民主化を果たした後、パトロン―クライアント関係や政治マシーンを利用したエリートの政治的独占とそれによる開発における利益の独占にフィリピンで初めてストップをかけた「民主的」地方政治権力の事例だった。また、そのような民主的地方政治権力の展開したガバナンスは、開発過程においてもより貧困層や普通のフィリピン人たちを益するものだった。それは、途上国の地方の「非民主的」政治過程の改革の実現を意味しており、途上国支援を行う国際機関や先進国の途上国支援機関が推進する地方分権化による地方の開発過程の改革の成功事例と言えるものだったのである。

この事例の分析が、フィリピンの他の地域での政治の改善やそれによる開発過程の改善に少しでも何かしらの示唆を与えるものになれば、また、途上国における地方のガバナンスの変革を考える研究者や開発の実務家の方々に少しでも有用な知見や示唆を提供することができれば、これ以上の喜びはない。

　最後に、この研究は、国際交流基金の小渕フェローシッププログラムで米国ハワイの東西センターで客員研究員を務めた際に行った研究が主な内容になっており、同基金には感謝申し上げる。また、名古屋大学大学院国際開発研究科で、進歩の遅い私を諦めずに指導して下さった木村宏恒名誉教授、本書の出版に当たって出版社をご紹介頂いただけでなく、様々な助言を頂いた鹿児島大学の木村朗教授、そして本書の出版を快く引き受けて頂き、校正作業などでも貴重なアドバイスを頂いた耕文社の兵頭圭児社長には心より感謝を申し上げます。

　　2017年8月13日

　　　　　　　　　　　　　　　　　　　　　　　　　東江　日出郎

略語集

A6LM	April 6th Liberation Movement（4月6日解放運動）
ACES	Association for Community Education Service（コミュニティ教育サービス協会）
ACT	Association of Concerned Teachers（憂慮する教師組合）
AIM	Achiever's Independent Movement（達成者の独立的運動）
AF	Association of Foundations（諸基金連合）
AKBAYAN	Citizen's Action Party（市民行動党）
AKKAKPA	Aksyon sa Kapayapaan at Katarungan（正義と平和のための行動）
AMA	Anibang ng mga Manggagawa sa Agrikultura（農業労働者連合）
AMRSP	Association of Major Religious Superiors in the Philippines（フィリピン主要修道院長協会）
AMT	Aguman ding Malding Talapagobra or General Workers' Union（労働者総連合）
ANGOC	Asian NGO Coalition for Agrarian Reform and Rural Development（農地改革と辺境開発に関するアジアNGO同盟）
ANP	Alliance for New Politics（新たな政治へ向けた同盟）
ATOM	August Twenty-One Movement（8月21日運動）
BANDILA	Bangsang Nagkaisa sa Diwa at Layunin（統一的思想と目的を持った国家）
BARRIOS	Building Alternative Rural Resource Institutions and Organizing Services
BAYAN	Bagong Alyansang Makabayan（新愛国同盟）
BEC	Basic Ecclesial Communities（聖職者基礎共同体）
BBC	Catholic Bishops-Businessmen's Conference on Human Development（人間開発のためのカトリック司教及び財界会議）
BCC	Basic Christian Community（キリスト教徒基礎共同体）
BEC	Basic Ecclesial Communities（聖職者基礎共同体）
BBC	Bishops'-Businessmen's Conference（司教・企業家会議）
BISIG	Bukluran para sa Ikauunlad ng Sosyalismo sa Isip at Gawa（理論と実践における社会主義進展のための連合）
BONGOs	Business-Organized/Oriented NGOs
BRASP	Bureau of Resettlement Administering Settlement Program（再定住行政管理局）
BUCD	Barrio United Defense Corps or Local People's Councils（村落統一防衛団）
CAPM	Cory Aquino for President Movement（コラソン・アキーノ大統領擁立運動）
CBCP	Catholic Bishop Conference of the Philippines（フィリピンカトリック司教会議）
CBHP	Community-Based Health Program（コミュニティに基礎を置く保健プログラム）
CCA	Concerned Citizen's Aggrupation（憂慮する市民の政治団体）
CDF	Countryside Development Fund（辺境地域開発資金）
CEDP	Community Empowerment and Development Program（コミュニティの強化と開発計画）
CG	Convenor Group（議長団）
CLGG	Citizen's League of Good Government（よき政府のための市民連合）
CHDF	Civilian Home Defense Force（民間防衛隊）
CNL	Christians for National Liberation（国民的解放のためのキリスト教徒）
CODE-NGO	Caucus of Development for NGO Workers（NGO従事者のための開発の執行委員会）
COME N'GOs	Fly-by-Night or paper NGOs（夜逃げNGO）

257

COMPACT	People's COMPACT（ピープルズコンパクト）
COPE	Community Organizing for People's Empowerment（民衆のエンパワーメントのためのコミュニティ組織化運動）
CORD	Coalition of Organizations for the Realization of Democracy（民主主義実現のための諸同盟連合）
CPAR	Congress for Peoples Agrerian Reform（民衆の農地改革会議）
CPD	Council for People's Development（民衆の開発委員会）
CPP	Communist Party of the Philippines（フィリピン共産党）
DA	Democratic Alliance（民主同盟）
DAR	Department of Agrarian Reform（農地改革省）
DENR	Department of Environment and Natural Resources（環境天然資源省）
DIWA	Damayan ng Ikabubuo ng Walang Api（「隷属化を拒否する者が作る共同体」）
DJANGOs	Development, Justice, and Advocacy NGOs
DSK	Democratico Soyalitang Koalisyon（社会民主主義者同盟）
ECD	Ecumenical Center for Development（開発のためのキリスト教徒の集会）
ECDE	Ecumenical Center for Development Education（開発教育のための統一キリスト教会センター）
EDCOR	Economic Development Corporation（経済開発公社）
EDSA	Epifanio de los Santos Avenue（エピファニオ・デ・ロス・サントス通り）
EMJP	Ecumenical Movement for Justice and Peace（正義と平和のためのキリスト教会運動）
ELF	Education for Life Foundation（生活教育基金）
FDC	Freedom from Debt Coalition（債務からの自由同盟）
FFF	Federation of Free Farmers（自由農民連合）
FG	Facilitator Group（促進グループ）
FLAG	Free Legal Assistance Group（無料法律相談所）
FRC	Forum of Rural Concerns（農村地域関係フォーラム）
FUNDANGOs	Funding Agency NGOs or Philanthropic Foundations
GAD	Grand Alliance for Democracy（民主主義のための大同盟）
GABRIELA	The General Assembly Binding Women for Reform, Integrity, Equity, Leadership, and Action（改革と統一、公正、指導力、そして行動のための一般女性会議）
GFP	Green Forum Philippines（フィリピン緑のフォーラム）
GKK	Gagmay'ng Kristohanong Katilingban（キリスト教徒基礎共同体）
GRINGOs	Government-Run or-Inspired NGOs
HMB	Hukbong Magpagpalaya ng Bayan（フク団の民族解放軍）
IIRR	International Institute for Rural Reconstruction（国際農村再建機構）
IPD	Institute for Popular Democracy（民衆民主主義機構）
ISI	Import Substitution Industrialization（輸入代替工業化戦略）
JAJA	Justice for Aquino, Justice for All（アキーノに正義を、みんなに正義を）
JRC	Judicial Reorganization Committee on Political Detainees（政治犯に関する立法改正委員会）
KAAKBAY	Kilusang sa Kapangyariban at Karapatan ng Bayan（尊厳と民主主義のための民衆運動）
KAISAHAN	Kaisuhan fungo sa Kaunlaran ng Kauayunan at Repormang Pansakaran:（農村開発と農地改革のための団結）

KASAMA	Kalipunan ng mga Samahan ng Pilipinas（民衆組織連合）
KASAPI	Kapulungan ng mga Samahang ng Pilipinas（フィリピンの防衛者諸勢力連合）
KB	Kabataan Barangay or Representative of Official Barangay Youth Association（バランガイ青年団の代表）
KBL	Kilusang Bagong Lipunan（新社会運動）
KILOS	Kilusang Laban sa Kudeta（反クーデター同盟）
KM	Kabataang Makabayan（愛国青年団）
KMP	Kilusang Magbubukid ng Pilipinas（フィリピン小作人運動）
KMU	Kilusang Mayo Uno（5月1日運動）
KOMPIL	Kongreso ng Mamamayang Pilipino（フィリピン市民会議）
KPMP	Kalipunang Pambansa ng mga Magsasaka sa Pilipinas or National Society of Peasants in the Philippines.（フィリピン全国小作協会）
KPS	Kamatuoran, Panaghiusa ug Serbisyo（真実と団結、そして奉仕）
LABAN	Laban ng Bayan（国民の戦い）
LABAN	Lakas ng Bayan（国民の力）
Lakas	Lakas ng Bangsa（国家の力）
	Lakas-Laban Coalition（ラカス・ラバン同盟）
	Lakas−NUCD（国家の力―全国キリスト教徒民主主義者連合）
LAMMP	Laban ng Makabayang Masang Pilipino（民族主義フィリピン民衆の戦い）
LAMP	Lapian ng Masang Pilipino（フィリピン民衆の戦い）
LASEDECO	Land Settlement Development Corporation（公有地入植開発公社）
LD	Liberal Democrats（自由民主主義者）
LDP	Laban ng Democraticong Pilipino（フィリピン民主の戦い）
LFS	League of Filipino Students（フィリピン学生連盟）
LUSSA	Luzon Secretariat for Social Action（ルソン社会活動事務局）
MA	Mindanao Alliance（ミンダナオ同盟）
MABINI	Movement of Attorneys for Brotherhood, Independence and National Integrity（友愛、独立、国家統一のための法律家運動）
MASAKA	Malayang Samahan Magsasaka（自由農民組合）
MCCL	Movement of Concerned Citizens for Civil Liberties（市民的自由に関心を持つ市民の運動）
MINCODE	The Mindanao Coalition of Development NGOs（ミンダナオ開発NGO同盟）
MISSSA	The Mindanao-Sulu Secretariat for Social Action（社会活動のためのミンダナオ・スルー事務局）
MNLF	Moro National Liberation Front（モロ民族解放戦線）
MPD	Movement for Popular Democracy（大衆民主主義のための運動）
MSA	U.S. Mutual Security Agency（米国相互安全保障庁）
MSPC	Mindanao-Sulu Pastoral Conference（ミンダナオ・スルー司祭会議）
MUNGOs	Mutant NGOs（突然変異NGO）
NA	Nationalist Alliance（民族主義同盟）
NAMFREL	National Movement for Free Elections（自由な選挙のための国民運動）
NARRA	National Resettlement and Rehabilitation Administration（全国入植復興局）
NASSA	The National Secretariat for Social Action（全国社会行動事務局）
NATCCO	National Confederation of Cooperatives（全国協同組合連合）
NBI	National Bureau of Investigation（国家捜査局）

NCCP	National Council of Churches in the Philippines	（フィリピン全国教会会議）
NCSAC	National Church Social Action Conference	（全国教会社会行動会議）
NCUP	National Cooperative Union of the Philippines	（フィリピン全国協同組合連合）
ND	National Democrats	（民族民主主義者）
NDF	National Democratic Movement	（民族民主戦線）
NEPA	National Economic Protectionism Association	（国家経済保護協会）
NEDA	National Economic Development Authority	（国家経済開発庁）
NLSA	National Land Settlement Administration	（国家入植公団）
NPA	New People's Army	（新人民軍）
NPC	Nationalist People's Coalition	（民族主義者同盟）
NPDSP	National Philippine Democratic Socialist Party	（全国フィリピン民主社会主義党）
NPU	National Peasant Union	（全国小作人組合）
NRDP	National Reconciliation and Development Program	（国家和解開発プログラム）
NUC	National Unification Conference	（全国統一会議）
NUCD	National Union of Christian Democrats	（全国キリスト教徒民主主義者連合）
NUF	National United Front	（国民統一戦線）
NUSP	National Union of Students in the Philippines	（フィリピン全国学生組合）
OIC Mayor	Officer In Charge Mayor	（暫定市長）
PAHRA	Philippine Alliance of Human Rights Advocates	（フィリピン人権擁護同盟）
PANAMIN	Presidential Assistant on National Minorities	（先住民担当大統領補佐官）
PANDAYAN	Pandayan parasa Sosyalistang Pilipinas	（社会主義フィリピン鋳造所）
PAP	Multilateral Philippine Aid Plan Consortium	（多国間フィリピン援助計画連合）
PAPA	People's Assembly for the Arrival of the Pope	（法王到着のための民衆会議）
PARCODE	The People's Agrerian Reform Code	（民衆の農地改革法案）
PC	Philippine Constabuary	（警察軍）
PLT	Partido Lakas Tao	（人民の力党）
PBM	Partido Bansang Marangal	（高潔な国民党）
PBSP	Philippine Business for Social Progress	（社会的進歩のためのフィリピン実業界）
PCCD	Presidential Council for Countryside Development	（農村地域開発大統領委員会）
PCHRD	Philippine–Canada Human Resource Development Program （フィリピン・カナダ人的資源開発プログラム）	
PCPS	Philippine Center for Policy Studies	（フィリピン政策研究センター）
PCUP	Presidential Committee for Urban Poor	（都市貧困層に関する大統領委員会）
PDP-LABAN	Partido Demokraticon Philipino–Lakas ng Bayan	（フィリピン民主党―国民の力）
PDSP	Philippine Democratic Socialist Party	（フィリピン民主社会主義党）
PEACE	Philippine Ecumenical Action for Community Empowerment （コミュニティ強化のためのフィリピンキリスト教会運動）	
PEAN	The Philippine Environmental Action Network	（フィリピン環境行動ネットワーク）
PECCO	Ecumenical Council for Community Organizing	（統一キリスト教会会議）
PEN	Philippine Ecological Network	（フィリピン生態系ネットワーク）
PEOPLE	People's Opposition to the Plebiscite and Election （国民投票と選挙への民衆の抵抗）	
PEOPLE'S MIND	People's Opposition to the Plebiscite and Election and Movement for Independence, Nationalism and Democracy （国民投票と選挙への民衆の抵抗と独立、ナショナリズム、そして民主主義のための運動　ピープルズ・マインド）	

PHILDHRRA	Philippine Partnership for Development of Human Resources for Rural Areas（フィリピン辺境人的資源開発パートナーシップ）	
PINOI	Philippine Institute of NGOs（フィリピンNGO機構）	
PKP	Partido Komunista ng Pilipinas（フィリピン共産党）	
PMA	Philippine Military Academy（フィリピン陸軍士官学校）	
PMP	Partido ng Masang Pilipino（フィリピン大衆党）	
PnB	Partido ng Bayan（人民党）	
PNP	Philippine National Police（フィリピン国家警察）	
PPI	Philippine Peasant Institute（フィリピン小作研究所）	
PROD	Presidential Officers for Regional Economic Development（大統領府地域経済開発担当官）	
PROMDI	Progressive Movement for the Devolution of Initiatives（主導権分権化のための進歩的運動党）	
PRP	People's Reform Party（人民改革党）	
PRRM	Philippine Rural Reconstruction Movement（フィリピン農村地域再建運動）	
RAM	Reform the Armed Forces of the Philippines Movement（国軍改革運動）	
RCPA	Rice and Corn Production Administration（米・トウモロコシ生産公団）	
REDO	Regional Economic Development Office（大統領府地域開発室）	
RM	Rural Missionaries（農村部布教者会）	
SAC	Sustainable Agriculture Coalition（持続可能な農業同盟）	
SANDATA	Sandata ng Mamamayan Laban sa Kahirapan（貧困に対する民衆の武装）	
SAS	British Special Air Service（英国陸軍特殊空挺部隊）	
SDK	（民主主義青年団）	
SN	Samahang Nayon（村落協会）	
TANGOs	Traditional NGOs	
TFD	Task Force for Detainee for Human Right（抑留者人権特別委員会）	
TFDP	Task Force Detainees of the Philippines（フィリピン抑留者特別委員会）	
TFO	Task Force for Organizing（組織化特別委員会）	
TFRC	Task Force Rural Concientization（農村部意識化特別委員会）	
Trapo	Traditional Politician（伝統的政治家）	
TUCP	Trade Union Congress of the Philippines（フィリピン労働組合会議）	
UMALUN	Ugnayan ng mga Maralitang taga-Lungsod（都市貧困層同盟）	
UNIDO	United Democratic Opposition	
UGNAYAN	Ugnayan ng mga Samahan ng mga Mamamayan ng Tondo Foreshoreland（トンド沿岸地域コミュニティ組織会議）	
UMDP	United Muslim Democratic Party（統一ムスリム民主党）	
UPP−KBL	Union for Peace and Progress–Kilusang Bagong Lipunan（平和と進歩のための連合―新社会運動）	
URSEC	United Rural Sectors Electoral Coalition（統一農村部門選挙同盟）	
USAFFE	United States Armed Forces in the Far East（アメリカ極東軍）	
USAID	United States Agency for International Development（米国国際開発庁）	
VPD	Volunteers for Popular Democracy（民衆民主主義のためのボランティア）	
ZOTO	Zone One Tondo Organization（トンド第1地区組織）	

参考文献・資料リスト

邦語文献・論文

東江日出郎 2003「ナショナリズム論から見たモロ諸族の政治運動 第1部」『沖縄大学地域研究所 所報』第23号

東江日出郎 2004「ナショナリズム論から見たモロ諸族の政治運動 第2部」『沖縄大学地域研究所 所報』第26号

東江日出郎 2005『アメリカ統治下のモロ諸族の抵抗運動』沖縄大学地域研究所年報第16号

東江日出郎 2005「発展途上国におけるガバナンス論議の矛盾 —— 国際機関の開発戦略と発展途上国国家論、その変遷と矛盾」沖縄大学地域研究所『地域研究』1: 31-42

東江日出郎 2007「フィリピン地方都市における非伝統的政治のダイナミクス —— 非伝統的政治家の可能性と限界」『国際開発フォーラム』35: 51-69

五十嵐誠一 2004『フィリピンの民主化と市民社会 —— 移行・定着・発展の政治力学』成文堂

五十嵐誠一 2007「マルコス体制崩壊過程における市民社会の実相 —— 民主化をめぐるヘゲモニー闘争に着目して」『アジア研究』(アジア政経学会) 53 (1)

五十嵐誠一 2009『フィリピンにおける民主主義への移行と定着に関する総合的研究 —— 市民社会の政治力学に注目して』早稲田大学出版部

五十嵐誠一 2009「フィリピンにおける市民社会依存型選挙ガバナンスの功罪 —— 民主主義の定着との関係で」『アジアアフリカ地域研究』8(2)

石井米雄監修 1992『フィリピンの事典』同朋舎出版

岩崎育夫・萩原宜之編 1996『ASEAN諸国の官僚制』アジア経済研究所

岩崎育夫 1997「第1章 アジア民主主義論 —— 政治権力者の民主主義観をめぐって」岩崎育夫編『アジアと民主主義 —— 政治権力者の思想と行動』アジア経済研究所

岩崎育夫 1998「第1章 アジア市民社会論 —— 概念・実態・展望」岩崎育夫編『アジアと市民社会 —— 国家と社会の政治力学』アジア経済研究所

岩崎郁夫 2001『アジア政治を見る眼』中公新書

大田和宏 2005「第5章 未完の社会改革 —— 民主化と自由化の対抗」川中豪編『ポスト・エドゥサ期のフィリピン』アジア経済研究所

川中豪 1996「フィリピンの官僚制」岩崎育夫・萩原宜之編『ASEAN諸国の官僚制』アジア経済研究所

川中豪 1997「第4章『寡頭支配の民主主義』その形成と変容」岩崎育夫編『アジアと民主主義 —— 政治権力者の思想と行動』アジア経済研究所

川中豪 2001「フィリピン —— 代理人から政治主体へ」重冨真一編『アジアの国家とNGO —— 15ヵ国の比較研究』明石書店

川中豪 2001(a)「フィリピン地方都市における権力メカニズム —— ナガ市の事例」『アジア経済』41(1)

川中豪 2001(b)「フィリピン地方政治研究における国家中心的アプローチの展開」『アジア経済』42(2)

川中豪 2001(c)「フィリピン —— 代理人から政治主体へ」重冨真一編『アジアの国家とNGO —— 15ヵ国の比較研究』明石書店

川中豪 2004「フィリピン大統領制と利益調整」日本比較政治学会編『日本比較政治学年報第6号 比較の中の中国政治』早稲田大学出版部
川中豪 2005「序論」『ポスト・エドサ期のフィリピン』アジア経済研究所
川中豪 2005「第1章ポスト・エドサ期のフィリピン―― 民主主義の定着と自由主義的経済改革」『ポスト・エドサ期のフィリピン』アジア経済研究所
川中豪 2007「政治制度形成の論理：新興民主主義国の制度分析に向けて」『アジア経済』48(2)
川中豪 2009「新興民主主義の安定をめぐる理論の展開」『アジア経済』50(12)
川中豪 2010「第3章 フィリピンの大統領制：大統領と議会のバーゲニングとその政策帰結への影響」粕谷祐子編『アジアにおける大統領制の比較政治学：憲法構造と政党政治からのアプローチ』ミネルヴァ書房
川中豪 2010「政治制度と政策帰結：予算過程における大統領拒否権の効果」『アジア経済』51(7)
川中豪 2011「信仰民主主義の不安定：勝利連合の変更と制度からの逸脱」『アジア経済』52(1)
木村宏恒 1993『フィリピン 開発・国家・NGO ―― カラバルゾン地域総合開発計画をめぐって』三一書房
木村昌孝 1999「フィリピン農民運動史における自由農民連合（FFF）の意義」『茨城大学人文学部紀要 社会科学論集』32
木村昌孝 2000「フィリピン政治研究におけるダイアド・モデルの展開」『茨城大学地域総合研究所年報』33
木村昌孝 2002「第5章 フィリピンの中間層生成と政治変容」服部民夫・船津鶴代・鳥居高編『アジア中間層の生成と特質』アジア経済研究所
日下亘 2013 第2章「『ビジネス・フレンドリー』なエリート支配」『東アジアの「地方的世界」の社会学』晃洋書房
佐久間美穂 2012 第4章「フィリピンの地方政府」永井・船津編『東南アジアにおける自治体ガバナンスの比較研究』．アジア経済研究所
谷川栄彦・木村宏恒 1977『現代フィリピンの政治構造』アジア経済研究所
服部民夫・船津鶴代 2002「序章 アジアにおける中間層の生成とその特質」服部民夫・船津鶴代・鳥居高 編『アジア中間層の生成と特質』アジア経済研究所
重冨真一 2001「序章 国家とNGO ―― 問題意識と分析視角」重冨真一編『アジアの国家とNGO：15ヵ国の比較研究』明石書店
野沢勝美 2000「フィリピン農地改革と協同組合―― 西部ビサヤ地方西ネグロス州およびイロイロ州の事例を中心として」『国際関係紀要』第9巻第1・2合併号 亜細亜大学国際関係研究所
籠橋秀樹 1998「NGO、ドナー、国家 ―― 開発をめぐる新たなダイナミクス」川田順三他編『岩波講座 開発と文化6 開発と政治』岩波書店
藤原帰一 1988「フィリピンにおける『民主主義』の制度と運動」『社会科学研究』40(1)
藤原帰一 1989「民主化過程における軍部 ―― A・ステパンの枠組とフィリピン国軍」日本政治学会編『年報政治学』岩波書店
藤原帰一 1990「フィリピン政治と開発行政」福島光丘編『フィリピンの工業化 ―― 再建への模索』アジア経済研究所
藤原帰一 1993「フィリピンの政党政治 ―― 政党の消えた議会」萩原宜之・村嶋英治・岩崎育夫編『ASEAN諸国の政党政治』アジア経済研究所

藤原帰一 1994「政府党と在野党――東南アジアにおける政府党体制」萩原宜之編『講座現代アジア（3）民主化と経済発展』東京大学出版会

藤原帰一 1994「工業化と政治変動――国家・資本・社会」坂本義和編『世界政治の構造変動（3）発展』岩波書店

藤原帰一 1996「官僚と開発――経済発展の政治的条件」岩崎育夫・萩原宜之編『ASEAN諸国の官僚制』アジア経済研究所

英語文献・論文

Abinales, P. N. 1988. "The Rise of the Neo-Praetorians", *Conjuncture* 1, no.1(Oct.).

Abinales, Patricio N. 1998. *Images of State Power: Essays on Philippine Politics from the Margins*, University of the Philippines Press.

Abinales, Patricio N. 2000, "From Orang Besar to Colonial Big Man" in *Lives at the Margin: Biography of Filipinos Obscure, Ordinary, and Heroic*, ALFRED W. McCOY eds., Ateneo de Manila University Press.

Abinales, Patricio N. 2000, *Making Mindanao: Cotabato and Davao in the Formation of the Philippine Nation-State*, Ateneo de Manila University Press.

Abinales, Patricio N. and Donna J. Amoroso 2005, *State and Society in the Philippines*, Anvil Publishing, Inc.

Akazawa, Akira 1998. *Dynamics of Local Initiatives in Land Acquisition: The Case of General Santos City, the Philippines,* Submitted to the Department of Urban Studies and Planning In Partial Fulfillment of the Requirements for the Degree of Master in City Planning at the Massachusetts Institute of Technology.

Anderson, Benedict, May/June 1988. "Cacique Democracy in the Philippines", *New Left Review* Number 169.

Anderson, Benedict, 2004. *Spectre of Comparisons: Nationalism, Southeast Asia, and the World*, Ateneo de Manila University Press.

Bautista, Maria Cynthia Rose Banzon, December 1999. "Images of the Middle Class in Metro Manila", *Public Policy3* No. 4: 1-37.

Benson, Luis P. Jun., 1973. "A Research Note on Machine Politics as a Model for Change in a Philippine Province", *The American Political Science Review*, Vol.67, No.2, 560-566.

Bolongaita Jr., Emil P. Janu/Feb 2000. "The Philippines in 1999: Balancing Restive Democracy and Recovering Economy", *Asian Survey*, Vol. 40, No. 1: 67-77.

Boudreau, Vincent 2001. *Grass Roots and Cadre in the Protest Movement.* Quezon City: Ateneo de Manila University Press.

Boudreau, Vincent 2004. *Resisting Dictatorship: Repression and Protest in Southeast Asia*, Cambridge University Press.

Brillantes, Alex B. Jr. Feb 1992. "The Philippines in 1991: Disasters and Decisions", *Asian Survey* Vol. 32, No. 2: 140-145.

Brillantes, Alex B. Jr. Feb 1993. "The Philippines in 1992: Ready for Take Off?", *Asian Survey* Vol. 33, No. 2: 224-230.

Carroll, S. J., John J. 1998. "Philippine NGOs Confront Urban Poverty", in Silliman, Sidney G. and Lela Garner Noble eds. *Organizing for Democracy NGOs, Civil Society, and the Philippine State,* University of Hawaii Press.

Case, William May/June 1999. "The Philippine Election in 1998: A Question of Quality", *Asian Survey,* Vol. 39, No. 3: 468–485.

Che Man, W. K., 1990. *Muslim Separatism: The Moros of Southern Philippines and the Malays of Southern Thailand,* Manila, Ateneo de Manila University Press

Choi, Jungug, May 2001."PHILIPPINE DEMOCRACIES OLD AND NEW: Elections, Term Limits, and Party System", *Asian Survey,* Vol. XLI, No. 3.

Clamor, Ana Maria O. 1993. "NGO and PO Electoral Experiences: Documentation and Analysis", *PAGSUSURI UKOL SA LIPUNAN AT SIMBAHAN Monograph* No.12, Manila, Institute on Church and Social Issues.

Clark, Gerald 1995. *Participation and Protest: Non-Governmental Organizations and Philippine Politics.* Ph.D dissertation, University of London.

Clark, Gerald 1998. *The Politics of NGOs in South-East Asia: Participation and Protest in the Philippines,* Routledge.

Constantino-David, Karina 1995. "Communitty Organizing in the Philippines: The Experience of Development NGOs", in *Community Empowerment: A Reader in Participation and Development,* Craig, G. and M. Mayo, eds. Atlantic Highlands NJ: Zed Books.

Constantino-David, Karina 1998. "From The Present Looking Back: A History of Philippine NGOs", in Silliman, Sidney G. and Lela Garner Noble eds. *Organizing for Democracy NGOs, Civil Society, and the Philippine State,* University of Hawaii Press.

Coronel, Sheila S., Chua, Yvonne T., Rimban, Luz, and Cruz, Booma B. 2004. *The Rule Makers: How the Wealthy and Well-Born Dominate Congress,* Philippine Center for Investigative Journalism.

Coronel, Sheila S. 1995. "The Killing Fields of Commerce", In Boss: *Five Case Studies of Local Politics in the Philippines,* Philippine Center for Investigative Journalism and Institute for Popular Democracy.

Department for International Development 2007, *Governance, Development, and Democratic Politics.* U.K.

Department of Political Science Ateneo de Manila University eds, *Politics and Governance*: 1999. *Theory & Practice in the Philippine Context,* Office of Research and Publications Ateneo de Manila University.

Eaton, Kent, May 2003 "Restoration or Transformation?: Trapos Versus NGOs in the Democratization of the Philippines" *The Journal of Asian Studies* 62, no. 2.

Fegan, Brian, 1994. "Entrepreneurs in Votes and Violence: Three Generations of a Peasant Political Family", in *Anarchy of Families*: *State and Family in the Philippines,* Alfred W. McCoy ed, Ateneo de Manila University Press.

Finin, Gerard A. 2005. *The Making of the Igorot: Contours of Cordillera Consciousness,* Ateneo de Manila University Press.

Franco, Jennifer C. 2000. *Campaigning For Democracy: Grassroots Citizenship Movements, Less-Than-Democratic Elections, and Regime Transition in the Philippines,* Institute for Popular Democracy.

Franco, Jennifer C. 2004. "The Philippines: Fractious Civil Society and Competing Visions of Democracy" in *Civil Society and Political Change in Asian Expanding and Contrasting Democratic Space,* Alagappa, Muthiah eds., Stanford University Press, Stanford, California.

George, T. S. 1980. *Revolt in Mindanao: the Rise of Islam in Philippine Politics,* Kuala Lumpur, Oxford university Press.

George, Terrence R. 1998. "Local Governance: People Power in the Provinces?", in Silliman, Sidney G. and Lela Garner Noble eds. *Organizing for Democracy NGOs, Civil Society, and the Philippine State,* University of Hawaii Press.

Gloria, Glenda M. 1995. "One City, Two Worlds", In Boss: *Five Case Studies of Local Politics in the Philippines,* Philippine Center for Investigative Journalism and Institute for Popular Democracy.

Gowing, Peter G. 1979. *Muslim Filipinos-Heritage and Horizon,* Quezon City, New Day Publisher.

Gowing, Peter G. 1988. *Understanding Islam and Muslims in the Philippines,* Quezon City, New Day Publishers.

Grindle, Merilee S. 2004. "Good Enough Governance: Poverty Reduction and Reform in Developing Countries", *Governance,* 17 (4).

Gutierrez, Eric U. 1994. *The ties that bind: a guide to family, business, and other interests in the ninth House of Representatives,* Pasig, Metro Manila, the Philippines : Philippine Center for Investigative Journalism : Institute for Popular Democracy.

Hedman, Eva-Lotta E. and Sidel, John T. 2000. *Philippine Politics and Society in the Twentieth Century: Colonial Legacies, Post-Colonial Trajectories,* Routledge.

Hedman, Eva-Lotta E. 2001. "The Philippines: Not So Military, Not So Civil", in Alagappa, Muthiah eds. *The Declining Political Role of the Military in Asia,* Stanford, California, Stanford University Press

Hedman, Eva-Lotta 2006. *In the Name of Civil Society,* University of Hawai'i Press.

Helnandez, Carolina G. 1996. "The Philippines in 1995: Growth Amid Challenges", *Asian Survey,* Vol. 36, No. 2: 142-151.

Hollnsteiner, Mary R. 1963. *The Dynamics of Power in a Philippine Municipality.* Quezon City: University of the Philippines, Community Development Research Council.

Huntington, Samuel P. 1965, "Political Development and Decay," *World Politics* 17(3): 386-430.

Huntington, Samuel P. 1968. *Political Order in a Changing Societies,* Yale University Press.

Hutchcroft, Paul D. April 1991. "Oligarchs and Cronies in the Philippine State: The Politics of Patrimonial Plunder", *World Politics* Vol. 43, No. 3.

Hutchcroft, Paul D. 1994(a). "Predatory Oligarchy, Patrimonial State: The Politics of Banking in the Philippines", In *Patterns of power and Politics in the Philippines: Implications for Development,* edited by James F. Eder and Robert L. Youngblood, Arizona State University Program for Southeast Asian Studies, pp. 77-102.

Hutchcroft, Paul D. 1994(b). "Colonial Masters, National Politicos, and Provincial Lords: Central Authority and Local Autonomy in the American Philippines, 1900-1913", *Journal of Asian Studies* 59 No. 2: 27-306.

Ileto, Reynaldo C. 1999. *Knowing the America's Colony: A Hundred Years from the Philippine War,* Honolulu: Center for Philippine Studies, School of Hawaiian, Asian and Pacific Studies, University of Hawaii at Manoa.

Igarashi, Seiichi 2008. "The Dilemma of Democratic Consolidation in the Philippines: The Contested Role of Civic Organization in Electoral Governance," *Philippine Political Science Journal,* Vol. 29, No. 52, April 2008

Johnston, Michael, 1998. "Fighting Systemic Corruption: Social Foundations for Institutional Reform", in *Corruption and Development,* Mark Robinson ed. Franc Cass Publishers.

Johnston, Michael, 2002. "Right and Wrong in American Politics: Popular Conceptions of Corruption", in *Political Corruption: Concepts & Contexts Third Edition,* Arnold J. Heidenheimer and Michael Johnston eds. Transaction Publishers.

Kawanaka, Takeshi, 2002. *Power in a Philippine City,* Institute of Developing Economies Japan External Trade Organization, Chiba.

Kerkvliet, Benedict J. Tria, 1977. *The Huk Rebellion: A Study of Peasant Revolt in the Philippines,* Berkley CA: University of California Press.

Kerkvliet, Benedict J. Tria, 1991. *Everyday Politics in the Philippines: Class and Status Relations in a Central Luzon Village,* New Day Publishers, Quezon City, the Philippines.

Kerkvliet, Benedict J. Tria and Resil B. Mojares eds, 1992. *From Marcos to Aquino: Local Perspectives on the Political Transition in the Philippines,* University of Hawaii Press.

Kimura, Masataka 1989. "The Revolution and Realignment of Political Parties in the Philippines (December 1985-January 1988): With a Case in the Province of Batangas", *Tonanazia Kenkyu,* 27(3)

Kimura, Masataka 1997. *Elections and Politics Philippine Style: A Case in Lipa,* De La Salle University Press, Inc.

Kimura, Masataka, 1998. "Changing Patterns of Leadership Recruitment and the Emergence of the Professional Politician in Philippine Local Politics Re-examined: An Aspect of Political Development and Decay", *Southeast Asian Studies*. Vol. 36. No. 2.

Lande Carl H. 1965. *Leaders, Factions, and Parties: The Structure of Philippine Politics,* New Haven: Yale University Southeast Asian Studies.

Lande, Carl H. 1996. *Post-Marcos Politics: A Geographical and Statistical Analysis of the 1992 Presidential Election*. Institute of Southeast Asian Studies De La Salle University Press.

Machado, K.G. 1974 (a). "Changing Aspects of Factionalism in Philippine Local Politics", *Asian Survey* 11, no. 12: 1182–99.

Machado, K.G. 1974 (b). "From Traditional Faction to Machine: Changing Patterns of Political Leadership and Organization in the Rural Philippines", *Journal of Asian Studies* 33, no. 4: 523–47.

Machado, K.G. 1974 (c). "Changing Patterns of Leadership Recruitment and the Emergence of the Professional Politician in Philippine Local Politics", in *Political Change in the Philippines: Studies of Local Politics Preceding Martial Law,* ed. Benedict J. Kerkvliet. Honolulu: University Press of Hawaii.

Magno, Francisco A., 1993. "Politics, Elites and Transformation in Malabon", *Philippine Studies* Vol. 41 2nd Quarter 1993.

Majul, Cesar Adib, 1985. *The Contemporary Muslim Movement in the Philippines,* Berkley, Mizan Press.

Majul, Cesar A. 1999. *Muslims in the Philippines,* University of the Philippines Press.

Tan, Samuel K. 1977. *The Filipino Muslim Struggle 1900–1972,* Metro Manila, Filipinas Foundation.

Manacsa, Rodelio C. 1999. "The Formal Structures for Political Participation: The Electoral and Party Systems in the Philippines", in *Politics and Governance: Theory & Practice in the Philippine Context,* Department of Political Science Ateneo de Manila University eds, Office of Research and Publications Ateneo de Manila University.

McCoy, Alfred W. ed. 1994. *An Anarchy of Families: State and Family in the Philippines,* Ateneo de Manila University Press.

Mckenna, Thomas M. 1998. *Muslim Rulers and Rebels: Everyday Politics and Armed Separatism in the Southern Philippines,* Berkeley·Los Angels·London, University of California Press.

Melegrito, Ma. Lourdes F. and Diana J. Mendoza 1999. "NGOs, Politics, And Governance", in *Politics and Governance: Theory & Practice in the Philippine Context,* Department of Political Science Ateneo de Manila University eds. 1999. Office of Research and Publications Ateneo de Manila University.

Migdal, Joel S. 1988. *Strong Societies and Weak States: State-Society Relations and State Capabilities in the Third World,* Princeton University Press.

Mojares, Resil B. 1994. "The Dream Goes On and On: Three Generations of the Osmenas, 1906-1990", in *An Anarchy of Families: State and Family in the Philippines,* Alfred W. McCoy ed. Ateneo de Manila University Press.

Montinola, Gabriella R. Janu/Feb 1999. "The Philippines in 1998: Opportunity amid Crisis", *Asian Survey,* Vol. 36, No. 1: 64-71.

Moranda, Noel M. and Christopher Collier, 1998. "The Philippines: State Versus Society?" In *Asian Security Practice: Maternal and Ideological Influences,* Muthiah Alagappa ed.Stanford University Press, Stanford, California.

Muslim, Macapado A. 1994. *The Moro Armed Struggle in the Philippines: The Non Violent Autonomy Alternative,* Marawi City, University Press and Information Office Mindanao State University.

Myrdal, Gunnar, 1968. *Asian Drama: An Inquiry Into the Poverty of Nations,* Vol. 2, Twentieth Century Fund.

Neher, Clark D. 1994. "Asian Style Democracy", *Asian Survey,* vol. 34(11).

Noble, Lela G. 1975. "Ethnicity and Philippine-Malaysian Relations", *Asian Survey,* vol.15.

Noble, Lela G. 1978. "From Success to Stalemate: Stages in the Development of the Moro National Liberation Front", Paper Prepared for the Annual Meeting of the Association of Asian Studies, Pacific Coast (ASPAC), Anaheim, California,

Nolledo, Jose N, 1998. *The Local Government Code of 1991*: *Annotated 1992 First Edition, with August, 1993 Addendum 1998 Reprint with 1998 Addendum with Forwarded by Cecilia Munoz Palma,* National Bookstore.

Nowak, Thomas C. and Kay A. Snyder, 1974(a). "Client Politics in the Philippines: Integration or Instability?", *American Political Science Review 68,* no. 3: 1147-70,

Nowak, Thomas C. and Kay A. Snyder. 1974(b). "Economic Concentration and Political Change in the Philippines", in *Political Change in the Philippines: Studies of Local Politics Preceding Martial Law,* ed. Benedict J. Kerkvliet. Honolulu: University Press of Hawaii, p. 153-241.

Pelzer, Karl J. 1945."Pioneer Settlement in Asiatic Tropics: Studies in Land Utilization and Agricultural Colonization in the Southeastern Asia", *Special Publication* No. 29, New York: American Geographical Society.

Putzel, James, "NGOs and Rural Poverty, "in Silliman, Sidney G. and Lela Garner Noble eds. 1998. *Organizing for Democracy NGOs, Civil Society, and the Philippine State,* University of Hawaii Press.

Riedinger, Jeffrey. Feb 1994. "The Philippines in 1993: Halting Steps Toward Liberalization", *Asian Survey*, Vol. 34, No. 2: 139–146.

Riedinger, Jeffrey. Feb 1995. "The Philippines in 1994: Renewed Growth and Contested Reforms", *Asian Survey*, Vol. 35, No. 2: 209–216.

Rocamora, Joel. 1995. *"Classes, Bosses, Goons, and Clans: Re-imaging Philippine Political Culture"*, In *Boss: Five Case Studies of Local Politics in the Philippines*, Philippine Center for Investigative Journalism and Institute for Popular Democracy.

Robinson, Mark. 1998. "Corruption and Development: An Introduction", in *Corruption and Development,* Mark Robinson ed. Franc Cass Publishers.

Rüland, Jürgen, 1990. "Continuity and Change in Southeast Asia: Political Participation in Three Intermediate Cities", *Asian Survey,* Vol. XXX, No.5.

Scott, James C. Dec1969. "Corruption, Machine Politics, and Political Change"*, The American Political Science Review*, Vol 63, No. 4, 1142–1158.

Scott, James C. and Benedict J. Kerkvliet, 1973. "How Traditional Rural Patrons Lose Legitimacy: A Theory with Special Reference to Southeast Asia", *Cultures et Development,* V: 3.

Sidel, John T. 1989. "Beyond Patron-Client Relations" in *KASARINGLAN*, 4 (3), First Quarter.

Sidel, John T. 1999. *Capital Coercion, and Crime: Bossism in the Philippines,* Stanford University Press, Stanford, California.

Silliman, Sidney G. and Lela Garner Noble eds. 1998. *Organizing for Democracy NGOs, Civil Society, and the Philippine State,* University of Hawaii Press.

Silliman, Sidney G. 1994. "Human Rights and the Transition to Democracy", Eder, James F. and Robert L. Youngblood eds. *Patterns of Power and Politics in the Philippines---Implications for Development.* Tempe, Arizona: Program for Southeast Asian Studies Arizona State University.

Stark, Kevin 1996. *Leaving the Slums: The Challenge of Relocating the Urban Poor,* Manila: Institute on Church and Social Issues.

Tan, Samuel K. 1993. *Internationalization of the Bangsamoro Struggle,* Center for Integrative and Development Studies University of the Philippines Dilliman, Quezon City and The University of the Philippines Press University of the Philippines Dilliman, Quezon City.

Tapales, P. Domingo, Cuaresma, J. C., and W. L. Cabo, eds. 1998. *Local Government in the Philippines: A Book of Readings Volume I,* Center for Local and Regional Governance and National College of Public Administration and Governance University of the Philippines.

The Philippine Center for Investigative Journalism and the Institute for Popular Democracy, 2000. Coronel, Sheila S. ed., *Betrayals of the Public Trust: Investigative Reports on Corruption with Explanations of Reporting Techniques Used,* Philippine Center for Investigative Journalism.

Thompson, Mark R. 1995, *The Anti-Marcos Struggle: Personalistic Rule and Democratic Transition in the Philippines,* Yale University Press.

Thompson, Mark R. 1995, *The Anti-Marcos Struggle: Personalistic Rule and Democratic Transition in the Philippines,* Yale University Press.

Tolibas-Nunez, Rosalita, 1997. *Roots of Conflict: Muslims, Christians, and the Mindanao Struggle,* Asian Institute of Management, Makati City, Philippines.

Turner, Mark Macdonald, 1982. "Urbanization and Class In the Ilocos Region", *Philippine Studies* Vol. 301 2nd Quarter.

Turner, Mark Macdonald, 1989. "Elites and Power in a Philippine Town Under Martial Law, 1972-1976", *Philippine Studies* Vol. 37 3rd Quarter.

Turner, Mark and David Hulme, 1997. *Governance, Administration & Development: Making the State Work,* Macmillan Press Ltd.

William Case, May 1999. "The Philippine Election in 1998: A Question of Quality", *Asian Survey*, Vol. 39, No. 3: 468–485, University of California Press.

Quimpo, Nathan G. 2008. *Contested Democracy and the Left in the Philippines After Marcos.* Quezon City: Ateneo de Manila University Press.

Wurfel, David, 1988, *Filipino Politics: Development and Decay,* Ithaca and Quezon City: Cornell University Press and Ateneo de Manila Press.

資　料

Sumog-oy, Benjamin 2004. *GSCGEA: A Continuing Odyssey Towards Greatness: Recounting Experiences. Highlighting Lessons. Building Narratives,* (Unpublished Document).

Business Resource Center,(BRC) 1987. *General Santos City Socio-Economic* Profile Volume 1 First Edition. (Unpublished Document)

Business Resource Center, 1995. *The GSC Businessman's Factbook & Directory 4th Edition.* (Unpublished Document)

General Santos City (a), Prepared by the City Planning and Development Staff and the NCC-TPZH Planning Team, *A Comprehensive Development Plan for the City of General Santos 1978-2000.* (Unpublished Document)

General Santos City (b), Region XI, prepared by: Office of the City Planning and Development Coordinator, General Santos City technically assisted by : Housing and Land Use Regulatory Board Region XI, 1990. *Comprehensive Development Plan 1990-2000.* (Unpublished Document)

General Santos City (c), *Major Development Programs and Projects 1986-1992* (Unpublished Document).

General Santos City (d), *Comprehensive Opportunities for a Moving Economy: COME, General Santos City, Volume* 2. (Unpublished Document).

RECOM 11 1990 (Unpublished typescript of Comprehensive Opportunities for a Moving Economy at Gen. Santos City, Vol. 2).

Comprehensive Opportunities for a Moving Economy at General Santos City (COME at Gen. Santos). (Unpublished Document).

General Santos City (e), *General Santos City Profile* 1998-2004.

Notre Dom Business Resource Center or BRC<a>: General Santos City Socio-Economic Profile Volume 1 First Edition, 1987.

Notre Dom Business Resource Center or BRC<b>: *The GSC Businessman's Factbook & Directory 4th Edition,* 1995.

Notre Dom Business Resource Center or BRC <c> September 1991: *PAP Update.*

新聞・雑誌記事

"Gen San execs go for Danding", *The Philippine Daily Inquirer,* 26 January 1992.

Juan Escandor Jr. Dec 7, 2004. "NGO* leader-turned-mayor survives traditional politics", *Global Nations,* Philippine Daily Inquirer, http://www.inquirer.net/globalnation/sec_fea/2004/jul/02-01.htm,

Juan Escandor Jr., Inquirer Southern Luzon, 7 July 2009. "Estrada backs mayor in fight vs Arroyo son", http://newsinfo.inquirer.net/inquirerheadlines/regions/view/20090704-213756/Estrada-backs-mayor-in-fight-vs-Arroyo-son.

Miller, Matt, 16 August 1989. "Philippine city shines as aid showcase", *The Asian Wall Street Journal.*

"Mayor Nunez bags outstanding gov. exe. Award", *The Southern Review,* 1–7 September 1990.

"GSC top performer in Region XI", *The Southern Review,* 13–19 October 1990.

"From Boom to Gloom", *The Manila Chronicle,* 25–31 January 1991.

索　引

あ

アヤラ基金　94, 95
新たな政治へ向けた同盟（ANP）　84-87, 124, 179
アルサ・マサ　177-180, 186
アンドレア・ソリアーノ基金グループ　94
EDSA 1992　105
ウォーロード　50, 51, 65, 71
内なる負債　19, 20
NGOと協力するインフォーマル・セクター　103

か

改革と統一、公正、指導力、そして行動のための一般女性会議（GABRIELA）　81
街頭の議会　85, 170, 216
開発のためのキリスト教徒の集会（ECD）　96, 115, 119
解放の神学　12, 214
下院イニシャティブ・アロケーション（CIA）　112, 223
カシキズム　56, 57
寡頭　10, 11, 31, 54, 56-61, 63, 74, 78, 85, 88, 89, 100, 106-109, 111, 169, 172, 175, 211, 212, 234, 235, 238-240, 242, 245, 246
ガバナンス　10, 18, 61, 64-66, 69, 70, 73, 89, 102-104, 195, 207, 215, 232, 236, 239, 243, 247, 250-252
カビシッグ　102, 104
カブンスアン，サリフ　133
カルンパン協同組合開発基金　177, 186, 195
間接統治　140
木村昌孝　19, 39, 46, 50, 70
共産党　12, 55, 79, 80, 85, 86, 88, 96-99, 101, 104, 113-115, 171, 177, 179, 180
行政のフィリピン人化　133
漁業者連合　177
キリスト教徒基礎共同体（GKK or Basic Christian Community）　90, 97, 176, 214
儀礼親族関係　19, 20, 26, 32, 33, 63
クライアンテリズム　56, 57, 65
軍政　133, 140, 143, 145
経済開発公社（EDCOR）　134
警察軍（PC）　51, 99, 219
警察法（1990年）　220
権威主義体制　11, 12, 39, 42, 48, 55, 56, 78, 83, 179, 239
憲法（1987年）　79
高潔な国民党（PBM）　108
高度都市化市　75, 145-148, 160, 168, 242
公務員委員会　211
公有地入植開発公社（LASEDECO）　134
CODE-NGO　94, 96, 115, 116, 118-120, 124, 126, 127
5月1日運動（KMU）　99
国軍（AFP）　93, 99, 100, 101, 124, 178, 179, 219, 220
国際農村再建機構（IIRR）　111
国民解放運動（NLM）　214
国民議会　28, 79, 84, 88, 109, 135, 143, 152,

153, 157, 168, 171, 216
国民的解放のためのキリスト教徒（CNL） 97, 214
国民の力同盟 84
国家経済開発庁（NEDA） 112
国家経済保護協会（NEPA） 102
国家警察（PNP） 99, 219, 220
国家資源 9-12, 18, 38, 40, 50-54, 56, 59, 61-69, 71, 72, 101, 129, 181, 182, 190, 235, 238, 239, 244-246, 249, 250, 252
国家統一委員会（NUC） 79, 99, 105
国家入植公団（NLSA） 134, 135, 144, 154
国家の力（Lakas ng Bangsa） 84, 100, 105-109, 183
国家の力―全国キリスト教徒民主主義者連合（Lakas-NUCD）
コモンウェルス政府 134, 135, 140, 141, 144, 145

さ

再定住行政管理（BRASP） 135
債務からの自由同盟（FDC） 116-118, 123, 158, 209, 234
サクダル党 121
暫定国民議会 28, 79, 84, 88, 109, 152, 153, 157, 168, 171, 216
司教・企業家会議 111
持続可能な開発のためのフィリピン委員会（PCSD） 111
持続可能な農業同盟（SAC） 120
市民行動党（AKBAYAN） 125-127, 129, 158, 176, 197, 209, 234
社会改革委員会 112
社会改革課題 112
社会協定 111
社会主義フィリピン鋳造所（PANDAYAN） 125, 126
社会的進歩のためのフィリピン・ビジネス（PBSP） 94, 95, 111, 119
社会的動員 43, 44, 47, 63, 75, 151
社会民主主義者同盟（DSK） 118, 125, 129
自由党 84, 109, 122, 125, 127
自由な選挙のための国民運動（NAMFREL） 88
住民組織（PO） 12, 14, 74, 80-82, 88-93, 96, 98-105, 110-124, 126-129, 163, 164, 167, 168, 174-176, 181, 182, 185, 186, 190, 193-195, 206, 209, 215, 217, 219, 222-225, 227, 228, 234-236, 240-243, 246, 249, 250
主導権分権化のための進歩的運動党（PROMDI） 108
諸基金協会（AoF） 94
諸基金連合（Association of Foundations） 94, 119, 127
新愛国同盟 79, 84, 85, 86, 114, 118, 214, 229, 230
新愛国同盟結成 79, 86
新家産制 54
新家父長主義 54
人事院 211, 212
真実と団結、そして奉仕（KPS） 163-167, 174, 181, 182, 190, 194-196, 201, 209, 216, 219, 223, 228, 234
新社会運動（KBL） 28, 83, 84, 122, 157, 160, 162, 236
新人民軍（NPA） 55, 80, 97, 99, 101, 113, 179
真のオルターナティブ政治（GUAPO or Genuine Alternative Politics） 217
進歩の配当 194
人民改革党（PRP） 105
人民党（PnB） 84-88, 100, 124, 127, 168-170, 179-181

人民の力党　105
スコット，J. C.　19, 34
生活教育基金（ELF）　97
正義と平和のためのキリスト教会運動（EMJP）　102
政治的競合　10, 32, 40, 45, 57
政治的発展　13, 46, 49, 129, 244, 245
政治犯関連大統領委員会　80
政治犯関連立法改正委員会（JRC）　80
政治文化　11, 67, 74, 83, 87, 109, 187, 212, 235, 239, 240, 246
政治マシーン　8-11, 13, 15, 34-36, 38-47, 49, 50, 54, 56, 59-61, 63, 64, 66, 67, 69-76, 78, 83, 129, 139, 151, 169, 175, 183-187, 190, 199, 225, 234-236, 238-245, 247, 248, 250, 251
政府開発援助（ODA）　12, 122, 234
全国キリスト教徒民主主義者連合（NUCD）　79, 105-109, 127, 196-198, 223, 241
全国社会行動事務局（NASSA）　96, 97, 119
全国入植復興局（NARRA）　135
全フィリピン・キリスト教会議（NCCP）　79, 96, 119
双系制　20, 22, 27, 49
SOCCSKSARGEN　148

―――――た―――――

大衆民主主義のための運動（MPD）　125, 126, 129
大統領社会資金　112
大統領府人権委員会　80
多国間フィリピン援助計画連合（PAP）　120
ダトゥイズム　133
単系制　27
地域開発評議会　14, 81, 103, 234

地方政府の開発委員会　82
地方政府法（1991年）　12, 65, 67, 69, 82, 103, 104, 147, 194, 220
地方ボス　11, 31, 32, 58, 59, 64, 69, 74, 88, 175, 179, 211, 228, 234, 235, 236, 238, 239, 240, 242, 245, 246
中心からの革命　11
伝統的政治エリート　12
伝統的政治家（トラポ）　9, 13, 14, 47, 64, 71, 73, 74, 76, 83, 85, 87, 96, 106, 126, 154, 175, 206, 248, 249, 250, 253
伝統的政治勢力　61, 85, 244, 250
統一的思想と目的を持った国家（BANDILA）　79, 84
統一農村部門選挙同盟（URSEC）　127, 128
統一ムスリム民主党（UMDP）　105
島嶼政府　143
同盟システム　20, 21, 33, 34, 35, 49
特別州　143
土地管理局　135
取り巻き　11, 54, 83, 175, 196, 197, 239

―――――な―――――

内務省非キリスト教徒部族局　141, 145
ナショナリスタ党　22, 28, 32, 105, 122, 155-160, 236, 238
ナショナリスト経済規定　111
虹の同盟　106, 110, 170
日常の政治　60, 123
ニュー・マン　45, 50, 64, 71, 73
任命委員会　102, 220
ネオマルクス主義　57
農業植民地　134
農村開発と農地改革のための団結（KAISAHAN）　97

農村地域開発大統領委員会（PCCD）111
農村地域関係フォーラム（FRC）116

は

恥　19, 20
パトロネージ　25, 27, 35, 37-41, 43, 47, 73, 108, 112, 113, 127, 148, 197, 206
パトロン―クライアント（P-C）関係　8-11, 13, 21-25, 27, 31-35, 42, 47, 50, 51, 53, 56, 60, 66, 67, 69-74, 78, 93, 139, 162, 183, 186, 225, 238-242, 244, 247, 248, 250, 251
派閥　8-11, 13, 19, 22, 23, 25-30, 32-36, 40, 42-47, 49, 51, 53, 60, 67, 69-71, 73, 117, 129, 151, 186, 212, 224, 225, 238, 240-245, 247, 248, 250, 251
パラカサン・システム　211
反王朝化法案　111
反クーデター同盟（KILOS）101
反マルコス政権運動　12
ボシズム　57, 60, 69, 73
非自由民主主義　8
非政府組織（NGO）12, 14, 72, 74, 78, 80-82, 88-105, 110-129, 158, 164, 170, 175, 176, 182, 191, 193, 195, 197, 206, 215, 222-225, 227, 228, 233-236, 240-243, 246, 249, 250, 253
非伝統的な社会勢力　12
貧困率　10
フィリピンNGO機構（PINOI）104
フィリピン援助委員会　111
フィリピン開発銀行　111
フィリピン・カトリック司教会議（CBCP）79, 96, 97
フィリピン―カナダ人的資源開発プログラム（PCHRD）124
フィリピン環境行動ネットワーク（PEAN）120
フィリピン小作研究所（PPI）116
フィリピン小作人運動（KMP）99
フィリピン国家警察（PNP）99, 219, 220
フィリピン主要修道院長協会（AMRSP）97
フィリピン人権擁護同盟（PAHRA）114
フィリピン政策研究センター（PCPS）117
フィリピン生態系ネットワーク（PEN）120
フィリピン全国教会会議（NCCP）79, 96, 119
フィリピン大衆党（PMP）108
フィリピン中期開発計画　102
フィリピン2000　106, 110
フィリピン農村人的資源開発パートナーシップ（PHILDHARRA）81
フィリピン農村地域再建運動（PRRM）111, 116, 117, 124
フィリピン農民のための社会正義プログラム　144
フィリピンの開発に関する覚書　118
フィリピンの人権と民族の権利に関する宣言　114
フィリピン緑のフォーラム（GFP）120
フィリピン民衆の戦い（LAMP）109
フィリピン民主社会主義党（PDSP）79
フィリピン民主党―国民の力（PDP-LABAN）79, 84, 100, 160, 170, 171, 173, 175, 177-180, 183, 186, 196, 215, 219, 241
フィリピン民主の戦い（LDP）100, 102, 105-109, 125, 127
フィリピン抑留者特別委員会（TFDP）80, 97, 114
フク団　121, 134, 178, 179
米西戦争　133
米・トウモロコシ生産公団（RCPA）134
比米戦争　133

平和と進歩のための連合―新社会運動（UPP－KBL）84
辺境地域開発資金（CDF）112, 223
ペンダトゥン, サリパダ　146, 157, 158
包括選挙関連法（1992年）127
包括農地改革法　101, 104
ポークバレル　3, 39, 100, 103, 107, 108, 112, 113, 129
ホルンスタイナー, メアリー. R.　19, 70

ま

マギンダナオ・スルタン領　133
マシーン・モデル　34, 35
マチャド, K. G.　19, 34
マッコイ, アルフレッド　19, 50, 70
マニラーリサール地域委員会　99, 114
3つのG　87, 186, 243, 247, 250
民間防衛隊（CHDF）179
民主的地方政治権力　8, 14, 15, 18, 66, 78, 240, 243, 244, 247-250, 252, 253
民衆の開発委員会（CPD）115
民衆の戦い（LABAN）79, 84, 100, 108, 109
民衆民主主義機構　97
民衆民主主義のためのボランティア（VPD）84, 85
民主主義のための大同盟（GAD）84
民主的空間　82, 89, 168, 211, 249
民主的政治勢力　61, 85, 244, 247
民主的な選挙　13
民衆の農地改革会議（CPAR）116, 117, 123
民族区　142
民族主義者同盟（NPC）105-108, 127, 197
民族主義者民主団体連合（UNIDO）79, 84
民族主義フィリピン民衆の戦い（LAMMP）108, 109

民族民主戦線（NDF）93, 96, 97, 99, 101, 104, 113, 114, 214
ミンダナオ開発NGO同盟（MINCODE）120
ミンダナオ・スルー省　141-145
ミンダナオ・スルー委員会事務局　143
無料法律相談所（FLAG）80
名望家　25, 31
名目的民主主義　8, 240
メンジョーラ事件　86, 100, 101
モロ委員会　143
モロ州　133-135, 140-145
モロ民族解放戦線（MNLF）55, 136
モロ民族裁判所　142

ら

ラカス・ラバン同盟（Lakas-Laban Coalition）107
ランデ, カール　19, 21, 70, 186
リデル　9, 21, 44, 46, 63, 177, 184-186, 190, 236
理念的派閥　186, 224, 225, 241, 243-245, 251
リフォーム・トラポ　71
リベラル党　22, 28, 32, 155-157, 160, 196, 238
略奪的政治エリート　10
理論と実践における社会主義進展のための連合（BISIG）86, 118, 125, 126, 129, 209, 215, 216, 223, 224
レント・シーキング　50, 51
ローカル・ストロングマン　52, 55, 58

著者　東江日出郎（あがりえ・ひでお）
　　国際開発学博士（名古屋大学大学院国際開発研究科）
　　鹿児島大学法文学部経済学科卒業（国際経済学・開発経済学）1993年
　　鹿児島大学大学院法学研究科修了（国際関係論・平和学）1997年
　　名古屋大学大学院国際開発研究科国際協力専攻博士後期課程退学　2007年
　　名古屋大学大学院国際開発研究科助教　2010－2012年
　　2016年から金沢大学人間社会学域経済学経営学系国際学類准教授

フィリピンにおける
民主的地方政治権力誕生のダイナミクス

　発行日　　2017年10月10日
　著　者　　東江日出郎
　発行者　　兵頭圭児
　発行所　　株式会社 耕文社
　　　　　　〒536-0016　大阪府大阪市城東区蒲生1丁目3-24
　　　　　　TEL. 06-6933-5001　　FAX. 06-6933-5002
　　　　　　http://www.kobunsha.co.jp/

　　　　　ISBN978-4-86377-049-2　C3022
　　　　（落丁・乱丁の場合は、お取替えいたします）

耕文社の本

21世紀のグローバル・ファシズム
―侵略戦争と暗黒社会を許さないために―

木村 朗、前田 朗 編著
A5判　365頁　本体価格2000円　ISBN978-4-86377-032-4

集団的自衛権そして辺野古新基地建設。安倍政権による憲法・民意無視、戦争をする国への突撃は止まるところを知らない。
このような事態の進行を予測しつつも、それが杞憂に終わることを願いながら、各分野第一線の識者がそれぞれの立場で焦眉の課題に論究。ファシズムは、ひとびとの生活すべてを飲み込もうとします。さまざまな観点からの提起を受け止め、何ができるか、何をすべきかを考えようではありませんか。

志布志事件は終わらない

木村 朗、野平康博 編著
A5判　282頁　本体価格1850円　ISBN978-4-86377-045-4

2003年春の鹿児島県議選ででっち上げられた冤罪事件＝志布志事件。2016年8月「叩き割り」国賠訴訟が終結、すべての裁判で住民側が勝訴した。だが、捜査・取調べ・長期の裁判で塗炭の苦しみを受けた被害者への謝罪はない。
事件の概要、刑事弁護活動の実際、元警察官による判決の分析、「住民の人権を考える会」をはじめ支援者の取組み、議会での追及などを詳しく掲載、年表や意見陳述書もフォローし、事件の全体像と本質を描き出す。
同時に、殺人・死体遺棄の無実の罪を晴らすために闘う最高齢の再審請求人・原口アヤ子さん（大崎事件）にも論及。
他方、今春の刑訴法改「正」では、取調べの可視化は一部に限られ、盗聴対象事件は拡大、あろうことか司法取引さえ導入された。志布志事件を問い直す中、日本の刑事司法の闇を抉り出す。

変容するドイツ政治社会と左翼党 ―反貧困・反戦―

木戸衛一 著

A5判　196頁　本体価格1700円　ISBN978-4-86377-038-6

ドイツ国内で政治的影響力を強め、欧州左翼のキーポジションを占める左翼党の沿革・展望を詳細に分析。日本政治への示唆も豊富。

左翼党の活動は、不安定な労働と生存、貧困の連鎖、住宅難、ネオナチと人種差別などに現実に苦しんでいる人びとにとって、問題の根源的所在を明らかにし、解決の方途を示すひとつの希望の光となっています。

パロディのパロディ　井上ひさし再入門
―非国民がやってきた！ Part3―

前田　朗 著

A5判　250頁　本体価格1800円　ISBN978-4-86377-042-3

井上ひさしは、9条を守ることを訴えつつ、同時に「平和をつくる」ことを強く訴えていました。著者・前田朗によれば、それは「非暴力・非武装・非国民・不服従・無防備の平和力」となります。

前田朗による井上ひさしへのオマージュ。まだ井上ひさしの真髄に触れたことのない読者を、井上ひさしワールドの入り口にご案内します。